16节创意写作课

16JIE CHUANGYI XIEZUOKE

作文教学中的心理学智慧

陈芳 —— 著

华东师范大学出版社
全国百佳图书出版单位
·上海·

目 录

序 一	有一种教学创新叫"整合"	001
序 二	小作文,大智慧	005
序 三	寓深于浅,贵在用"心"	009
前 言	生活·教材·经典·活动 ——心理学指导下的写作材料资源开发教学策略研究	013
第1课	一切从观察开始 ——"认知内驱力"与七上"热爱生活,热爱写作"写作教学设计	001
第2课	抓住矛盾冲突,写好一件事 ——"积极情绪"与七上"学会记事"写作教学设计	015
第3课	"金牌推销员" ——"成就动机"与七上"写人要抓住特点"写作教学设计	029
第4课	调动感官写细节 ——"动机激发"与七下"抓住细节"写作教学设计	043

目 录

第 5 课　"古城新貌"新闻访谈
　　　　——"三类知识"与八上新闻采访与写作教学设计　　| 057

第 6 课　说书包，讲方法
　　　　——"图式原理"与八上"说明事物要抓住特征"写作教学设计　　| 072

第 7 课　悬念法，让文章引人入胜
　　　　——"顿悟理论"与八下"学写故事"写作教学设计 1　　| 086

第 8 课　"食赏会"象征法写作
　　　　——"创新思维"与八下"学写故事"写作教学设计 2　　| 105

第 9 课　一抑一扬，尺水兴波
　　　　——"同步表征"与八下"学写故事"写作教学设计 3　　| 121

第 10 课　以物起兴，闲笔添趣
　　　　——"同化理论"与八下"学写故事"写作教学设计 4　　| 140

第 11 课　活用材料紧扣题
　　　　——"元认知策略"与九上"学习改写"写作教学设计 1　　| 153

目 录

第12课 豹尾简洁文增力
　　——"概念获得理论"与九上"学习改写"写作教学设计 2 ｜ 168

第13课 小标题，大乾坤
　　——"先行组织者"策略与九上"学习改写"写作教学设计 3 ｜ 185

第14课 横若画卷，纵如树冠
　　——"信息加工理论"与九下"布局谋篇"写作教学设计 ｜ 200

第15课 寻常的故事，不寻常的讲法
　　——"迁移理论"与九下"修改润色"写作教学设计 ｜ 216

第16课 以文为证，青春留痕
　　——"群体动力"与九下"有创意地表达"写作教学设计 ｜ 231

参考文献　｜ 245

后　记　素心向暖　｜ 247

序 一

有一种教学创新叫"整合"

  这本《16节创意写作课——作文教学中的心理学智慧》,是陈芳老师从2004年至今近20年的作文教学研究成果。这种在实践中学习思考、坚持研究、精心提炼、奋进创新的优秀教学素养,是我一直强调和推崇的。

  在我看来,这本书的鲜明个性和独到发现,源于教学科研理念和教学实践能力上的一种创新——整合。

  因为整合,零碎的语文素材能够建立彼此之间的联系;因为整合,看似散乱的教学资源可以相互勾连;因为整合,从同类的教学材料之中可以发现规律;因为整合,既为教师提升科研水平助力,又能让教师的视野开阔。

  所以,整合是灵活运用语文素材的一种教学能力,是筛选、优化课程资源的一种教学智慧,是发展、提升教研水平的一种教学素养。

  作文教学中,如何实现这种"整合"创新?

  在这16节创意写作课中,陈芳老师进行了既实又新、既美又活、既丰又简的阐说。归纳起来，有如下几种基本路径。

一、整合有用材料

整合有用材料，是指围绕教学中要解决的"主问题"，有意识地将能解决这一问题的材料筛选出来。这些材料可以是课内的，如课文、必读名著的相关选段；也可以是课外的，如与教学中的"主问题"相关的故事、名言等。

课例《一切从观察开始》中，陈芳老师以"如何观察"为"主问题"，用朱自清、法布尔、牛顿等勤于观察的人物故事引入课题。

整合有用材料，能丰富课内知识，也能拓展课外知识。

二、整合课程资源

"语文课程资源包括课堂教学资源和课外学习资源……"陈芳老师在"前言"中将这些课程资源分为六类：课堂教学资源、课外学习资源、语文活动资源、文化生活资源、社会环境资源、写作人力资源等。

课例《"古城新貌"新闻访谈》中，陈芳老师带领学生先学习拟定访谈提纲及访谈注意事项；学生周末实地探访学校附近的南头古城；周一到校分组汇报访谈实况。

整合课程资源，有学用合一的训练功效，有增强集体训练的教学奇效。

三、整合相关情境

整合相关情境，是指在作文教学中适时引入当堂游戏、现场活动等。这种有利于写作的情境创设，是将抽象的写作知识与学生的写作实践建立联系的重要途径。

课例《悬念法，让故事引人入胜》中，陈芳老师巧用"蒙眼猜物"，将问题法、巧合法、误会法、省略法、倒叙法等设置悬念方法，渗透在现场活动当中。之后，学生立能超乎寻常地运用这些设置悬念的方法，写出妙趣横生的"蒙眼猜物"场景。

整合相关情境，写作知识能在情境促发下顺利转为写作能力，提升教学效果。

四、整合跨界知识

整合跨界知识，是这本书的一大创新，弥补了作文教学领域的一项空白。

这本书以与作文教学相关的学习心理学为抓手，调动学生写作的积极情绪，引发写作内驱力，教会学生文体写作图式，发展写作元认知调整策略，架起教与学的同步表征桥梁，逐步引导学生通过写作形成勤于记录、自省自新的成长内生力。

课例《一抑一扬，尺水兴波》中，陈芳老师带领学生们复述熟悉的寓言故事，运用心理学"同步表征"原理，顺利开启"抑扬法"的写作机关。

心理学知识的跨界运用，让教师高水准的教艺与学生现有的学情找到联络暗号，实现高能教法与实际学情的同频共振。

五、整合图文教学

整合图文教学，是指用特定图示或可视化思维工具（思维导图、流程图等）作为板书，呈现当堂教学的主内容，这是图示教学法与普通作文教学的整合创新。

比如课例《调动感官写细节》的板书是一幅"心形图","'食赏会'象征法写作"的板书是一幅"树状图"。

图示化板书，一图多用，既将写作思维可视化呈现，还能成为写后作文的评价量表。这是此书在作文教学研究领域的又一个创新。

我想，在这本书的整理和写作过程中，陈芳老师已经找到不断进步的方法——坚持研究，整合创新。这也是追求终身发展的教师们拥有创新力的关键。希望老师们都能开启这种"专项突破式"研究，从课堂观察开始，记录反思，评点交流，归纳整理，持续探究，最终形成自己的教学特例和美例。

让我们在研究中发现，领悟，整合，创新，成长。

余映潮

2022 年 3 月于武汉映日斋

序 二

小作文，大智慧

作文，是学生学习绕不过去的一道坎。学生不想作文、不会作文、作文不佳是不争的事实。与此同时，作文教学也始终是语文教师们争相突破的老大难问题，时间投入多，收效甚微。

然而，有一位年轻的"老教师"，却乐于攻坚克难，数年磨一剑，在一次次小小的作文教学中，积累了令人称赞的大智慧。她，就是荔香学校的陈芳老师。

2008年3月，作为南山区研究生课程班学员，她曾在深圳大学师范学院上课。我给这个班教授教育科研方法，课时不多，但对她的印象很是深刻。她从不迟到早退，认真听讲之余，总不时地提些问题，课间也乐于和同伴讨论这些问题。没承想，2008年10月，她报考了深圳大学2009年春季教育硕士，专业为语文学科教学，总成绩是2009年深圳大学语文学科教育硕士的第一名。面试时，得知她本科毕业于北京师范大学中文系汉语言文学专业。她谈吐自然畅达，被选为学生代表，在2009年新生入学典礼上做了感人至深的发言。

2010年年初，研究生毕业论文选题阶段，她选择我做她的硕士毕业论文导师。记得她当时的论文题目是"初中写作材料资源开发行动研究"。她特别在意这篇论文，写得很认真，扎扎实实地进行了三轮行动研究，并多次修改。毕业论文答辩时，导师们的评价都很高。获得硕士学位后，陈芳老师仍孜孜不倦地在作文教研路上广泛阅读、勤于钻研、善于积累、大胆实践，以耐心与韧性总结提升。现终将多年点滴作文教学经验，化作眼前这部书稿《16节创意写作课——作文教学中的心理学智慧》，实在可喜可贺！

这部书稿，是陈芳老师在亲历的200多节现场作文指导课的基础上，凝心聚力而成，不仅充分体现出她对作文教学的热情与定力，也展现出她厚实的教育学、心理学、语文教学等专业知识。陈芳老师对书中16节作文教学案例进行了系统化的编排处理，与部编版教材语文7—9年级"写作"相关章节高度一致。这16节经典作文教学案例，将心理学相关理论由表及里、由易到难层层推进，也是16次作文教与学的心路历程的真实写照，并清晰阐明教师"教的设计"对学生"写的过程"的潜在影响，有外显的优良教学效果。

苏霍姆林斯基说："所有智力方面的工作都要依赖于兴趣。"作文教学也是如此。无效、低效甚至负效的作文教学，大多与千篇一律、千人一面、东拼西凑、缺乏个性、鼓噪乏味等因素密切相关。事实上，作文教学非得要基于学生这个"人"。如能将"作""文""人"三者深度关联，当能有效避免有"文"无"人"、"人""文"脱节的现象。作文过程也必将成为学生挥洒自我、张扬个性、释放想象的创造性活动。陈芳老师的这16节典型作文教学课例，充分关注了这三个影响作文教学效果的重要因素。这些课例有效地将学生"经历过的生活"转换为"书面语篇"，注重将学生的"想法、看法、思想"转换为"语词、句子、段落、篇章",实现了写作"从构想到演练""从意到文"的二次转换。

总体而言,这本书的创新点在于:将深层心理学理论渗透在现场作文教学的精妙设计中,用成功的现场作文教学实录逐一阐明其隐含的心理学原理及策略,对广大语文教师依学情灵活运用心理学知识、实施有效作文教学有极好的实操性和推广价值。

我一直相信,教师是在教学研究中不断成长的。陈芳老师就是这样的典型个案。在日常语文教学中,她积极探索、实践反思、不断改进,不仅创造性提出自己"守正语文"的教学主张,还首创了"中学语文一字立骨教学法",研发出"巧做笔记勤读书"微课教程,更率先将"图示教学法"运用于语文单元整体教学中。在多年作文教学实践中,她披沙拣金、集腋成裘,汇聚升华成这本极具前瞻性、引领性、以心理学策略原理指导作文教学的专著。

衷心祝福陈芳老师在作文教学及语文各类教学的研究道路上,越走越宽!

李臣之
2022 年 3 月于广东深圳
(作者为深圳大学博士生导师、二级教授、广东省督学)

序 三

寓深于浅,贵在用"心"

十多年作文教学研究,200多节现场作文课,1000多篇学生习作,从中萃取16个经典作文教学案例,全书十多万字她一人手写笔录……陈芳老师发给我的这部书稿,光看开头就被深深打动。这本书是实践的积累,是光阴的沉淀,更是她心血的凝结。读过去,渐渐看到的是路径、山峦与田野,时间与生命融合在每一个字的笔画中。

"这本书是你的心血。"我忍不住发给她这样一句话。她回复说"是的",后面还带着一个浅浅的笑。这浅浅笑意,让我眼前投影出这样的画面:每两周一次的作文课;每课一结的反思记录;每月一篇的作文教学案例总结;每学期两本厚厚的学生作文档案夹,每页文档都用彩色标签写上优秀习作的学生姓名,里面装着一学期里所有好习作的复印件……

正如书名所拟"作文教学中的心理学智慧",这本书,相较于其他作文教学书而言,最大的特点在于投入心力、运用心理学智慧。看过不少作文教学技法、写作教学高招、高分作文套路等方面的书,但以心理学原理和策略为内核,巧妙设计作文教学,并在教学过程中逐一阐说心理学相关知识的智慧运用的,却不多。武侠小说中一些武功招式厉害的人,若没有强大的内功助力,仅凭花拳绣腿至多是当个二三流武师。真正的武林高手都需通过修炼内功心法,才能成为顶级宗师。这本书用16个典型的现场教学案例生动而清晰地阐明了作文教学的内功"心法"——多种心理学智慧,可谓课由"心法"生,水到渠自成!

寓深于浅,贵在用"心"。陈老师的这本书,处处见心。

◎ 编排双线并行,巧用匠心。16个课例以学段为明线,按部编版教材7—9年级"写作"相关教学内容依次组接。同时,16个课例又以心理学相关理论为暗线,每个课例阐明一个心理学相关理论。这些心理学相关知识还按由浅入深、由易到难的顺序排兵布阵。读起来,既有闲庭信步的悠然,也有小径通幽的寻奇,还有柳暗花明的欣喜,更有豁然开朗的顿悟!原本陌生疏远的心理学原理、策略,就这样随课潜入心地走近读者,也能润心细无声地让读者通晓。

◎ 课例生成俯仰生姿,智用惠心。第3个课例《金牌推销员》中,陈芳老师用几幅人物漫画,瞬间擦亮学生对"人物描写"的关注之眼;再用课文名著中的经典人物描写片段,为学生搭建"人物描写"的表达之阶。而后,用旺旺仙贝推销员招聘活动,彻底点燃学生竞相表达的"写作动机"之火。师生间的互动交流总是和谐生成,每每还有让人热血沸腾的燃烧感。陈老师就这样智慧地将学生生活、课文经典、心理学原理、写作情境、游戏活动、图示化板书等多种元素严丝合缝地整合到她的作文课堂里,顺利开启学生敢于言说、乐于表达的写作之门。不仅这节课如此,16个课例的每一课无一不从大处着眼,小处入手,通盘考虑,惠心施法,力争让读者无论跳读还是通读，都能有"新"的发现和"心"的了悟。

◎ 情境活动趣味盎然，妙用童心。作家王小波说："我时常回到童年，用一片童心来思考问题，很多烦恼的问题就变得易解。"从第1课《一切从观察开始》到第16课《以文为证，青春留痕》，陈老师总是蹲下身子，从学习心理的角度去思考：如何克服写作的惧怕心理，如何消除写作时的消极情绪，如何激发写作的成就动机，如何走出写作的迷宫，如何树立写作的信心，拿什么照亮写作的天空之城……陈老师总是从生命体的角度去体察：作文课如何上才能真正靠近和唤醒学生、如何化为生命火折子点燃学生、如何成为生命的养分滋养学生……于是，在"童心"的观照之下，喜爱工艺品的循序观察、养成教育的体验活动、旺旺仙贝的现场推销、古城新貌的实地采访、畅销书包的当堂设计、蒙眼猜物、"食赏会"等丰富有趣的活动，如春笋般茂腾腾地在课堂中拔节。翻看每一节课例，都好像在开盲盒，充满未知的期待与获得的惊喜。

当然，最重要的是陈老师对教育的爱心。这个世界，一切都有它们的振动频率，所有的美好都会与爱、与纯粹的心共振，教育也这样。有爱、有思想的教育，才能真正感悟教育、理解教育、践行教育。这个浮躁的年代，我们都在解构和重建中折腾，在怀疑与坚定间摇曳。唯有爱，才让我们在喧嚣纷扰前坚守住精神的家园，把寂寞和孤独酿成生命的美酒。不因浮华而盲从，不为浮躁而跟风，不放弃平凡的理想和信仰，陈老师真实地把自己的心全部沉浸在所爱的课堂和学生中，最终完成了对自己灵魂和时光的重塑，用这样一本书为自己开掘教育的精神矿脉。

晚明文学家张岱曾说："人无癖不可与之交，以其无深情也。人无疵不可与之交，以其无真气也。"陈芳老师用她对作文教学的一往情深，在岁月浅浅中，留下真诚的印记，让我们欣喜地看到在她前面无限延伸的大地。

有心，她会做得更好。

因为美好的写作没有时间期限，一直写，明天，永远。与心灵相融的教学也是这样。

祝福陈芳老师。

肖培东
2022年3月于浙江永嘉

前　言

生活·教材·经典·活动
——心理学指导下的写作材料资源开发教学策略研究

写作是人们通过语言文字沟通交流、表达思想见解的重要活动。普通学校的日常写作教学却长期处于低效、无趣、不得法的状态。传统写作教学多以文体、知识、能力为序，因设计繁杂、耗时过多、缺乏对各类写作材料资源的整合等因素不能被广泛使用。

我从事中学语文教学多年，通过对作文教学的长期关注，发现初中生写作时存在的普遍问题有：对写作心存畏惧，没有写作兴趣，没有持续的写作动机；对特定作文题目，不能顺畅联系已有的写作材料准确、生动地表达；选材、组材能力弱，难以结合题目选择有个性的材料、有序得法地组织材料；不能自如运用常见写作手法恰当地表现某一中心……

针对学生实际写作过程中存在的诸多问题，从2004年起，我以"教与学的心理学""学习心理学"等相关心理学原理和策略为指导，多渠道地开展写作材料资源开发研究。近几年，我又以元认知策略为内在调控机制，更新设计当堂作文指导课，不断培养学生勤于观察、善于表达、巧妙构思、反复修改等与写作密切相关的多种能力，力求帮助学生在写作中能快速找到切合题意的写作材料，灵活选材组材，理清写作思路，提升写作能力。

《中小学幼儿园教师培训课程指导标准（义务教育语文学科教学）》"写作学习活动设计与过程指导"中"能力诊断水平四"的内容为："写作（习作）教学，针对学生习作中较为普遍的某些问题。一般是先提出一个情境性的写作任务，学生尝试写作，适时组织学生展示和交流已初步完成的部分，在展示和交流中引导学生发现习作的主要问题。然后一起寻求解决的办法，或由老师结合具体样例讲解要领，或由学生小组讨论改进措施。学生根据要领和学习心得，对习作加以修改或重写，再次进行展示和交流，继续修改并完成整篇习作。"

在十多年作文教学研发中，我不断在学生熟悉的校园生活、家庭生活、街头见闻、语文教材、经典名篇、课内外活动等领域发掘多种写作材料资源，匠心设计作文指导课，着力解决学生写作中存在的诸多问题，整体实现了"写作学习活动设计与过程指导"的最高级别——"能力诊断水平四"的指标。

我以"激发写作兴趣、发掘生活素材、借鉴经典篇目、开展体验活动、引导写作思路、提升生命境界"为作文教学理念，以发展写作能力、提升生命境界为最终目的，在200多节现场作文指导课的基础上，极富整合力、创新力地萃取出写作材料资源开发的16节经典课例，归纳出作文教学指导课的常式与变式，形成写作材料资源开发的多种有效策略。现陈述如下。

一、什么是写作材料资源

写作材料资源，是能为特定写作目的提供材料的语文课程资源。

语文课程标准这样阐释"语文课程资源"："语文课程资源包括课堂教学资源和课外学习资源……自然风光、文物古迹、风俗民情、国内外重要事件、学生的家庭生活，以及日常生活话题等也都可以成为语文课程的资源。"

我将能成为写作材料的语文课程资源分为以下几类：

1. 课堂教学资源：教科书。
2. 课外学习资源：其他书籍、报刊、电影等。
3. 语文活动资源：报告会、演讲会、语文实践活动等。
4. 文化生活资源：自然风光、文物古迹、日常生活等。
5. 社会环境资源：学校周边环境、学生家乡环境、家庭环境等。
6. 写作人力资源：学生、教师、家长等。

二、初中写作材料资源开发原则

初中写作材料资源开发原则，是在作文教学中开发初中生熟悉的写作材料资源的基本法则和行为标准。主要有以下内容：

（一）写作材料资源开发与心理学原理、策略结合的原则

随着手机、电脑等电子产品的普及，学生上课注意力越来越分散、学习兴趣也越来越低。单凭老师的人格魅力和完备的语文学科知识，很难在课堂上吸引学生注意力、引发学生对写作的积极情绪，更难让学生产生持续而强烈的写作兴趣和动机。

普通学校的语文课堂，如何与电子产品抗争，夺回学生宝贵的注意力和写作积极性？

语文教师能有意识地运用心理学相关知识进行有效干预是关键。

以作文教学为例，教师如能合理运用心理学原理和策略实施教

学，不仅能调动学生的写作积极情绪，还能形成学生强大的写作内驱力。如果教师还教会了学生自觉运用元认知策略，就能让学生在写作过程中形成自我督促、自我掌控、自我评价和自我修正能力。

《中小学幼儿园教师培训课程指导标准（义务教育语文学科教学）》在"写作知识与写作教学知识更新"中阐述教师指导学生写作时达到"能力诊断水平四"的指标为："当学生写作碰到一个具体写法困难时，为帮助学生学会这种写法，会调整课文的教学计划。比如：提前学习一篇原计划在后面教的课文；再回顾某篇以前教过的课文；组织学生复读以前学过的某几篇课文等。"在这一章节"理论课程专题"——"写作学习支架"的"内容要点"中特别提到："（4）元认知支架：支持个体管理自己的思维和学习过程，引导学习者进行反思。具体形式有：范例、提示、建议、向导、图表、解释等。"

作文教学中，教师如何帮助学生建立写作元认知支架？

马立丽老师、金洪源教授编著的《提高学科学习能力的元认知策略与培养》一书中这样阐述"技术化帮助学生建立学科学习的元认知策略"："1.对学生进行学科智力诊断（自我诊断、父母或辅导老师的诊断）；2.自我或在父母、老师辅导下修补自身学科知识结构缺陷；3.塑造优秀学生的学科知识结构；4.培养学科学习的元认知策略。"

基于此，在作文教学中，我积极运用心理学相关原理及元认知策略中的知识表征、同化学习、知识上位化、文体图式、创新思维等对学生写作兴趣、写作障碍等问题进行有效干预和疏导。课例《一抑一扬，尺水兴波》中，我借助寓言故事，打开"抑扬法"的写作密码，实现"教"与"学"的同步表征。其他心理学原理、元认知策略在相应作文教学案例的"教学缘起""设计意图""教者自述"里有详细阐述。

（二）写作材料资源开发与游戏、活动结合的原则

上海大学李白坚教授在《21世纪我们怎样教作文》中提出："把游戏的观念纳入教育的范畴，应该是教育学的一个重大课题。"在写作材料资源开发中，如何实施写作材料资源与游戏、活动结合的原则呢？

1. 备课时，结合学情，教师需有意识思考用何种游戏或活动解决写作材料不足的问题。

在七年级上"写人要抓住特点"的备课中，我设计了"你演我猜"游戏。课前需准备三组成语，每组十个成语，均为含面部表情和行为动作的成语。课上，同班好友展示一组成语，一人演，一人猜。其他同学要仔细观察展示者、猜谜者的表情动作。

2. 在实际作文指导过程中，通过多种游戏、活动，有序指导学生运用写作材料资源。

在《"食赏会"象征法写作》课例中，我用8种小零食作为"象征法"本体。学生各小组拿到零食后，依照象征法树形图示，先现场观察、品尝、联想，挖掘出本体与象征体的相似点，讨论出口头作文提纲，然后向全班展示本组食物特征及其象征义。小组展示时，对照象征法树形图示，我分步、有序地指导学生学习象征法需具备的写作元素及写作要领。

（三）写作材料资源开发注重学生体验参与的原则

初中写作材料资源开发充分运用多种游戏、课内外活动，让学生通过亲身体验发现自己参与过的、感兴趣的、符合特定要求的写作材料资源。

在写作材料资源开发的过程中，调动学生积极参与体验的策略如下：

1. 写作材料资源开发中选取社交场景作为写作情境，鼓励学生积极参与。

书中相关社交场景有：成为"书包设计师"、争当"金牌推销员"、以记者身份探访"古城"等。这些含社交功能的情境任务，既让多数学生参与到写作活动中，也能很好地锻炼学生口语交际等多方面的能力，极大激发了学生们的写作热情。

2. 写作材料资源开发运用"当堂活动"，调动学生多种感官，积极体验写作过程。

课例《一切从观察开始》中，我从视、听、味、嗅、触等多个感官调动学生参与现场观察、体验等。体验式学习，能让抽象的写作知识变得具体可感，有效消除学生写作障碍。

（四）写作材料资源开发注重生生、师生、家长互动合作的原则

写作材料资源开发中，形成学生间、师生间及学生家长互动合作的策略有以下两种：

1. 写作材料资源开发基于课堂教学需要，积极调动学生及家长参与课内外写作活动。

指导"象征法"写作时，我通知家长周末和孩子一起去水果店、花店等观摩考察；"古城新貌访谈活动"中，学生需要周末组团前往南头古城采访……充分发掘和运用这些与写作相关的人力、物力资源，能使学生群体形成较强的写作动力。

2. 写作材料资源开发不断在课堂教学中融洽、加强学生间、师生间的合作互动。

在写作材料资源开发过程中，我积极运用游戏、课内外活动等增强教与学的交流互动。游戏、活动结束后，我一般先让学生独立写出提纲或片段作文；然后小组讨论，派代表读出最佳写作提纲或片段作文；之后，师生一起研讨所拟提纲或习作的优缺点及改进方案等。学生间的合作互动，能产生思维碰撞、取长补短的学习效

果；师生间的合作互动，能生成教学相长、共同提升的美好境界。

三、初中写作材料资源开发方法

语文课程标准实施建议关于"课程资源的开发与利用"中谈到："语文课程资源包括课堂教学资源和课外学习资源……语文教师应高度重视课程资源的开发与利用，创造性地开展各类活动，增强学生在各种场合学语文、用语文的意识，多方面提高学生的语文能力。"从大量作文教学案例中，我归纳出以下五种初中写作材料资源开发的方法。

（一）读写结合法

读写结合法，充分关注课本资源和必读名著资源，树立"读以致用"的意识，将课文、名著等作为范例，指导学生有意义地学习范例在语用、思路、表现手法等方面的写作特色。

（二）图示板演法

图示板演法，运用特色图示或可视化思维工具（流程图、思维导图等），板书当堂作文指导的核心内容。如，《抓住矛盾冲突，写好一件事》中的流程图；《调动感官写细节》中的心形图等。在作文教学中，这种图示化板书不仅能让学生明确文体写作思路，使写作思维可视化；还能在写后成为学生自评、互评、修改的评价量表，有一图多用的功效。

（三）情境体验法

情境体验法，将教材、生活等多种写作材料资源，通过猜谜、竞赛、交际语境活动（当导游、设计师、新闻采访员）等方式，在课堂中营造特殊情境，以此调动学生多种体验，引发写作兴趣，让学生在参与活动中发现思考、恰当得体地表达写作材料。情境体验法，将有利于写作的情境与写作知识技能、学生活动相结合，实现了写作学习的趣味性与知识性统一、体验性与过程性结合。

（四）实物演示法

实物演示法，是按特定写作目的选择相应实物；演示时，配合教师或学生的讲解，尽量让全班学生看到。如第1课《一切从观察开始》中的工艺品，第8课《"食赏会"象征法写作》中的零食等。实物演示法，能通过多感官参与活动，让学生获得更直观、真实的写作材料。

（五）讨论参与法

讨论参与法，依据一定写作目的和要求，教师组织学生就已有写作材料（如学生范文、病文、压缩语段、中考满分作文等）展开研讨，完善写作材料，调整写作思路。运用讨论参与法，讨论前要明确写作目标，以便确定写作材料的增减和详略。讨论中，教师要引导学生多角度讨论，不要急于公布结果。讨论后，师生一起总结使用什么写作材料，如何处理材料详略，明确写作思路等。

四、初中写作材料资源开发教学设计思路

在十多年作文教学研究、200多节现场作文指导课、1000多篇学生作文（均为我任教几届学生原创）的基础上，结合学与教的心理学、智育心理学、元认知策略等内容，我创造性地归纳出初中写作材料资源开发教学设计的基本思路，具体如下：

学习阶段	教学阶段
动机产生阶段	1. 引发动机、呈现目标。
领会习得阶段	2. 提供刺激物，指导学习。
归纳概括阶段	3. 促进学习迁移。
作文反馈阶段	4. 布置、互改、讲评、张贴、发表作文。

以上为初中写作材料资源开发教学设计的常式，变式主要产生在教与学的第一、二阶段，如下所示。

1. 变式一——目标在于解决学生作文中的问题。

学习阶段	教学阶段
动机产生阶段	1. 由学生习作中存在的问题引发动机，呈现当堂教学目标。
领会习得阶段	2. 以实物、谜语、课堂游戏活动等为刺激物，指导作文学习。
归纳概括阶段	3. 归纳活动中所隐含的写作思路、写作手法促进学习迁移。
作文反馈阶段	4. 布置、互改、讲评、张贴、发表作文。

2. 变式二——目标在于将课文作为学生模仿写作的例子。

学习阶段	教学阶段
动机产生阶段	1. 由所学课文引发动机，呈现教学目标。
领会习得阶段	2. 以画图、辩论、角色扮演等为刺激手段，引导学习。
归纳概括阶段	3. 归纳文章思路、写作手法、写作语言特点促进学习迁移。
作文反馈阶段	4. 布置、互改、讲评、张贴、发表作文。

总之，初中写作材料资源开发教学策略，从调动学生写作积极情绪入手，在多种写作材料资源的开发利用方面做出大胆尝试，首创性地将心理学原理、元认知策略、学生生活、名家经典、可视化思维图示、游戏活动等多种元素整合到作文教学中。

初中写作材料资源开发策略研究,不仅使学生写作材料资源不断扩大、写作内容更为真实生动,还让学生在构思立意、选材组材、修改完善等方面的写作能力不断提升。

初中写作材料资源开发策略研究,不仅消除了学生写作的不良情绪,还点燃了学生个体的写作兴趣,更激活了学生群体的写作动力。最终,打开写作"心"门,让学生作文焕发出绚丽的生命光彩!

陈 芳

第1课 ▶

一切从观察开始

——"认知内驱力"与七上"热爱生活,热爱写作"写作教学设计

> 在岁月中沉淀,在光阴中拾珠……
> 不期而遇的妙语佳言,瞬间乍现的思维火花,
> 汇就一曲曲生命欢歌。

/ **教学缘起** /

部编版教材七上第一单元写作"热爱生活,热爱写作"有段导语:"也许有些同学不喜欢写作,拿起笔来觉得无话可说……你可能会说,我们每天上课、放学,从家里到学校,没什么新鲜事,有什么好写的呀?这就要看你会不会观察、积累,能不能做生活的有心人了……平时养成细心观察、勤于思考的习惯,你就不会为写什么东西发愁了。"

这段话砸中了不少同学的烦心事。语文老师总告诉学生:"大家要细心观察,时常积累,天天写日记,就能写好作文……"这些道理学生都懂,但哪些东西值得观察,观察的"动作要领"有哪些,该如何把观察到的内容生动地记录下来呢?

这节《一切从观察开始》写作指导课,摆脱了对"观察"方法的生硬讲解,选取学生从自己家中带来的小工艺品,通过教学现场的观察,分步骤、有层次

地教会学生如何观察事物。此外，还用七上第一单元课文《春》《济南的冬天》达·芬奇画蛋等小故事有效拉近了学生与"观察"的心理距离，消除了学生对写作的抵触情绪，有效引发了学生对写作的"认知内驱力"，即写作兴趣。在趣味盎然的观察活动中，学生们正确地掌握了观察的"动作要领"。

什么是"认知内驱力"呢？

皮连生在《智育心理学》中这样解释："在认知领域内，我们说推动人的学习最持久的动机之一是认知兴趣，也可以说是求知的动机，用奥苏伯尔的话来说是认知内驱力。兴趣可以分为直接兴趣和间接兴趣。直接兴趣指个人对活动过程或活动的对象本身感兴趣。这种活动的过程或对象本身可以带来强化作用……间接兴趣不是对活动本身或活动对象感兴趣，而是对活动结果的工具性价值感兴趣。"

由此可见，认知内驱力，也称"认知兴趣"或"求知动机"。它分为直接兴趣和间接兴趣。认知内驱力提示语文教师在写作教学时，可以用活动、故事、实物等先引发学生的直接兴趣，唤醒学生认知内驱力，再逐步引导学生关注写作活动结果所带来的价值——生活感受力的提升及生命幸福感的增值等，最终激发学生持续不断的写作兴趣。

下面，让我们一起走进本节课的教学现场，看看在实际写作教学中，学生的认知内驱力——写作兴趣的这颗种子是如何觉醒并萌发的。

/ 教学现场 /

一、导入：一切从观察开始

（随着悦耳的铃声响起，屏幕上跳出"一切从观察开始"几个跃动的大字。）

师：平时提到写作文，同学们就愁眉苦脸的。有的同学还建议把500字的当堂作文改成5页练字，更有同学在周记里大倒苦水——"老师，能不能取消周记，我实在没东西可写。"今天，老师想为同学们这种"无米下锅"的僵局开一剂良方——学会观察。首先来谈谈什么是观察。请大家仔细回忆一下，有哪些文学家、画家或者科学家是善于观察的人？

生：我觉得观察就是仔细查看，《春》的作者朱自清是一个善于观察的人。

师：文中哪句话可以证明？

生：《春》当中，作者朱自清对春天的草、春天的风、春天的花、春天的雨等都有很细致的描写，比如"小草偷偷地从土里钻出来，嫩嫩的，绿绿的"这句话，他肯定很仔细地观察了春天的草，才会发现那些不经意间钻出的小草，它们娇嫩、浅绿。

师：说得真好。大文豪们之所以文思泉涌，源于日常细心的观察，他们总能看到人们习以为常的事物的特别之处，并用美妙的文字把它们记录下来。除了大文豪，还有哪些科学家、画家是善于观察的人呢？

生：著名昆虫学家法布尔常年对昆虫进行观察，并将自己的观察详细记录，写成了《昆虫记》。

师：你真是个会读书的孩子。法布尔用了足足30年时间，持之以恒地在他的荒石园观察各种昆虫，最终汇集成十卷的《昆虫记》。因为热爱，所以倾其一生地观察虫子。他笔下的虫子被人们称为"虫人"，他被人们称为"人虫"。还有哪些名人也是善于观察的榜样呢？

生：达·芬奇，他最初学画的时候是从观察鸡蛋开始的。一开始，他很不耐烦，但当老师告诉他："每个鸡蛋细细去看，总是形状不同的。"他开始静下心来，从不同角度去观察鸡蛋，并把他观察到的鸡蛋画下来，因而练就了极其敏锐的观察力。最终，他画什么像什么，成为世界著名画家。

师：你说到的这一点很重要，观察不仅要静下心来，还要分辨出一个事物不同于另一事物的特征。还有哪些名人也是因为善于观察而变得优秀的？

生：著名物理学家牛顿。一天，他在苹果树下休息。不经意间，一个苹果掉了下来，正好砸在他头上。他生气地把苹果抛向天空，但苹果仍然掉落回地上。由此，牛顿发现了万有引力。

师：是呀，看来"观察"的妙用还真不少。观察能让我们眼光敏锐、视角独特。持续不断的观察，还会让我们灵感突现，获得意外发现。今天，我们一起来学习观察的"动作要领"。

------ 设 计 意 图 ------

随着中考、高考的改革，作文占语文全卷的分值越来越大，但很多学生对写作仍有畏难情绪。学生不得不面对作文，又不知该如何面对。

《论语》有言："不愤不悱，不启不发。"孔子告诉我们：不到学生努力想弄清楚却仍然想不通的时候，不要去引导学生；不到学生心里清楚却不能明确表达出的时候，不要去启发他。在这样的"愤""悱"之中，我用《春》的作者朱自清、《昆虫记》的作者法布尔、"万有引力"的发现者牛顿等学生熟悉的名人及故事，直接引发学生对"观察"的认知兴趣。溯源头，通愤悱，开眼界，启写作心门。

二、观察"动作要领"1——观察整体，把握轮廓

师：看来各行各业有所作为的人，都具备一个同样的特质——善于观察、勤于思考。日常生活中，我们该如何观察呢？今天，我们一起来揭开"观察"的神秘面纱。

（屏幕显示：观察整体，把握轮廓。）

师：观察的第一步是从整体上把握事物的轮廓。平时，我们在看一个人时，首先会关注到那个人的整体轮廓，比如高矮胖瘦、肤色五官等。今天，我们以手中的工艺品为观察对象，先从整体上观察一下它的轮廓，然后用一句话说出它的整体轮廓和主要特征。

生：我手中的是一个婴儿状的存钱罐，它肉嘟嘟、胖乎乎、白白净净的，很可爱。

师：很好。这件工艺品的整体轮廓是"婴儿状"的，特点是颜色白、身子胖、可爱。

生：我手里的是一个玩具小猴，它毛茸茸的，还咧着嘴笑呢。

师：说得不错。这件工艺品整体轮廓是猴子的模样，外部特征是毛茸茸、

咧嘴笑。

生：我这件工艺品是两匹马，它们像在飞快地跑着，连身上的毛都竖起来了，说明这两匹马飞得很快。（他太紧张，将"跑"说成了"飞"，众人笑，教师也笑着纠正。）

师：将"跑"说成"飞"，也够传神的，正所谓健步如飞。这件工艺品整体是马，特点是奔跑，背上的鬃毛竖起来。

------- 设 计 意 图 -------

为了调动全体学生积极参与"观察"，老师将学生们以 4~6 人为一组，每组提前准备 1~2 件自己喜欢的工艺品，这些工艺品可以是音乐盒、小挂件、小摆设、毛绒玩具等。当堂观察自己喜欢的物件，让学生在学习时自然生发"观察"的认知内驱力，即认知兴趣。在直接兴趣的带动下，"观察"方法的学习会变得轻松而愉悦，并能牢固地存留在学生头脑中。

三、观察"动作要领"2——观察特征，调动感官

师：这三位同学将工艺品的轮廓把握得很好。如何将不同的事物区别开呢？关键在于能细致地观察出事物的主要特征。

（屏幕显示：观察特征，调动感官。）

师：细致观察需要眼睛看，还要调动其他感官一起参与进来。我们可以发动哪些感官参与观察呢？

生：耳朵能听到声音，鼻子可以闻到味道。

师：还有其他感官可以参与进来吗？（顺势敲敲课桌）

生：我们的手可以触摸到物品，舌头可以尝出味道。

师：对呀，我们的眼睛、耳朵、鼻子、嘴巴、肌肤都有着丰富的感知力，让尽可能多的感官参与观察，就能让我们的观察更具体、细腻、生动。调动多种感官参与观察，最经典的课文当属朱自清《春》中描写春风的段落，我们一

起背一遍。

（师生齐声背诵："吹面不寒杨柳风"，不错的，像母亲的手抚摸着你……牛背上牧童的短笛，这时候也成天在嘹亮地响。）

师：这个段落，作者调动了哪些感官进行观察呢？

生：（齐声）触觉、嗅觉、听觉。

师：现在，我们调动多种感官再仔细观察手中的工艺品，看看它们还有哪些特征。（走到一个组前，拿起他们面前的工艺品）请你说说这是什么，有什么特点？

生：这是个沙漏，外形像一个城堡。

师：你说出了它的名称和整体轮廓，请旁边的同学说说它有哪些特征。

生：它有很多颜色——粉色、橙色、蓝色、绿色，很漂亮。

师：这是从视觉角度进行观察，还可以从什么角度？你来摸摸它。

生：（摸了摸）摸起来凉凉滑滑的。

师：仔细看看，这个沙漏还有个别致的造型，你来说说。

生：它四周由四个水晶柱包围，中间还有两个鸡蛋状的物体。

师：发挥你的想象，像哪个数字？

生：像数字8。

（这时教室突然响起音乐声，教师放下沙漏，走向音乐传来的方向。）

师：你们组带了音乐盒，这音乐听起来感觉怎么样？

生：这曲子大概是《致爱丽丝》，声音悠扬婉转，有如天籁之音。

师：很好。刚才，我们调动视觉、听觉、触觉观察了手中的工艺品。哪一组带了能散发特殊气味的小物件吗？

生：（高高地举起手来）我手中的是把檀香扇，微微摇动扇面，香气阵阵袭来，让我想起"墙角树枝梅，凌寒独自开"的诗句。

------------------------------- 设 计 意 图 -------------------------------

这个环节中，用课文《春》中描写春风的段落为学生提供学习观察的范例。学生明白"如何调动多种感官观察事物"后，再以手中的工艺品为观察对象，我引导学生调动

视、听、嗅、触等感官观察工艺品的不同特征。在多种感官的参与观察下，指导学生有序学习多角度观察。

观察实物是通过活动中眼、耳、口、鼻等感官的直接接触、直观感受来引发认知内驱力中学习观察的直接兴趣。

四、观察"动作要领"3——观察顺序，井井有条

师：你不仅观察得好，还引用诗句增添了这把檀香扇的魅力。刚才我们调动了多种感官，观察到工艺品的不同特征，但表述显得有些杂乱。想有序地把事物特征表达清楚，还需要采用另一个观察要领——观察顺序。《济南的冬天》中描写水的那段就是很好的范例，翻开书，一起读。

生：（齐读）那水呢，不但不结冰……这就是冬天的济南。

师：这一段采用了什么顺序描写济南冬天的水？哪些词能表明它是有一定顺序的？

生：由上而下。（有同学表示反对）

师：你再读读这段，到底采用了什么顺序呢？

生：（再读，恍然大悟）应该是由下而上，水中绿萍，岸上垂柳，空中。

师：那"空中，半空中，天上，自上而下"又如何解释？

生：前半部采用自下而上的顺序，后半部采用自上而下的顺序。

师：对了。观察时，可以根据事物的特点，采用多种顺序观察。正所谓"横看成岭侧成峰，远近高低各不同"。（随手转换屏幕，屏幕显示：观察顺序，井井有条。）

师：我们可以按时间、空间、不同视角等有序观察事物。下面，给每个小组2分钟时间，合作观察：一个同学确定观察顺序，其余同学依次观察，一人说一句。

（2分钟时间，小组成员以话语接龙的方式有序观察工艺品。）

师：时间到，请这组同学有序说说你们组的工艺品。

生：我们组采用从整体到局部的顺序。

生：从整体上看，它是个史努比的玩具，外表十分光滑，色彩鲜艳。

生：它做工精美，衣着是一个厨师的打扮，头戴灰色高帽，身穿白袍。

生：它的嘴巴大咧着，露出微笑，两眼眯成一条线，好不开心。两只耳朵贴着头，像戴着耳机在听音乐。

生：他左手张开，右手拿着个大大的勺子。

师：团结力量大，这组同学合作得真好。他们采用从整体到局部的观察顺序，先说出整体轮廓，然后从工艺品的衣着、面部表情、手部细节等角度有序说出了它的不同特征。

（教师来到另一组桌前，请就近一位同学说说他们组的观察。）

生：我们组也采用从整体到局部的顺序。整体上，它像一个长方形。

师：但它是立体的，该怎样表达更准确呢？

生：它是一个长方体。（教师微笑着点点头，示意下一个同学接着说。）

生：它上下分别由两个梯形台做成，中间由两个长方体的柱子支撑着。左边一个足球状的盒里盛着蓝色的液体，右边一个篮球状的盒里装着红色的液体。

（下一个学生将它倒转，接着观察。）

生：把它倒过来，液体就自上而下流动，一点点往下渗着，左边的足球在蓝色液体的冲击下慢慢转动起来，右边红色的液体沿着之字形的轨道如珍珠般串串滑落。

-- 设 计 意 图 --

这个环节在调动多种感官参与观察的基础上，用《济南的冬天》写水的段落为学生搭设"有序观察"的脚手架。学生由此领悟有序观察能以空间为序。学生在实际的观察解说中，还自发启动了"从整体到局部"的逻辑顺序来描述所观察的事物。

"合作探究""参与体验"能继续启动学生的认知内驱力。全班呈现出主动观察、积极表达的学习兴趣和氛围。

五、观察"动作要领"4——观察事物,动静结合

师:这组同学不仅看到这个工艺品静止的样子,还观察到它的动态美。的确,为了让我们的观察更细致入微,还需要注意事物的动态和静态。这是观察的第4个动作要领。

(屏幕显示:观察事物,动静结合。)

师:这句话让我想起曹操在《观沧海》中的诗句"日月之行,若出其中;星汉灿烂,若出其里"。运用虚实相生、动静结合的写法,可以让观察的事物更加生动。大家手中还有可以活动的物品吗?(学生中有人举手,教师走到他们面前,举起他们的工艺品)请你说说她静止的样子。

生:静止状态下,她是个文静的女孩,头发蓬松,左右两边梳着翘翘辫儿。

(教师摇动一下手中的物品,示意让学生继续观察。)

生:动起来时,小女孩的头左摇右晃,似乎很开心的样子。

师:奇怪,这个小女孩和另一个女孩还有一点不同,你发现了吗?

生:(仔细看看,不好意思起来)她的左腿没了,可她还是自信地微笑。

师:东方维纳斯呀,残缺也是一种美。

(教师随即拿起另一组的工艺品,请他们接着观察。)

生:这是一个兄妹俩在荡秋千的装饰品,静止时,兄妹俩像在说悄悄话。

(教师晃了晃手中的工艺品,兄妹俩竟头朝下,翻起跟头。全班都大笑起来,教师也笑了。)

生:动起来时,兄妹俩显得很高兴,一不小心,竟从秋千上掉了下来。

(大家听了又笑。)

------- 设 计 意 图 -------

这节课以静物、定点观察指导为主。后续的观察指导,将静物换成家里养的小宠物,让学生们展开为期一周甚至一个月的持续观察,做好"每日观察"记录,从而不断引导学生从写作的直接兴趣过渡到写作的间接兴趣。

"每日观察"巩固了学生的写作认知内驱力,让学生养成善于观察、勤于记录的写作习惯。

六、观察"动作要领"5——对比观察,想象联想

师:(好奇地再看)我明白了。原来,绳子在小男孩手里抓着,刚才用力过猛,绳子从他手里脱出。难怪他们要当场翻跟头呢。刚才,大家在描述时已经用到了观察的另一个绝招——对比观察,想象联想。

(屏幕显示:对比观察,想象联想。)

师:事物总在不断发展变化。一位希腊哲人曾说"人一生不可能踏进同一条河"。观察一个事物,在对比中生发想象、联想,能让被观察的对象更丰富生动。朱自清看到春天五颜六色的花,闭了眼,想到了什么?

生:(齐答)树上仿佛已经满是桃儿、杏儿、梨儿。

师:《济南的冬天》中,冬天这样温暖晴朗,闭了眼,让人想到——

生:(齐答)一个老城,有山有水,全在蓝天下很暖和安适地睡着,只等春风来把他们唤醒,这是不是个理想的境界?

师:现在,调动丰富的想象和联想,将手中的物品对比观察,看看还有怎样神奇的发现。

生:我手中是一只小船。它的帆张得满满的,让人觉得它在一望无际的大海中乘风破浪。每每遇到挫折时,我总把它拿出来看看。它让我信心倍增。

师:说得真好。这是一只扬帆起航的小船,能想起咱们学过的诗句吗?

生:一帆风顺。

师:是诗,不是成语,再想想?

生:(齐答)潮平两岸阔,风正一帆悬。

师:(指一生)来说说你手中的工艺品。

生:我眼前的是一支能在半空中摇动的笔。摇动时,青蛙的嘴也跟着节奏一张一合,那样子真可爱,像是在等着我们给它喂食。

师:表达很有趣。本来它是一支静止的笔,但因为笔头上的一个青蛙嘴,

它似乎活了起来。你的想象给了它生命。

生：我手中的是个存钱罐，上面有三只猪，它们一家三口站在篮子里，十分开心。猪妈妈和猪爸爸头上都戴着圣诞帽，好像在过圣诞节。它们趴在一起，大概在欣赏圣诞节美景吧。

师：真好，你通过想象一个场景，让这个存钱罐有了过节的氛围。这几位同学，通过调动丰富的想象，把手中的工艺品描绘得多生动呀！现在我们小结一下今天所学到的观察方法。

（屏幕显示：观察整体，把握轮廓；观察特征，调动感官；观察顺序，井井有条；观察事物，动静结合；对比观察，想象联想。）

------ 设 计 意 图 ------

南朝刘勰的《文心雕龙》有言："文之思也，其神远矣。故寂然凝虑，思接千载；悄焉动容，视通万里；吟咏之间，吐纳珠玉之声；眉睫之前，卷舒风云之色。其思理之致乎！故思理为妙，神与物游。"

这段话揭示出写作时"构思"的神妙，构思时需要借助想象之力接千载、通万里。观察又何尝不是？借助想象联想，观察静物，既有意境，又有趣味。这个环节打通"观察"与"思维"的壁垒，把有序观察和多角度思考结合起来。

从口头表达对实物的观察，再到借助想象拓展观察的内容，不断引发学生认知内驱力的间接兴趣。

七、当堂活动：我们组的工艺品

师：给大家8分钟时间，小组内成员集思广益，先说出手中工艺品的名称、整体轮廓，再用多种观察方法，口头或文字表述这件工艺品在色彩、外形等方面的特点。8分钟后，每组派一位同学总结发言。

（学生们七嘴八舌地开始口头作文。有的小组一个人做记录，其余人观察描述；还有的小组盯着组里的小工艺品，都下笔写着。教师边巡视，边适当指导。)

师：时间到，哪个组完成了？给大家分享一下你们的观察。

(一个短发、白白净净的小女孩举起了手，教师请她到前台朗读她的片段作文。)

生：(绘声绘色地读着，声音很悦耳，还不时配着手势)从小，我就喜欢古典的东西，一直希望有一把纯手工制的檀香木扇。十岁那年，妈妈送给了我一把檀香扇。这把扇子上雕刻着傲雪的梅花，我不禁想起一首古诗："墙角数枝梅，凌寒独自开。遥知不是雪，为有暗香来。"夏日里，轻摇古扇，香气四溢，暑气顿消。阳光透过扇子镂空的花纹，忽明忽暗，十分有趣。

(师生们为她悦耳的声音、生动的描述、恰到好处的摇扇动作热烈地鼓掌。)

师：这位同学观察得很细致，用语优美，朗读也绘声绘色。希望同学们能以这堂作文观察课为起点，插上观察的翅膀，从此振翅高飞！(此时，下课音乐声响起，全课结束。)

(作业：将当堂观察片段扩展为一篇500字以上的作文，运用多种方法把观察物品尽量写得生动具体，题目自拟。)

---------------------------------- 设 计 意 图 ----------------------------------

小组合作完成作文初稿，对提升认知内驱力有如下作用：

1.降低难度，激发写作兴趣。小组成员集思广益，合作学习，共同参与当堂写作活动。

2.成员互助，引发内驱共振。各小组成员按语文学习能力的"ABC"三个层级进行组合，既有效发挥了学优生的引领作用，又能帮助学困生释疑解难，互促互进，从而引发同伴间学习认知内驱力的共振效应。

3.异组同质，竞争强化内驱。营造良性竞争的学习氛围；每组派代表上台发言，唤醒写作的间接兴趣——为自己的小组荣誉而表现得更精彩，进一步强化写作认知内驱力。

------ 板 书 设 计 ------

一切从观察开始

观察整体，把握轮廓　　　　　观察特征，调动感官
观察顺序，井井有条　　　　观察事物，动静结合

对比观察，想象联想

/ 教者自述 /

兴趣是最好的老师。在学习心理学中，认知内驱力的外在表现即为学习兴趣。如何让写作成为学生的兴趣？语文教师要在课堂教学中有意识地启动学生的认知内驱力。

这节课，用了哪些教学策略让学生认知内驱力的种子觉醒并萌发的呢？

策略一：观你所喜，写你所爱

七上第一单元的文学名家们之所以笔下的事物总是有情有味、有声有色，源于他们平时细致的观察。如何让学生产生观察的直接兴趣呢？

反复斟酌后，我决定先从静物开始，选取学生家中都会有的各种手工艺品为观察对象，6人为一个学习小组，每组准备的工艺品需尽量具备以下条件：（1）鲜明的形状；（2）鲜艳的色彩；（3）明显的气味；（4）可以活动，发出声响；（5）对自己有特殊意义……

策略二：循序渐进，由简到繁

上课伊始，我由学生周记、作文中存在的问题，引出善于写作的关键在于善于观察。接着，依托课文讲解观察的第一个动作要领"观察整体，把握轮廓"，让学生调动感官观察手中工艺品并描述它的特点，有效唤醒学生观察的直接兴趣。然后，引导学生采用一定的观察顺序继续观察，清晰有序地说清工艺

品特征。随后，采用"动静结合、对比衬托、联想想象"等方法让观察更深入细致，也逐步让认知内驱力从直接兴趣过渡到间接兴趣。

策略三：合作减压，展示激励

紧接着，我安排 4~6 人为一小组现场观察，并要求他们用 8 分钟拟写发言提纲或片段作文。小组合作让优生带动"忧生"，减轻写作给学困生带来的压力。之后，开展组间竞争，让每组派代表上台展示，很好地增强了学生的写作自信，也能令他们获得写作的间接兴趣。

策略四：系列观察，持续驱动

在静物观察的基础上，我带领七年级学生开展系列观察活动，如定点观察、动点观察和散点观察等。具体学习内容为：（1）变工艺品观察为动物、植物观察，进行持续一周甚至一个月的观察，并记录"每日观察"。（2）在定点观察的基础上，继续开展动点观察、散点观察的指导。从观察校园、家园、小区、街道，再到更广阔的天地——周边山水、名胜古迹等。在"每日观察"记录中，学生会逐步体会到观察的特殊价值，从而获得认知内驱力的高阶驱动力。

总之，这节课积极运用课前故事、课文经典、学生喜爱的工艺品等元素，一上课就引发了学生认知内驱力的直接兴趣；又借助小组合作，消除学困生的写作障碍，引发了全班学生对观察物品的写作兴趣；最后，小组代表当堂分享习作，让学生在众人的肯定和掌声中感受到写作认知内驱力间接兴趣带来的成功感受。

一堂有效的写作指导课，需要走进学生心灵，找准学习兴奋点，唤醒学生认知内驱力。教师需要在丰富多彩的教学活动中，不断让学生们体验到写作的丰富性与趣味性！

第 2 课

抓住矛盾冲突，写好一件事

——"积极情绪"与七上"学会记事"写作教学设计

> 课堂，师心的炼丹炉；
> 领悟，引导的试金石。

/ 教学缘起 /

部编版教材七年级上第二单元写作训练是"学会记事"。"写作实践"题目一的内容为："这段文字记事过于简单，读起来让人兴味索然。请你帮作者'添枝加叶'，把它写得丰满、生动一些。"后面的"提示"为："可以从两个方面入手来'添枝加叶'：一是添加细节，二是融入情感。"我对"学会记事"仅需要"添加细节"和"融入情感"却持有不同意见。

细读第二单元课文，我发现所选课文有一个共同的叙事妙招——运用矛盾冲突叙事。巧设矛盾冲突，不仅能推动情节发展、突显人物个性，还能让故事一波三折、引人入胜。

《秋天的怀念》中史铁生开头用"儿子狠命捶打病腿不想活"与"母亲抓住儿子双手要儿子好好儿活"，创设了一组"儿子因病轻生"与"母亲伤心劝慰"的矛盾冲突；接着，第二组矛盾冲突接踵而至——母亲重病，儿子却不知；第三组矛盾也随之涌来——儿子应允母亲去北海看花，母亲却重病离世……

《散步》的作者莫怀戚也是制造矛盾冲突的高手，本来很寻常的家人"散步"事件，在他精心设置的矛盾冲突中，显得别具情味。开头，先交代"一家四口去田野散步"这一主要事件。矛盾冲突是母亲年老，不愿外出，"我"却劝母亲出来走走；接着，叙写一段南方初春美景，为下文的矛盾冲突做铺垫；然后，最大的矛盾冲突出现了——母亲要走大路，儿子却要走小路。"我"本想委屈孩子，但母亲却顺着小孙孙……最后，"走哪条路"的矛盾冲突，在"我"背起母亲，妻子背起儿子的温馨画面中烟消云散……

两篇散文诗的记事也与制造矛盾冲突妙合！《金色花》有孩子藏匿与母亲找不到孩子的矛盾冲突；《荷叶·母亲》有"我"本想好好赏莲与半夜却突降大雨的矛盾冲突……

更妙的是《世说新语》二则中也有矛盾冲突！《咏雪》家庭集会时，"兄女"比"兄子"才情更高的矛盾；《陈太丘与友期行》有"陈太丘和友人相约"与"友人失约"的矛盾，还有"友人失约对子骂父"与"元方据理怒怼友人"的矛盾，以及"友人惭，下车引之"与"元方入门不顾"的矛盾……

充分研读教材后，运用元认知心理学"积极情绪"策略，我设计了这样一节《抓住矛盾冲突，写好一件事》的写作指导课。

马立丽、金洪源在《提高学科学习能力的元认知策略与培养》中这样解释"积极情绪"："学习时情绪的积极与消极是学习状态好坏的决定性因素。天才生的特点是一到学习某种学科知识、解决某学科问题或完成某学科作业时，就完全自动地、自发地、情不自禁地情绪兴奋起来，呈现出一种主动自觉、不知疲倦、不怕困难的积极学习状态……兴趣＝积极情绪＋丰富的知识。对学习感兴趣，既要对学习有着积极的情绪，又要具备学习所需的大量、丰富的各种知识。首先要有积极的情绪，有积极情绪才会有好奇心，有好奇心才会愿意去学；之后要学得有效果、有成就感，这样才能坚持去学。在学的过程中，不断产生成就感，实现自我价值，自然就产生兴趣。"

这节课如何从生活中寻找可用的写作材料资源，让学生写作的积极情绪持续发酵呢？

/ **教学现场** /

一、导入:"养成教育"中的那些事

师:(在讲台上,看一眼全班)都晒得挺黑,上周"养成教育"大家收获了健康的小麦肤色。

(女生一脸苦笑,男生露出一口白牙。)

生:老师,上周我们过得真苦。新征程青少年活动基地的饭菜实在太差了。菜黑漆漆的,酱油加那么多。晚餐和午餐没啥区别。我们晚上都去小卖部买方便面吃。

师:饭菜肯定比不上家里的。去基地是为了接受各方面锻炼。谁来说说基地里有哪些活动?

生:活动倒没让我们失望。我印象最深的是"珠行万里"。规则很简单:16位同学,每人手拿一根U形水管,让乒乓球从上面滚过。U形水管不能重叠,手不能超过水管。先完成的组获胜。

师:这个活动新鲜,能培养团队协作能力。16个人动作一致、衔接紧密,乒乓球才能以最快的速度通过。还有什么印象深刻的事情呢?

生:宿舍晚上的快乐时光让我印象深刻。每人手捧一桶方便面,还有奶茶和各种零食。大家坐在床边聊天、讲鬼故事、打牌、玩狼人杀,太开心了!

师:宿舍生活的确欢快热闹。教官带领大家还开展了哪些活动呢?

生:让我印象最深的是斗舞。第三天训练休息时,同学们发现不远处有个微胖的小学男生在跳街舞。教官也发现了,就让那个小男生过来表演街舞。5班有个男生也会跳街舞,他俩就开始当众斗舞。我们免费看了一场街舞大赛,好开心!

生:这5天有很多团体活动,比如"愚公移山"、"团队浮桥"、"洪水决战"、团体呼啦圈等。我最喜欢"团队浮桥"。两人一组,面对面站好,十多组同学站成两列,搭一根木板在各自肩膀上,形成一座"浮桥"。过桥时,过桥的人需要爬过木板才能通过。这时，如果有一人没搭好木板，过桥的人就会摔下来。这是一次特殊的磨炼，我们收获很大。

师：这个活动很像电影《金刚川》里的情节。每块木板都事关人命。还有哪些活动让人难忘呢？

生：我最难忘的是第三天晚上的联欢会。每个班都要表演一个节目。我们班的女生合唱了《稻香》，很好听。我们班的一个男生表演了精彩的双节棍。

生：我最感动的是最后一天的"洪水决战"，所有人在活动最后都热泪盈眶。这个活动告诉我们：生活中，有许多人为我们无私付出着，比如父母、老师、朋友等。这些为我们付出的人，一定是最爱我们的人，我们要感恩他们的付出。

师：我带着7班同学也参加了"养成教育"活动。印象最深的是"团队浮桥"和"洪水决战"。这两个活动有一个共同点——当我们面临生与死、付出与获得的时候，内心总是充满着——（生齐答：矛盾）谁来说说你的内心有什么矛盾冲突？

生："团队浮桥"中是否去做搭桥人，我很矛盾。当搭桥人很辛苦，肩膀肯定会肿。但作为男生必须有担当，最后我还是当了搭桥人。"洪水决战"中，我也很矛盾。选择第一批留在"一楼"抗击"洪水"的人，就意味着第一批"失去生命"。

师：说得很好，正因为活动过程中内心充满矛盾冲突，才会让人印象深刻。巧设矛盾冲突，也是叙事的一种重要写法。今天，我们一起学习"抓住矛盾冲突，写好一件事"。

---------------------------------- 设 计 意 图 ----------------------------------

古人云："情动辞发"，内心情感汹涌澎湃、不可遏制的时候，就是动笔写作的最好时机。这一环节，我充分利用新近的"养成教育"活动，通过聊天式的对话让学生的积极情绪发酵。善于选取适合本课教学重点的可用写作素材，是引发学生写作积极情绪的第一个法宝。

能引发写作积极情绪的可用素材资源有什么特点呢？

1. 新鲜事，印象深。新近发生，学生印象深刻，叙事时能迅速回忆起相关细节。

2. 亲体验，含义丰。"洪水决战""团队浮桥"等活动，学生既亲身参与体验，活动本身又能激发人内心的矛盾冲突，特别适合成为这一课的写作材料。

3. 刺激深，感触大。"养成教育"有一系列强刺激的活动，"团队浮桥"对肩膀、腿部有肢体强刺激，"洪水决战"对精神有强刺激。并且，这些活动还有很强的情感沟通、意志锻造、品格养成等教育功效，能很好地引发学生的积极情绪。

二、回顾课文及名著选段，剖析如何运用矛盾冲突

［屏幕显示："矛盾"比喻言行相互抵触，互不相容。"冲突"是指：（1）有矛盾、争斗、争执：两人在思想观念上发生了冲突。（2）两种或几种动机同时存在又相互矛盾的心理状态。（3）文艺作品中表现为人和人、人和环境或人物内心矛盾及其激化。］

一般情况下，戏剧、小说、散文等文学作品都会运用矛盾冲突来吸引观众或读者。陈佳民在《文体写作》中这样说：

戏剧冲突是不同人物之间的抵触、矛盾和斗争，但在一个戏剧里，也常常出现人物内心的冲突……戏剧冲突有三种情况：不同人物之间的抵触、矛盾和斗争；人物与环境（社会的和自然的）之间的冲突；人物自身内心的冲突。一出戏里往往这三种戏剧冲突都存在，其中不同人物之间的抵触、矛盾和冲突，在任何戏里都应该是主要的。

（一）回顾第二单元中有矛盾冲突的课文

师：第二单元哪些课文里有矛盾冲突？

生：我觉得《秋天的怀念》中史铁生瘫痪后朝自己发火、摔东西是一种冲突。

师：不错。史铁生和自己的病腿发生了冲突，他还和谁有矛盾冲突？

生：和母亲有矛盾。尽管他母亲悄悄躲出去又进来，他还是嫌自己烦、嫌

母亲烦。

师：对了。这一单元还有哪篇课文的矛盾冲突更为明显？

生：《散步》。一家人散步时因为走哪条路有了分歧，分歧就是有争执，会引发矛盾冲突。

师：理解得很好，这篇课文利用"走哪条路"这个矛盾冲突，写了一个很家常却不寻常的故事。文言文也有巧用冲突让简单故事一波三折的，哪一篇呢？

生：《陈太丘与友期行》中有很多矛盾冲突，比如友人失约却对着陈元方骂他父亲不是人，元方怒怼他父亲的朋友"无信、无礼"。

师：这是故事冲突最激烈的部分，这则小故事开头有矛盾冲突吗？

生：陈太丘和朋友约定时间出去，结果朋友却失约了。

师：对呀，要想让一件事能吸引读者，要在叙事中制造矛盾，然后让矛盾不断升级，直至发生激烈的冲突。随着冲突的化解，故事结束。这样叙事才更吸引人。以《陈太丘与友期行》为例，我们具体学习如何运用矛盾冲突写好一件事。

（二）再读《陈太丘与友期行》，填写下列流程图

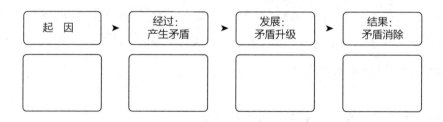

师：《世说新语》善于在故事冲突中写人。我们把《陈太丘与友期行》作为一般记叙文来学习，记叙文的六要素是什么？

生：（齐答）时间、地点、人物、事件（起因、经过、结果）。

师：我们用流程图的方式来表示就是这样的。（黑板板书：起因　经过……结果）请用一句话概括这则故事。

生：有个叫陈太丘的人，和朋友约定中午一起出行。到了中午，友人失约晚到，还对着陈太丘的儿子骂陈太丘。

师：说得不错，但有些啰唆。压缩后可以变成：陈太丘的朋友失约，还对着他儿子骂他。这件事的起因是什么？

生：陈太丘与朋友约定中午一起出行。但到了中午，他的朋友很久也没来。陈太丘就先走了。

师：如果仅说事件的起因，是什么内容？

生：陈太丘和友人约定中午一起出行。

师：这才对。叙事开头，需要先交代哪些内容？

生：故事发生的时间、人物、事件起因。

师：很好。运用矛盾冲突叙事，开头需要介绍人物、事件发生的地点，为矛盾冲突做好必要铺垫。文言文短小简洁，省去了地点及场景描写。但一般散文，比如《散步》是有和地点相关的场景描写的。翻开书，读读《散步》开头写了什么。

生：《散步》开头交代了主要人物，初春的田野和主要事件——散步。

师：非常好。有场景描写吗？

生：有一段对初春田野的场景描写。

师：对比两篇文章，我们会发现运用矛盾冲突叙事开头的写作规律。

（屏幕显示——开头：介绍人物，事件发生的场景，为矛盾冲突做铺垫。）

师：再回到《陈太丘与友期行》，故事是怎样继续发展的呢？

生：过了很久，友人也没来，陈太丘丢下友人先走了。

师：这个故事的线索是什么？

生：陈太丘与朋友约定出行。

师：真好，这篇短文以"与友期行"这件事为线索。事件发展有一组什么矛盾？

生：到了约定时间，友人没来。

师：这是友人言行不一产生的矛盾。接着，友人更加言行失当，和谁发生了更激烈的冲突？

生：友人在自己失约的情况下，对着陈元方骂他父亲不是人。元方虽然只有7岁，但他毫不客气地指责父亲友人无信无礼。（他边说边比画，很是愤愤不平。大家纷纷鼓掌。）

师：说得很精彩。这里激烈的冲突是什么引起的呢？

生：是因为两个人物的意见不同。

师：对呀，矛盾冲突一般发生在两个言行不和的人物之间，但有时也会是自己内心的矛盾冲突，比如《走一步，再走一步》中的矛盾冲突是什么呢？

生："我"去悬崖冒险、遇险、脱险时有很多内心的矛盾冲突，比如"天黑想回家"与"胆小下不去悬崖"的矛盾。

师：对了，这一课人物内心的矛盾冲突很典型。还有一种矛盾冲突是在人物和社会环境之间产生的。没有合适课文，我们先不讲。

（板书：经过：以事、物或人为线索，逐步引发矛盾冲突

矛盾冲突：人物之间　人物自身　人物与社会）

师：《陈太丘与友期行》中，故事怎样进一步发展？

生：友人感到很惭愧，下车拉元方，想表示友好。

师：人物之间的矛盾冲突，通常是其中一方做出让步或妥协来化解的。这篇文章友人做出了让步，《散步》中"走哪条路"的分歧谁做出了让步？

生："我"的母亲做出让步，母亲愿意陪"我"的孩子走小路。

师：如果是人物自身发生的矛盾冲突，比如《走一步，再走一步》，该如何化解？

生：在父亲的指引下，"我"最终战胜恐惧，自救脱险。

师：很好。矛盾冲突的化解，如果是人物之间，通常一方做出让步，大家意见一致后和解。如果是人物自身，要么战胜自己化解矛盾，要么借助外力化解矛盾。所以，运用矛盾冲突叙事的第3步是要写好矛盾冲突不断激化，随着冲突升级，人物一方做出妥协或让步。第4步是事件的结尾，矛盾冲突最终解决或弱化。现在，我们现场回顾"洪水决战"，看看这个活动里有哪些矛盾冲突。

（板书：冲突升级，冲突解决，屏幕显示《陈太丘与友期行》矛盾冲突叙事

写作流程图。）

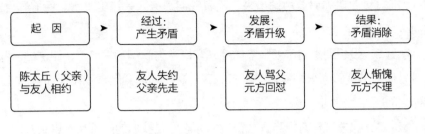

------------------------------ 设 计 意 图 ------------------------------

　　这一环节，我综合调用第二单元的多篇课文，引导学生在熟悉的课文中，发现和获取"抓住矛盾冲突，写好一件事"需要的基本写作元素：（1）记叙的六要素；（2）可以进行场景描写，为冲突产生做铺垫；（3）矛盾冲突的三种方式；（4）一件事中矛盾冲突具体该如何展示。结合学过的旧知识，建立理解新知识的学习通道，让学生都能明白老师讲解的新知识，是引发学生写作积极情绪的第二个法宝。

　　用学过的思维工具流程图以图解文，直观呈现了文学作品中运用矛盾冲突写事的思维过程。将写作过程图示化，可以有效将写作思维可视化，从而降低学生在写作构思时的焦虑，能快速按照已有图示动笔写作。写作思路可视化，是调动学生写作积极情绪的第三个法宝。

三、课堂活动："洪水决战"

　　［播放背景音乐，屏幕显示活动规则：（1）全班分为四组，每组必须留下1人在一楼抗击"洪水"，其余人给第一个"牺牲"的人说一句感谢的话。（2）随着洪水上升，其余的人需要把手中的"吸管"（代表"生"的希望）交给每组能存活的最后1人，交给他吸管时说一句临别赠言。（3）收到吸管最多的4个人为最后的幸存者，给其余同学说一段话。教师作为教官在一旁解说。］

　　师：（旁白）洪水肆虐长江流域，村里的房屋已经进了水，可每家每户必须留下一人扛沙袋、筑堤坝、堵上缺口。现在，水势越来越凶猛，每家请派出一个代表，其他成员每人给他说一句别的话。这一去，就是永诀……（背景音

乐播放贝多芬的《命运交响曲》）

家庭1：谢谢你勇敢地站出来，代表我们一家人去抗击洪水。保护好自己，加油……

家庭2：没想到平时嘻嘻哈哈的你，竟愿意为我们牺牲自己，谢谢你。我为平时对你的态度感到很抱歉，对不起。有一次，你问我题，我没理你。返校后，有什么问题你尽管问……

家庭3：你总这样有担当，我很敬佩你。你是我们的好班长，也是我们的好榜样。我们以你为傲！谢谢你，班长。

家庭4：你平时不怎么说话，没想到关键时刻，你竟这么勇敢，谢谢你……

（告别结束，四组第一个"牺牲"的同学退场。）

师：（旁白）洪水已经淹没村庄，村民的小土楼已经被淹了。只有楼顶晒台上有一块地方，仅能站下1人，每个家庭只能有1人存活。每个人请把手中的吸管交给你想让他活下去的人。你也可以保留自己的吸管。手中吸管最多的人成为最终的幸存者。其他人交出手中的吸管，并简短道别。

（台下同学纷纷把吸管交到自己认为最该活下去的人手里，个别同学保留了自己的吸管。每组11~12人，获得吸管最多的人手中至少有4~6支。背景音乐换为《送别》。）

师：现在，请每个家庭的幸存者对这些逝去的生命说一段话，每人限时10秒。

幸存者1：（神色凝重）我的亲人们，谢谢你们把生的希望给了我。我是这个家庭中最年轻的生命，相信我，此生不辜负你们的期望。（说完，深鞠一躬）

幸存者2：（一时很紧张）我……我……我不知道该说些什么，很意外，谢谢大家。（也鞠了一躬）

幸存者3：（难过的）洪水无情人有情，在这样的生死关头，感谢你们对我的厚望。我只是学习努力一点，成绩好一点（说着说着，眼泪流了下来），谢谢你们，我将更加奋发努力，感谢你们的信任。（深深鞠躬，久久不起）

幸存者4：（深情的）我最无私的亲人们，感谢你们把生的希望留给了我。我很荣幸曾经给大家带来了笑声。以后，我会用乐观自信影响更多的人。谢谢你们。（深深鞠躬）

---------- 设 计 意 图 ----------

这个部分，我用音乐、画外音等不断地渲染仿真现场，重现"养成教育"中的"洪水决战"活动。"写作情境"创设得越真实，越能发酵学生写作的积极情绪，越能让人物内心的矛盾冲突此起彼伏，也越能为下一环节"口头作文"做好准备。创设真实的写作情境，是调动学生写作积极情绪的第四个法宝。

四、口头作文：运用矛盾冲突言说"洪水决战"

师：我们仿佛又回到了活动基地的礼堂里。在人与洪水的抗争中，在生与死的抉择中，矛盾冲突不断升级。现在，给大家3分钟时间，4~6人一组，每组抓住矛盾冲突，按照我们刚总结的"运用矛盾冲突叙事"的写作流程图，口头说说这件事……

（3分钟后，每组派1名代表上台发言。）

小组代表1：当教官说每个小家庭都必须留下一个人时，每个人心情变得沉重起来。同学们舍己为人的精神让人潸然泪下，大家都想为集体尽自己的一份力。面对这样的生死抉择时刻，那几个舍身救人的同学是多么不平凡！稚嫩如我们一样的少年，本可以无忧无虑地生活，但他们却为了保全他人献出了自己的生命。这件事让我醒悟：生命看似漫长，有时却很容易消逝。我们每个人都要好好珍惜和把握有限的生命。

师：这组发言抓住了"选择牺牲自己的人"与"被保全的人"这一组矛盾冲突，如果再能补充人物动作、语言、神态方面的描写，故事会更吸引人。请下一组同学接着发言。

小组代表2：结营前一晚，月亮像一柄银色的弯刀，闪烁着光芒，我们在月下为上台参加联欢表演的同学呐喊助威。而此刻，在"洪水决战之生命抉择"活动中，那一张张熟悉的面孔，即将逝去。如果这是真的，那些因我而牺牲的同学们，我平日里就应该对他们好些。那些将"生的希望"留给我的同学，当他们给我吸管的时候，我万分感动，又万分抱歉。我们朝夕相处4个月，但平日里我为他们做的事太少了。谢谢你们，我的同学。是你们，给我温暖，给我关怀，给我生的希望。当教官对我说："现在，请逗笑你们身边的同学，我们很幸福，没有灾难来临。"那一刻，我泪水奔流。

师：那一天，我也泪流满面。你很好地抓住了活动中人物之间的矛盾——"同学将生的希望给我"与"我内心愧疚"这组矛盾，有《走一步，再走一步》的叙事味道，很好。

-------- 设 计 意 图 --------

这一环节用口头作文让积极情绪再次弥漫到整个班级，主要原因有两个：（1）小组合作完成片段作文，培养学生的团队合作意识；（2）采用当堂口头作文的形式，既锻炼学生口头表达能力，又能将本节课的写作教学重点落到实处。把课堂的时间还给学生，让课堂变成学堂，学生参与表达的积极性高、写作氛围好。

五、小结全课

师：如何运用矛盾冲突，写好一件事呢？这张流程图为我们提供了清晰的写作思路。下节课大家运用抓住矛盾冲突的方法写自己经历的新近发生的一件事。

（屏幕显示以下流程图。）

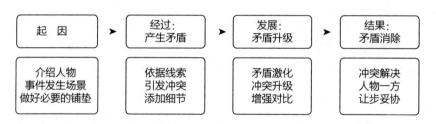

（下课铃声响起。）

［作业：抓住矛盾冲突，记叙一件事（发生在家庭、校园、社会的均可），第二节作文课当堂完成。］

板 书 设 计

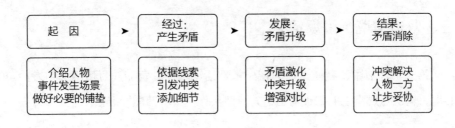

/ **教者自述** /

积极情绪能让学生的认知内驱力启动并不断强化。在积极情绪的带动下,学生会对所学内容产生强烈的学习兴趣,对所学知识的接受能力也会以几何倍数的速度增长。也就是说,学生上课时的积极情绪越高涨,学习兴趣——认知内驱力就越强,学生知识接受能力就越强,学习效果也就越好。最终,教与学的目标达成度也就越高。

这节课调动学生写作积极情绪的策略有以下几种。

一、对话聊天,酝酿情绪

课堂导入时,我先以聊天的方式,带领学生回顾"养成教育"中开展的多项活动,为引出本课教学内容——"运用矛盾冲突,写好一件事"做好"情感埋伏"。

二、课文经典,调动情绪

接着,运用流程图,精细展示第二单元课文《陈太丘与友期行》如何"抓住矛盾冲突写一件事",给学生提供"运用矛盾冲突叙事"的相关知识。再结合《秋天的怀念》《散步》等学过的课文,分解"运用矛盾冲突叙事"的具体写作过程,并用流程图将写作思路可视化。巧妙搭建新旧知识间的联系,降低学习难度，很好地调动学生对学习"运用矛盾冲突叙事"的积极情绪。

三、营造情境，引爆情绪

第三个环节中，我通过播放音乐重现活动场面，营造逼真情境，引发冲突心理，再次点燃学生的积极情绪，为"口头作文"环节做好准备。

四、口头言说，发酵情绪

第四个环节，小组合作口头作文。学生充分运用形成人物心理矛盾冲突的方法，生动言说"洪水决战"，高涨的写作积极情绪不断发酵。同时，也为下节课的独立写作打好基础。

这节作文指导课，我从学生生活、所学课文、名著故事、现场活动等多类写作资源中，匠心选择学生亲历的、最具冲击力的活动场景，不断酝酿、调动学生写作积极情绪；又借助课文、流程图等，为学生搭设写作矛盾冲突的脚手架，让新知识变得好学、易懂，从而很好地调动了所有学生学习的积极情绪。

最终，在"积极情绪"和"稳固写作知识"的完美结合中，学生成功地写出了极具矛盾冲突的人生故事！

第3课

"金牌推销员"

—— "成就动机"与七上"写人要抓住特点"写作教学设计

> 好的课堂是心流激荡、浑然忘我,而后又幸福满足的。
> 像什么一样呢?
> 轻缓时,如清泉脉脉流淌石上,如明月融融朗照松间……
> 急促时,如狂风阵阵席卷万物,如艳阳灼灼燃烧你我……

/ 教学缘起 /

如何写好人物?抓住人物外貌、语言、动作等方面的特点是关键。

部编版教材语文七年级上《从百草园到三味书屋》,鲁迅以白描的笔法,仅用"他是一个高而瘦的老人,须发都花白了,还戴着大眼镜"寥寥几笔就将寿镜吾老先生的样子呈现在我们面前。《再塑生命的人》,海伦·凯勒用"一个人握住了我的手,把我紧紧地抱在怀中",两个动词、一句话,莎莉文老师深爱孩子的形象便跃然而出……

不少老师在教"写人要抓住特点"时,常常采用"人物猜猜猜"的方式,即布置课外练笔——学生描写某个同学的外貌或口头禅等片段,在课堂上念出,由其他同学来猜到底写的是谁。这种方式用来单项练习人物外貌、动作、语言等描写有较好效果,也适合进行人物描写的系列训练。

但教学有法，教无定法。我尝试运用心理学成就动机理论，匠心选用"金牌推销员"活动设计这节"写人要抓住特点"的写作指导课。

皮连生教授在《学与教的心理学》中这样阐述"成就动机"：

成就动机最初的研究来自默里有关人类动机的假设。默里及其同事用主题统觉测验鉴别出了一系列人类动机，其中成就需要被认为是一种"普遍的需要"。他将其定义为"克服障碍，施展才能，力求尽快尽好地解决某一难题"。麦克勒伦和阿特金森接受了默里的思想，并将其发展为成就动机论。麦克勒伦的研究发现，高的成就需要与企业家的行为有很高的相关，成就需要高的人，喜欢对问题承担个人责任，能从完成一项任务中获得一种成就满足感……成就动机高的人希望获得成功，而当他们失败之后，会加倍努力，直至成功。阿特金森对麦克勒伦的理论和研究进行了提炼和扩充。他指出，个人的成就动机可以分成两类，其一是力求成功的需要，其二是避免失败的需要。

也就是说，成就动机的形成需具备以下要素：

1. 责任感：遇到问题时，喜欢承担个人责任；

2. 成功感：在完成一项任务活动后，获得成功感和满足感；

3. 抗挫感：它是一种预期成功的内心感受，这种抗挫感让人即使遭遇失败，也会加倍努力，直至最后成功。

这节课是如何通过"金牌推销员"活动，引发学生的责任感、成功感、抗挫感，让成就动机在活动中生成并迁移到后续的写作过程中的呢？

/ **教学现场** /

一、导入：猜一猜他们是谁

师：这几周的随笔中，大家写了"我的新老师""我的新同桌""我的新同学"，老师发现很多习作仍存在叙述多、描写少的问题，今天我们一起来学习抓住人物特征、把人物写好写生动。大家看这几幅漫画，猜猜画的都是谁？

生：（激动地举手）第一幅是成龙，他最大的特点——鼻子大！（大家会心一笑）

师：（朝学生竖起大拇指）正确！

生：（急得几乎要站起来）第二幅是科比，他穿着醒目的"24"号球衣！

生：第三幅是小沈阳，"有，还是没有啊"是他春晚小品的名言！

（屏幕先展示三幅漫画，再展示三个人物的真实照片。）

师：大家这么快就猜对，是因为这三幅漫画都抓住了人物最重要的特征：成龙鼻子大，一笑就眯着眼，总是穿一身唐装；小沈阳梳着三七分发型，他那身红色的苏格兰裙子，还有春晚名言都是他的特征；科比的特征——穿24号球衣。可见，人物的特征可以体现在不同方面：有的人相貌独特，有的人语言特别，有的人穿着和动作与众不同……今天，我们将从外貌、语言、动作等方面学习如何抓住特征描写人物。

------- 设 计 意 图 -------

以猜谜方式开课，有一种魔力——一上课就能点燃学生学习的积极情绪。在所猜人物的选择上，我尽量贴近学生生活，选取他们喜欢的演员、球星等。同时，先呈现漫画，再展示真实照片，学生能在前后图片对比中，发现人物的突出特点。

积极情绪在开讲时调动得好，一堂课也就成功了一半。

二、人物描写方法

（一）回顾几种人物描写方法

师：我们学过哪些人物描写方法呢？

生：肖像描写（其中包括外貌和神态描写）、动作描写、语言描写、心理描写。

（二）结合课外必读名著把握肖像描写的写作要点

师：看看这段文字，大家猜猜写的是哪部名著里的哪个人物？

（屏幕显示：只见他黑脸短毛，长嘴大耳，圆身肥肚，……提一柄九齿钉耙。）

生：（急切地回答）《西游记》里的猪八戒！

师：这段文字属于哪种人物描写方法？

生：肖像描写。

师：这段肖像描写写了什么，让你觉得一定写的是猪八戒呢？

生："黑脸短毛""长嘴大耳""圆身肥肚""九齿钉耙"，这就是只猪！而且猪八戒的武器就是"九齿钉耙"。

师：你找得非常准确。我们在写人物肖像的时候，一定要抓住什么来写？

生：肖像的特点。（教师随手板书：人物描写 肖像 特点）

师：肖像的特点一般体现在哪些方面？

生：猪八戒的鼻子和耳朵，肖像的特点一般在人物的五官特点上。

师：非常好。不同的人在形体、肤色、五官等方面是有差别的。能找到所写人物与别人在肖像方面最大的差异点，就是抓住所写人物的肖像特点了。

（三）结合课文相关段落，把握动作描写要点

师：大家看这段文字选自哪篇课文，抓住人物哪方面的特点呢？

（屏幕显示：我疑心这是极好的文章，因为读到这里，他总是微笑起来，而且将头仰起，摇着，向后拗过去，拗过去。）

生：这段选自《从百草园到三味书屋》，写的是"先生读书"时的场景。

师：这段文字写得生动具体，运用了哪种人物描写方法？

生：动作描写。

师：这段用了多少个动词写"先生读书"？

生：用了笑、仰、摇，还有两个"拗"。

师：这几个动词很有人物个性，你觉得这是一个怎样的先生？

生：一个沉迷读书不能自拔的先生。（大家都乐）

师：用动作描写写人时，一定注意抓住能反映人物年龄和性格等方面的动作。比如急性子和慢性子的人走路、吃东西的动作是不同的。我们曾经学过《世说新语》，有个性急的人叫王蓝田，他是怎么吃鸡蛋的，有谁还记得？

生：他用筷子夹鸡蛋，没夹到，于是生气地把鸡蛋扔到地上。最后，他愤怒地把鸡蛋捡起来放到嘴里咬破又吐掉。

（屏幕显示：王蓝田性急。尝食鸡子，以箸刺之，不得，便大怒，举以掷地。鸡子于地圆转未止，仍下地以屐齿蹍之，又不得。瞋甚，复于地取内口中，啮破即吐之。）

师：这真是个心急的人。这段文字用了哪些动词写出王蓝田的急性子？

生：刺、怒、举、掷、碾、取、啮、吐，一共8个动词。

师：动作描写能写出人物个性，一般都有一连串的动词。（板书显示：动作连贯）

（四）结合课文相关段落，把握心理描写要点

师：这段文字选自哪篇课文，运用了哪种人物描写方法？

（屏幕显示以下内容。）

我犹豫不决，直到其他孩子都爬到了上面，这才开始满头大汗、浑身发抖地往上爬……

我想掉头回去，但知道我绝对回不去了。这太远，也太危险了；在悬崖的中途，我会逐渐感到虚弱、无力，然后松手，掉下去摔死……

爸爸！但是他能做什么？他是个粗壮的中年人，他爬不上来。即使他爬上来了，又能怎样……

扑进了爸爸强壮的臂弯里，抽噎了一下……有了一种巨大的成就感和类似骄傲的感觉。

生：《走一步，再走一步》，运用了心理描写。

师：这些语句是在一个段落里吗？

生：在不同的段落里。

师：这几处心理描写是按什么顺序排列的？人物内心感受一样吗？

生：按事件发展的顺序排列，从爬悬崖，到爬到中途，到被困悬崖，最后到下了悬崖。感受不一样，从犹豫，到害怕，到无助，到骄傲。

师：由此可见，想写好人物心理，我们需要注意哪些问题？

生：可以放在一件事中写。随着事件发展，写出心理的多次变化。

师：说得很好。人物心理一般要放在事件中写。随着事件发展，展示人物内心的微妙变化。（板书：心理　变化）

（五）黑板画圆，让学生说说这个圆是什么，把握语言描写要点

师：（拿起粉笔，随手在黑板上画一个圆圈）谁来说说黑板上画了什么？

生：这是月亮。

生：这是煎蛋。

生：这是个圆。

生：这是张饼。

生：这是个铁圈……

师：同学们的回答真是五花八门。说这个圆圈是月亮的，个性怎样？

生：很文艺，很有想象力。

师：说这个圆圈是煎蛋和饼的呢？

生：（呵呵笑）吃货一个。

师：说这几个空心圆只是圆的人性格怎样呢？

生：也许是个数学达人，对图形很敏感。

师：这样看来，一个人说出来的话，会反映出什么？

生：一个人不同的喜好。

师：的确，一个人在说话时会带有个人喜好、职业、经历、年龄等个性特点，语言特别能反映人物个性，一定要写好。（板书：语言　个性化）

--- 设 计 意 图 ---

这个环节，运用必读名著《西游记》描写猪八戒外貌的选段，《从百草园到三味书屋》

"先生读书"的片段,《走一步,再走一步》"我"在悬崖上从被困到脱险的一系列心理活动,以及《世说新语》中性急的王蓝田"吃鸡子"的片段,不断掀起学生学习积极情绪的小高潮。

积极情绪怎样才能被很好地调动?一个要诀是:在符合教学目标的基础上,一定要精选学生熟悉而感兴趣的、有学习价值的教学素材。情绪调动得好,相关的写作知识就学得快,运用起来也就更得心应手。

三、课堂活动:"金牌推销员"

(一)小结多种人物描写方法的要点,开展课堂活动"金牌推销员"

师:我们一起小结如何写好人物。在抓住人物主要特点的基础上,需要运用多种人物描写方法。每种人物描写各有侧重点:肖像描写要抓人物外貌最显著的特征或神态特点;动作描写要多用些动词,至少5个以上,写出动作的连贯性,展示动作行为的过程;心理描写可以放在整个事件中,多次出现,写出心理变化的过程;语言描写根据人物的喜好、年龄、职业、身份等写出人物的个性。

现在我们开始当堂活动。(老师拿出一袋旺旺仙贝,学生们立刻兴奋起来)给大家3分钟时间,每个小组合作写一份旺旺仙贝的广告推销词,并请小组代表上台现场推销。我们的奖励办法:(1)获得"最佳推销员"称号的一组将每人获得1枚仙贝庆祝。没有献言献策的组员没得吃。(2)凡上台发言的"推销员"均可获得1枚仙贝奖励。

其他没上台的同学一定要注意观察台上同学神态、语言、动作等的各种表现。

(二)小组合作3分钟,每组拟定一份旺旺仙贝的广告词

学生分小组进行热烈讨论,一位同学记录本组拟定的广告词,其他同学纷纷发表意见。老师在教室里巡视。

（三）小组展示，争当"金牌推销员"

师：3分钟时间到。每个小组可以派一个代表上台展示，也可以多个人上台展示，没上台的同学一定要注意观察台上同学的表现。上台展示的机会只有三次！先到先得！

（每个小组都在举手，有的小组全员举手，场面相当火爆！）

师：民以食为天，大家今天超乎寻常得踊跃呀！请最先举手的第1组上场！

生：（第1组6个人，齐刷刷地上台）"走过路过千万不要错过！过了这个村，就没有这个店……""天天吃旺旺，运气会旺哦！""吃了旺旺，旺上加旺！""身体棒，精神旺，财运旺。"

（串烧式的广告词，一下嗨翻全场，话音刚落，台下自发响起掌声。）

师：第1组的同学个个伶牙俐齿，这小广告打得真精彩！有请第3组同学上场。

（第3组已经急得快速冲到讲台上，第3组有2位同学出场。）

生1：（说话有周杰伦唱歌的味道）这包仙贝不要998，不要888，只要8块8，8块8！

生2：（声音洪亮，语调激昂）8块8，你买不了车也买不了房，但是！你可以在我这里买到一包旺旺仙贝！旺旺仙贝，香脆又美味！！

师：强中更有强中手呀！第3组的广告词好，更重要的是推销员的魔力实在高！我们请出第6组上台！（第6组6人齐上阵）

生1：什么香香脆脆我们都爱？齐答：旺旺仙贝！

生2：什么营养健康我们都爱？齐答：旺旺仙贝！

生3（挑挑眉毛，莞尔一笑）：这袋旺旺仙贝还特使用了五谷杂粮和零添加的玉米粉来制作哦！

（台上学生的精彩展示，赢得台下同学的阵阵掌声。）

------- 设 计 意 图 -------

"金牌推销员"，是我精心设计的一个体验活动，它是激发学生"成就动机"的关键。

这个活动是如何引发学生"成就动机"的呢？

1. 投其所好。旺旺仙贝是大多数学生都喜欢的零食，它一亮相课堂，瞬间消除了学对写作的畏惧心理，每个学生都变得跃跃欲试，情绪亢奋。

2. 模拟生活。这一环节把现实生活中在商场中常常遇见的推销场景，巧妙地搬挪到课堂中来，特别能体现陶行知先生的"生活即教育，社会即学校，教学做合一"生活化教育的理念；同时，也为学生以后的职业选择做了现场预演。

3. 小组合作。小组 4~6 人合作，每人提一条广告词建议，极大地激发了不同层次学生主动、积极、有效地参与课堂学习。"人尽其责"践行了"成就动机"的"责任感"。

4. 创意激励。学生们用"美好时光海苔"、时尚歌曲、5 元店广告词等，进行创意拼接，形成一种百花齐放的广告词盛宴。在设计广告时，好的创意受到他人肯定，能收获"成就动机"的成功感。

5. 预期成功。上台展示的同学，为了让本组获得这包旺旺仙贝的奖励，使出浑身解数，有卖萌的，有耍宝的，有说唱的，形成展我风采、为组而战、预期成功、不怕失败的"成就动机"中的高抗挫感。

四、当堂写作："金牌推销员"

（一）当堂写作"金牌推销员"，限时 5 分钟

师：现在给大家 5 分钟时间进行当堂写作，不要面面俱到每组都写，注意抓住一组或你心中最佳的一位"金牌推销员"来写。

写作要求如下：（1）描写你心目中的（1 位或 1 组）最佳"推销员"。（2）请使用 2 种以上人物描写方法（肖像、语言、动作、心理描写）。注意抓住人物肖像的特点、动作行为的连贯性、心理活动的变化、语言的个性化。（3）限时 5 分钟，尽可能多写。

（学生个个迅速动笔写作，5 分钟很快就过去了。速度最快的同学能写到 270 字左右，大部分同学都能写 100 字以上。）

（二）上台分享习作

师：5分钟时间到，哪位同学跟我们分享一下习作？

生：我心目中的金牌推销员是一个胖胖的男孩。他憨厚淳朴，笑起来的时候嘴角弯弯的，有小酒窝，两边的小肉肉堆积在了一起，成了一个肉球，让人忍不住想要戳一戳，眼睛眯成了月牙儿，正是这富有感染力的笑容和洪亮的嗓门在我心里占据了金牌推销员的"宝座"。

他就是我们班大名鼎鼎的小龙！他率先"噌"的一下站了起来，不紧不慢又带点儿潇洒劲儿地走上了台。其他组员倒显得有些羞涩。在台上站稳后，众目睽睽之下，他率先拿起了话筒，张口就来："这包仙贝不要998，不要888，只要8块8，8块8！你买不了车也买不了房，但是，你可以在我这里买到一包旺旺仙贝！一包香甜可口的旺旺仙贝！"

（她边读，其他同学边笑，写得实在太贴切了！）

师：大家觉得她写得怎么样？运用了哪些人物描写方法？

生：写得太好了，她抓住了小龙的外貌特点——"胖"，还写出了他的神态特点——"笑"，人物的语言也写得极好！

师：对呀，这篇习作不仅写了推销员本人，还写了其他组员的表现，正侧面描写结合起来更能凸显人物个性。下节课可以继续完善！有请第2位同学分享习作。

生：3分钟的时间眨眼间就过去了，我们组的小轩想出了一句广告词：问君能有几多愁？不如旺旺仙贝解千愁！但是因为其他人没有准备好，我们没有上台。

第1组小晋的广告词让我记忆犹新，是由抖音里改编的"烤山药"！小鑫的"两块钱买不了吃亏，买不了上当"的广告词也让我们哄堂大笑！

师：这篇习作运用了哪些人物描写方法？

生：没写完，暂时只有一处人物语言描写。

师：还有个很关键的问题是：叙述语多了，人物描写还没有展开。看来我们需要提供一份具体的写作达标方案来正确运用这些人物描写方法。（时间接近下课）

（三）展示本次习作的写作达标方案，小结全课

人物描写	抓住特征	写出过程	写出变化	写出个性	运用丰富的动词、形容词	运用比喻、夸张等修辞手法	运用正侧面描写相结合的写法
肖像描写	√				√	√	
动作描写		√			√	√	√
心理描写			√			√	
语言描写				√		√	

师：（小结全课内容）这是"金牌推销员"的写作达标方案。写作时，我们需要尽可能多地运用动词、形容词、多种修辞手法，才能将人物描写得具体生动。描写人物肖像要抓住面部五官和神态的主要特征；描写人物动作需要运用5个以上的动词写出动作行为的连贯性；描写心理要写出前后变化，上台展示的同学可以写写自己上台前后的心理变化；描写人物语言要展示人物个性。这样，你的习作就会变成那颗最闪亮的星，让人过目不忘！

（作业：根据写作方案，将当堂片段作文加入两种以上人物描写的方法，扩展为一篇500字以上的作文，写在作文本上。题目为"我心中的金牌推销员"，也可自拟题目。）

------------------------------- 设 计 意 图 -------------------------------

"金牌推销员"通过推销广告词设计和现场展演，巧妙地把现实生活场景转移到语文课堂中来。在活动中，有效发动了学生的"成就动机"。在上台展示或观看他人表演时，每个学生都能捕捉到写作人物的有效素材。积极情绪让所有同学都能快速高效地完成"我心中的金牌推销员"的片段描写。

学习心理学研究表明：一次强的有效刺激，能够让学生对写作的恐惧感和排斥感顺利脱敏，从此不再怕写作！

5分钟"我心中的金牌推销员"片段描写，还有如下教学实效。

1.当堂落实教学目标。如果缺少"当堂5分钟片段描写"这一环节，本堂课很容易被推销活动弱化为一场搞笑表演，但"当堂片段描写"牢牢地把本课教学锁定在本课教

学目标——学会如何抓住人物特征。

2. 当堂反馈学习效果。这堂课的重难点是让学生能学会并能自如地运用多种人物描写方法展示人物个性特征。"金牌推销员"现场活动点燃学生设计灵感和口头言说的热情，同时也为其他同学提供了很好的观察、品鉴、选择的写作素材。每个学生都可以根据自己的观察，评判心中最佳"金牌推销员"，写出与众不同的人物描写习作。

3. 评价量表检测达标。在生动有趣的"金牌推销员"竞聘活动和当堂写出"我心中的金牌推销员"之后，我依据所学内容，自制写作评价量表，让学生能对自己的习作片段进行自评、笔友间能进行互评，让人物描写学习更扎实有效。

-- 板 书 设 计 --

人物描写	抓住特征	写出过程	写出变化	写出个性	运用丰富的动词形容词	运用比喻、夸张等修辞手法	运用正侧面描写相结合的写法
肖像描写	√				√	√	
动作描写		√			√	√	√
心理描写			√		√	√	
语言描写				√	√	√	

/ 教者自述 /

美国著名心理学家、积极心理学奠基人米哈里·契克森米哈赖《心流》的扉页上写着："'心流'是指我们在做某些事情时，那种全神贯注、投入忘我的状态——这种状态下，你甚至感觉不到时间的存在，在这件事完成之后我们会有一种充满能量并且非常满足的感受。"

这节课，就发生在本校、本班、日常的语文课堂上，然而却涌动着让人心潮澎湃、激动万分、久久难忘的最优教与学的心流体验……师生们共同收获了一节感情共振、灵感迸发、热力四射、高成就动机的语文课堂！

原因何在？

一、热点导入，调动情绪

导入部分，我设置猜谜活动——"猜猜他们是谁"，营造了良好的学习心理场，引发了学生的学习兴趣。接着，运用学生作为"吃瓜群众"喜欢明星、球星的心理，幻灯片显示几个当红明星——大鼻子成龙、苏格兰裙小沈阳、24号球衣科比等人物漫画，迅速吸引学生注意力。随后，由漫画要抓人物特点，引出"人物描写也要抓住人物特点"这一教学重点。

二、经典引领，找到路径

叶圣陶先生在他的《叶圣陶语文教育论集》中说："语文教材无非是例子，品这个例子要使学生能够举一反三，练成阅读和作文的熟练技能。"第二个环节中，《西游记》中关于猪八戒的写作片段，是学习人物外貌描写要点的极佳范例；《从百草园到三味书屋》中"先生读书"和《世说新语》中性急的王蓝田"吃鸡蛋"的片段，是学习人物动作描写要点的经典文段；《走一步，再走一步》中"悬崖遇险"生动展示了人物心理变化，为学生学习"心理活动反映人物性格"提供了重要的写作路径。

三、"活动"助燃，成就动机

一个好的课堂活动，就是一个好的引发学习动机的火折子。我将超市里常常见到的"推销产品"场景引入课堂，一下点燃了学生观察、学习、模仿、演练的学习热情。每组学生大显神通，展示出前所未有的广告创意和表现热情！

在"金牌推销员"活动中，"成就动机"是这样激发的：

1. 拟定广告，人人有责。成就动机的激发很大程度上需要调动学生的责任感。小组成员通过齐心协力的讨论，人人献计献策，共同拟定一份让人耳目一新的旺旺仙贝推销语。

2. 各出奇招，力求成功。成就动机的第二个要点是要让人拥有"成功感"。小组合作设计一份推销广告词，不仅激发了学生集体的创造力，3 分钟后的"金牌推销员"展示现场，更让上台展示的成就动机达到极限！首先，上台的同学在推销时，需要施展自身口才和表演天分，易获得个人成就满足感；其次，广告词体现了小组的集体创意和智慧，获胜后也能激发团队合作的成功感。在趣味活动的带动下，学生的积极情绪被充分调动，踊跃参与活动，获得真实的写作材料，继而能毫无障碍地写作，从而获得个体写作的"成就动机"。

3. 开心一刻，抗挫增强。成就动机的第三个要点是具有很强的"抗挫感"。虽然"金牌推销员"只有一个，但每个上台的同学在有趣的展示活动中，积极情绪被极大激发，即使没有成为众人心中的"金牌推销员"，也赢得了同学们的热烈掌声和积极肯定，因而形成高抗挫力。

四、当堂落实，张弛有度

5 分钟的现场片段写作"我心中的金牌推销员"，以及写作评价量表，让整个课堂更显张弛有度、动静相宜。范例热场，活动热烈，写作沉静，习作展示再次点燃全场。"金牌推销员"活动，让学生亲身体验、亲眼观察；5 分钟当堂写作，让师生通过文字写作又回到群雄逐"贝"、金牌比拼的火热推销场景……

树立一个教学靶心，精选一个教学切入点，援引一系列能起到新旧知识联系、示范引领的经典名著及课文范例，再独具匠心地设计一个让人跃跃欲试、有效有趣的活动。这个活动就会如"火折子"般让全场燃烧！当"成就动机"之火不断蔓延到每个人时，就是学生创作力迸发、不断超越失败、享受成功的礼花绽放时刻！

第4课

调动感官写细节

——"动机激发"与七下"抓住细节"写作教学设计

> 细节
> 是生活五味瓶中的那一丝风味;
> 是写作调色板里的那一抹亮色。

/ 教学缘起 /

七下第三单元写作"抓住细节"中写道:"细节描写是对人物、景物、事件等表现对象的细微刻画,往往能起到以小见大、画龙点睛的作用……同学们在写作时,也要学会抓住细节,具体来说要注意以下几点。一、真实。真实的细节是对生活细致观察的结果。二、典型。细节贵在精不在多,要善于抓住最能反映人物性格特征的细节来写。三、生动。细节描写用语要生动、简洁,让读者如见其人,如睹其物,如临其境……"

这告诉我们"抓住细节"要注意细节的"真实、典型、生动"。不少学生的作文中确实存在叙述语过多的问题,原因在于对生活缺乏细致观察、对生活的敏感度不高,也不知道怎样用生动的语言表达细微的感受。

怎样写才能做到细节"真实、典型、生动"呢?

结合心理学"动机激发"策略,我将"抓住细节"的写作教学重点定为:

(1)明确什么是细节描写;(2)学习调动感官捕捉细节;(3)学习细节描写的具体方法。

皮连生教授在《学与教的心理学》一书中这样解释"动机激发"策略:"个体内部因素对学习动机的有效激发和维持是至关重要的。一般来讲,影响个体学习动机激发和维持的内部因素主要包括求知欲、焦虑水平和能力信念等。主要策略有:1.唤醒学习需要,激发求知欲:适度的唤醒是保证学习效率的基本前提……2.激发学习兴趣和求知欲:(1)创设问题情境,激发学生求知欲;(2)丰富材料呈现方法;(3)利用学习动机的迁移。"

写作教学中,教师该如何唤醒学生对写作的需要、激发学生的写作兴趣、迁移学生的写作动机呢?

/ 教学现场 /

一、导入:故事引出细节

师:老师先给同学们讲一个小故事。(学生们立刻精神抖擞)

师:一个年轻人参加一家公司的应聘,面试进行得相当顺利。当年轻人走出应聘的会议室,前台电话突然响了,前台人员接了电话,然后温柔地说:"先生,您的电话。"年轻人赶紧接过电话,电话那边传来公司老板热情的声音:"年轻人,恭喜你!你被公司录取了!"年轻人高兴地放下电话,准备向家人报喜,可当他拿出手机,看看前台那部电话,问接待员说:"请问前台电话能打外线吗?"接待员礼貌地说:"可以。"年轻人于是拿起前台的电话给家人报喜说:"我被录……"但话音没落,他的手机响了,接通的电话中传来一个冷冷的声音:"你不用到我们公司来了。"年轻人很纳闷,问前台原因。谁来猜猜接待人员说了什么?

生:(醒过神来,抢着举手)我们有更合适的人选了。

师:(微笑着摇摇头)原因很小,再回忆一下故事情节。

生：（激动得拍了一下头）我知道！他还没正式上班，就用了公司前台的电话！

师：对了，正是这个小小的生活细节，让年轻人错失被录用的良机。细节决定成败，不仅现实生活中如此，我们写文章的时候也如此。大家听过《莫泊桑拜师》的故事吗？（学生摇摇头，老师接着讲故事）莫泊桑，19世纪法国著名作家。他从小热爱写作，努力写了许多作品，但这些作品都很平常。莫泊桑很着急，于是拜法国大文豪福楼拜为师。福楼拜让他天天在家门口观察大街上的马车，并仔细地记录，还要持续一周甚至一个月地记下去。你们觉得莫泊桑这样做会有收获吗？

生：天哪，天天看马车，不和我天天走路上学一样，没啥好写的呀。

师：你和刚学写作的莫泊桑很像。莫泊桑没几天就不耐烦地去找福楼拜，福楼拜对他说："为什么说没什么东西好写呢？那装饰精美的马车，跟普通简陋的马车是一样的吗？烈日照射下的马车和暴风骤雨中的马车是一样的吗？上坡时，赶车人和马怎样用力？下坡时，赶车人又是怎样的表情，怎样的吆喝？这些你都能看清、写清吗？这样细心观察后，怎么会没有东西可写呢？"自此，莫泊桑天天站在家门口，细心地观察并认真记录来往的马车。之后，他又写了一些作品，再次向福楼拜请教。福楼拜仔细看了他写的作品，笑着说："仅仅仔细观察要写的事物还不够，还需要发现别人没有写过的这一事物的特点。比如，描写一棵树，要努力发现它与其他树的不同。"莫泊桑仔细地听着，福楼拜的这番话给了他很大启发。福楼拜接着说："发现了这些特点，还要善于把它们写下来。走进一家工厂时，可以用画家式的工笔细描手法把看门人的样貌、身材、衣着以及精神气质都写出来，让人看后，不会把他同农民、车夫或其他看门人混淆。这样，才算抓住了他的特点。"莫泊桑牢记老师的话，更加努力地观察、勤奋地写作，最终写出具有世界影响力的文学作品。

师：福楼拜教写作，到底是想让莫泊桑关注生活中的什么呢？

生：生活中的细节。比如，赶马车人、马车、马在不同状况下的不同表现。

-- 设 计 意 图 --

  故事，儿时温暖睡前时光；长大唤醒沉睡心灵。故事，常常能给人意想不到的启发。用青年人应聘的故事，让学生明白在生活和职场中，细节决定成败。莫泊桑拜师的故事，则让学生明白在文学创作中，细节成就名篇。

  语文课上，教师常常联系相关的人物故事，不仅能激发学生的学习兴趣，唤醒学习需求，更能活跃课堂气氛，点燃学习热情，启迪人生智慧。

二、区分"平铺直叙"和"描写细节"

  （屏幕显示以下内容。）

  习作一：他的嗓门不是一般的大。上早读课时，他总是拼命地拉着嗓子喊，生怕别人听不见似的。尽管有些五音不全，但他还是照读不误，震耳欲聋的"超声波"在教室里回荡，那叫一个山崩地裂啊！

  习作二：第二天，我去学校参加毕业考试。妈妈在校门外等我。考试完后，我和妈妈一起回了家。

  师：这两段话摘自大家上周的随笔，请判断哪一段是平铺直叙的语句，哪一段是描写细节的语句？

  生：（争先恐后地举起手来）第一段是描写，第二段是叙述。

  师：（微笑着点点头）正确。以上两篇习作，我们可以看出——叙述是直叙其事，是"什么是什么"的一种表达方式，要交代清楚时、地、人、事；描写是细致描摹，是"什么怎么样"的一种表达方式，要写出人物或景物的具体状态。描写也有简单和精细之分，简洁的、三言两语的描写是"白描"，精细些的描写叫"细节描写"。

-- 设 计 意 图 --

  这一环节，从习作中发现问题，引发学生学习"细节描写"的内在需求；对比两则

习作采用表达方式的差异，引出本课的教学重点——细节描写。

三、摘引学生习作片段和课文中细节片段，了解"细节描写"写什么

师：我们再来看看"细节描写"具体能写什么。请你来读一下这个片段。

生：（朗读屏幕上习作片段）她的爱好是绘画和看书，她是一个动漫迷，每次画动漫人物时，就只画一只眼睛，我说："你每次只画一只眼睛，偶尔画画还可以，但每次都这样，那个动漫人物又不是'独眼龙'，真有点儿像《加勒比海盗》里面的人物呢。"

师：谁来说说这段细节写了什么？

生：（迅速举起手来）这段细节写了人物的细微动作。如"只画一只眼睛"，很特别。

师：回答正确。除了人物细微动作外，还有什么是细节描写呢？请看习作二："那无边的绿叶上，闪烁着无数颗晶莹的露珠。一、二、三、四……啊！像夜空璀璨的繁星，像水面上跳动的波光，又像千万双闪烁的眼睛。"（屏幕显示）

生：还可以是细微的景物。

师：对呀，把这两个同学总结的内容概括一下就是：细节描写是对人、事、物的某一局部或某一细微事实（如一些细小的动作、眼神、表情等）的具体描绘。请大家齐读屏幕内容。

生：（齐读）细节描写是指抓住生活中的细微而又具体的典型情节，加以生动细致的描绘，它具体渗透在对人物、景物或场面描写中。它是最生动、最有表现力的手法。

师：细节描写有哪些具体内容呢？我们结合学过的课文来了解。大家看看这处细节写了什么，哪里写得很细？

（屏幕显示以下内容。）

一个冬天下来，破草鞋堆得超过了台阶……塞角票的瓦罐满了几次，门口

空地上鹅卵石堆得小山般高。——节选自《台阶》

生：细节有父亲穿坏的草鞋，满了几次的瓦罐，小山般的鹅卵石。这些是景物细节。

师：对于周边场景进行细致的描写，散文称景物描写，这是一篇小说，小说一般说环境描写，我们也可以说这段文字是场景细节描写。再看下个片段。

（屏幕显示以下内容。）

开门看见老王直僵僵地镶嵌在门框里……他面色死灰，两只眼睛上都结着一层翳……——节选自《老王》

生：写了老王重病的样子，"镶嵌"是动作细节，写出他身体僵硬、行动不便的样子。"面色死灰，两只眼睛上都结着一层翳"是外貌细节，写出他重病时面色难看，眼病也更加重的样子。

师：很好，根据具体内容，细节描写可以是场景细节、人物动作细节、人物外貌神态细节。再来看看下一段又写了什么。

（屏幕显示以下内容。）

"哥儿，有画儿的'三哼经'，我给你买来了。"——节选自《阿长与〈山海经〉》

生："三哼经"是一个语言细节，写出阿长没文化，她并不知道"山海经"，也不识字，只是根据迅哥儿的话去复述。

师：一向让迅哥儿不屑并有些讨厌的阿长，竟给他买回了向往已久的《山海经》，这份对孩子真诚的爱，让迅哥儿终于放下对她所有的怨，开始真正佩服她、尊敬她。从这些文段，我们可以知道细节描写的具体内容可以是场景细节、外貌神态细节、语言细节、动作细节等。大家再想想，我们该如何捕捉这些细节呢？

生：可以像莫泊桑一样，时常进行多时段、多角度的仔细观察，并及时地记录下来。

师：很好！生动的细节，离不开细致的观察。要想观察细致，一定要调动我们的多种感官。除了可以用眼睛观察，还有哪些感官能参与观察？

生：用耳朵听声音，捕捉细微的声音；用舌头尝味道，分辨不同的味道。

师：还有哪些感官能参与观察呢？《春》中"像母亲的手抚摸着你""混着青草味还有花的香"分别用了什么感官？

生：用肌肤感受，用鼻子闻。

师：这就是说，捕捉这些细节，我们要用眼、耳、口、鼻、肌肤等多种感官积极观察。

（师随即在黑板上板书：在正中写"细节"，在细节的周围写上"视、听、嗅、触、味"。）

师：大家知道一个正常人运用各种感受器官接受外界信息所占的比例吗？

（学生们摇摇头。）

师：通过眼睛获得的外界信息占信息总量的 80% 左右，通过耳朵获取的外界信息占信息总量的 13% 左右。生活中，要调动自己的各种感官去感受，尤其是视觉和听觉，多捕捉生活的细节，写作时才会有米下锅。

---------------------------------- 设 计 意 图 ----------------------------------

这个环节，我用学生习作和多则课文范例，让学生充分认识"细节描写"的具体内容。再用课文范例，指导学生学习"调动感官写细节"的具体写法。这样，从"细节是什么"，到"细节写什么"，再到"调动感官捕捉细节"，最后到"如何把捕捉到的细节用合适的语言表达出来"，层层为学生学写细节搭设脚手架，不断激发学生的学习兴趣，让他们的学习动机越来越强！

四、如何表达细节

师：总的来说，我们只有充分调动多种感官参与观察，才能为细致描摹做好准备。下面我们回顾《从百草园到三味书屋》里百草园的段落，学习如何在调动感官观察后，写好细节。谁来填一下文段空缺的部分。

（屏幕显示以下内容。）

选文一：不必说（　　）的菜畦，（　　）的石井栏，（　　）的皂荚树，（　　）的桑椹；也不必说鸣蝉在树叶里（　　），（　　）的黄蜂（　　）在菜花上，（　　）的叫天子忽然从草间（　　）向云霄里去了。

生：（争先恐后举手）不必说（碧绿）的菜畦，（光滑）的石井栏，（高大）的皂荚树，（紫红）的桑椹；也不必说鸣蝉在树叶里（长吟），（肥胖）的黄蜂（伏）在菜花上，（轻捷）的叫天子忽然从草间（直窜）向云霄里去了。

师：记得很准确。这些空缺部分对景物的细致描摹起了重要的作用。这一段作者调动了哪些感官呢？

生：视觉、听觉。

师：填入的词语有什么特点？

生：这些词语大多是形容词，比如碧绿、光滑等，写出了百草园里各种事物在颜色、形状、味道、声音等方面的特点。还有动词，如伏、窜等。

师：好极了，使用富有表现力的形容词和动词，能准确生动地描写出景物的细节特点。

（屏幕显示：调动视觉、听觉；准确运用形容词和动词描写事物；描写时注意事物的形、色、香、味等方面的特征。）

师：我们再看第二个选文调动了感官描写事物时，又采用了什么方法。请一位同学来填空。

（屏幕显示以下内容。）

选文二：如果不怕刺，还可以摘到覆盆子，（　　），（　　），色味都（　　）。

生：如果不怕刺，还可以摘到覆盆子，（像小珊瑚珠攒成的小球），（又酸又甜），色味都（比桑椹要好得远）。作者调动了视觉、味觉，将覆盆子的形状和味道都写了出来。

师：用了什么方法写细节？

生：用了比喻和拟人的修辞手法。

师：比喻、拟人等修辞手法的确能让细节更生动，文章更富有表现力。

（屏幕显示：调动视觉、味觉；运用比喻、对比的修辞；准确运用形容词；写出事物的形状和味道。）

师：再看第三段选文又有什么新鲜的写法。

（屏幕显示以下内容。）

选文三："吹面不寒杨柳风"，不错的，（　　）。风里带来些（　　），混着（　　），还有（　　），都在微微湿润的空气里（　　）。鸟儿将窠巢安在（　　）当中，高兴起来了，（　　）地卖弄（　　）的喉咙，唱出（　　）的曲子，与轻风流水应和着。

生："吹面不寒杨柳风"，不错的，（像母亲的手抚摸着你）。风里带来些（新翻的泥土的气息），混着（青草味儿），还有（各种花的香），都在微微湿润的空气里（酝酿）。鸟儿将窠巢安在（繁花嫩叶）当中，高兴起来了，（呼朋引伴）地卖弄（清脆）的喉咙，唱出（宛转）的曲子，与轻风流水应和着。

生：这段细节描写，作者调动了触觉、嗅觉、听觉，运用比喻、拟人的修辞，准确运用了形容词、动词。

师：《春》这篇课文调动感官写细节的方法有：（1）调动多种感官细致地观察；（2）准确运用形容词、动词；（3）使用比喻、拟人、夸张等修辞方法。

---------------- 设 计 意 图 ----------------

《从百草园到三味书屋》需要填空的部分，是调动了视觉、味觉观察，主要用生动准确的形容词和动词写好细节；《春》需要填写的部分，则是调动了触觉、嗅觉和听觉，在准确使用动词、形容词的基础上，还运用了比喻、拟人等修辞手法写出生动细节。

这一环节运用"填空补写"法，不断引发学生对空缺部分的关注和学习动机。

五、运用细节描写方法改写病文

（屏幕显示：下面这篇文章太平淡了，请用"调动感官写细节"的多种方法，让它变得"秀色可餐"。题目换为"精彩的一天"。）

我的一天

我的一天过得比较急促，一切转眼间就过去了。

早上去到学校便开始收作业，我边整理边聊天。上午的课很快，好像完全不给人休息。短短的课间成了我们唯一的活动时间，短得让人觉得手表出了问题。

中午回家休息。下午又开始认真学习了。下午的课容易犯困，上完第一二节课就会又精力充沛。

回到家后就开始写作业，我尽量集中精神写。然后复习一下今天所学的内容，简单看一下书本，就带着疲倦进入梦中。

我的一天就这么在我不经意间，没感觉似的溜过去了。

师：看看这篇《我的一天》，多平淡呀。虽然我们的每一天会很平凡，但绝不应该这样平淡。把感官发动起来，每一天都会精彩纷呈、活色生香！现在，分工合作，一、二、三组修改第一、二自然段，四、五、六组修改第三、四、五自然段。

（学生 3 分钟讨论，5 分钟合作修改。）

师：从刚才各小组热烈的讨论中，我已经预感到有高手出场！请修改一、二自然段的小组率先发言！

（屏幕显示原文第一、二自然段。）

小组发言 1：（修改第一、二自然段）"丁零——"闹钟发出刺耳的金属敲击声，夹杂着妈妈絮絮叨叨的说话声，打断了我均匀欢畅的鼾声。张开沉重的眼睑，在连打了几个哈欠之后，我赶紧穿上衣服下地，飞快地拿起书包，窜出房门，趁妈妈不注意，顺手"拐"走了门后的篮球。

小组发言 2：（修改第一、二自然段）早上，推着单车，打算跟新一天的阳光和空气问早时,一只小狗出现在我眼前。翻卷的金棕色毛,像电了卷发一般,两只大大的眼睛,水汪汪的,可爱极了,就像泰迪熊。我忍不住放下单车,走向小狗,它竟走近我,小舌头还在我手心翻动,好痒!啊!要迟到了,我飞身上车,像哈利·波特骑着扫帚一般,一溜烟奔向学校。

师:这两组修改时,都调动了听觉、视觉、触觉等感官,抓住特点写细节,各具特色。第一组重写实,关注人物的多种细节,很有特色的是那个"拐"字,写出了男生的小俏皮。第二组则虚实结合,既写自己上学路上遇到一只可爱的小狗,还调动了想象和联想,把自己想象成哈利·波特飞向学校,很有创意!看来,想象和联想,也能细化细节。我们继续听听其他段落的修改稿。

(屏幕显示原文第三、四、五自然段。)

小组发言3:(修改第三、四、五自然段)下午第三节课是自习课。有的同学孜孜不倦地写着作业,额头上都是汗。然而对我们这些酷爱自由的人来说,"自习课"无异于"自由课"。我的同桌在睡觉,后面的人说闲话。只有当"班主任来了"这句"振奋人心"的话响起的时候,这些"自由爱好者"才正襟危坐,装模作样地端起书本。

小组发言4:(修改第三、四、五自然段)中午回家,快速地吃完可口的饭菜,往床上一倒,瞌睡虫就拉着我和周公碰面去了。

下午第一节课是音乐课。音乐老师是个人见人爱的女老师,性格活泼,跟我们打成一片。这节课是学京剧——"唱脸谱",小成同学咿咿呀呀的一通乱叫,唱得比唐老鸭还难听,可怜我们的耳朵饱受摧残,真希望变成贝多芬呀!

师:(和同学们一起为这些精彩的修改热烈鼓掌)两篇改文分别调动视觉、听觉,一个写自习课上同学们自由行动的情境,另一个则聚焦音乐课上一位同学的"独特音质",细节写得既符合生活原貌,又加入能反映班级特色和人物个性的词语,都写得活泼生动。

从大家出色的改后文,我们能清楚地看到细节就像生活的万花筒,对表现人物、记叙事件都有着重要的表现力!希望大家从这节课出发,能把自己的感官都发动起来,好好关注生活中的细节,用精细准确的表达,让文章充满细节之美!

（老师把视、听、嗅、触、味几个字用虚线连接，和中间的"细节"构成心形图案。）

师：细节描写不但能突显人物特点，使人物形象更鲜活生动，还能让写景叙事更独具特色，让文章具有与众不同的个性风采！最后，送大家一段话，请齐读。

生：细节，在言谈举止中，在感官思维中，在生活的酸甜苦辣中。关注细节，我们的生活多姿多彩；写好细节，我们的文章神采飞扬！

师：写人如见其人，写景如临其境，细节描写的妙处就在于此。今天的作业：以"一顿丰盛的晚餐"为题，调动多种感官详细写出一顿晚餐的细节。

------------------------------ 设 计 意 图 ------------------------------

这一环节，是对全课教学内容的落实反馈。写作教学内容的检测评估方式很多，如：（1）小组合作口头作文，派代表发言；（2）小组接龙，进行集体创作；（3）小组合作补写、缩写、改写、列提纲等；（4）时间充裕的情况下，学生当堂完成片段写作。

无论口头作文也好，小组接龙写作也好，都可以充分发挥小组合作的优势，让学优生充分发挥引领作用，帮助学困生更好更快地领悟当堂内容。在小组合作写作中，大多数学生的写作学习动机都能得到很好地激发。

------------------------------ 板 书 设 计 ------------------------------

以细节为核心，以视、听、嗅、触、味为外延的一个心形的板书设计，既强化了学习动机，又巧妙地为学生指出：做生活的有心人，调动各种感官感受生活，文章会充满细节之美！

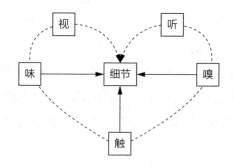

教者自述

居里夫人说:"人类需要富有理想的人。对于这种人来说,无私地发展一种事业是如此的迷人,以至他们不可能去关心他们个人的物质利益。如果能追随理想而生活,本着正直自由的精神、勇往直前的毅力、诚实而不自欺的思想而行,则定能臻于至善至美的境地!"

时光滚滚而逝,这节作文课的最初版本(发表在《语文教学与研究》2009年3月)距今已13年。在《调动感官写细节》的最初课例中,我大胆尝试了小组竞赛的方式进行写作教学指导,全班分为两个阵营抢答,极大激发了学生们的写作热情,收到良好的教学效果。

在最初版本的基础上,结合心理学"动机激发"策略,我对本课进行了迭代更新。这节课"动机激发"的教学策略如下:

1. 巧借故事,引发关注。导入部分运用两则故事——年轻人应聘的故事、莫泊桑学写作的故事,顺利切入课题,引发学生对细节描写的关注。

2. 对比习作,引起需求。将学生习作中的叙述语段与描写语段进行对比,眼见为实,引发学生对细节描写的学习需求。

3. 补充填空,激发兴趣。将《从百草园到三味书屋》和《春》中的描写片段设置成填空,让学生在填空时高度关注:这些词句是让文章拥有细节的写作密码!在空缺文段与原文的前后对比中,引发学生对细节描写方法的学习探求和好奇心。

4. 修改病文,动机迁移。这个环节,是落实本课教学重点——"调动感官写细节"的关键。以小组合作、分工改写《我的一天》。在小组合作、展示交流中,成功的改写、老师的肯定、同学的认可都会使学习动机得到进一步巩固和迁移。

5. 连"字"成"心",动机强化。激发学习动机还有一个"点睛策略"——新颖独特的板书。这节课,我以"细节"为核心词,随着学习内容的推进,在"细节"周围不断地添加"视、听、嗅、触、味"五个字(呼应"调动感官")。

授课结束时，再把这几个字用虚线连接，形成"心"形，意在告诉学生：调动感官的关键在于用心观察，描写细节的关键在于调动多种感官！精妙的板书，不仅能呈现一节课的授课要点，还能让人眼前一亮，更是让学生学习动机得以强化的神来之笔！

所以，在让学生用"心"生活、用"心"观察、用"心"写作的时候，老师在教学时也要不断投入"心"力，精选教学素材，优化细节处理，巧做教学安排。这样，才能不断生成让学生心旌摇荡、心驰神往、心潮澎湃、心动不已的"心"语美文课！

第5课

"古城新貌"新闻访谈

——"三类知识"与八上新闻采访与写作教学设计

> 写作资源有什么？
> 新、奇、趣、悟生活事；
> 喜、怒、哀、乐世间人；
> 鲜、活、生、动天地物；
> 绝、妙、好、丰万卷书。

教学缘起

部编版教材语文八年级上第一单元用"新闻活动任务单"将单元学习内容纳入三项具体的学习任务中。"任务一"为"新闻阅读"，需要阅读并了解几种新闻体裁内容，并把握其不同的特点，养成阅读新闻的习惯，关注国内外大事要事。"任务二"为"新闻采访"，要掌握新闻采访的方法和步骤，确定采访对象，制订采访方案及拟定采访提纲，分组进行实地采访和收集素材。"任务三"为"新闻写作"，写一则消息或新闻通讯、特写等。

要实施新闻单元的这三项学习任务，学生必须能正确运用认知心理学中的三类知识：陈述性知识、程序性知识、策略性知识。

马立丽老师、金洪源教授在《提高学科学习能力的元认知策略与培养》一书中这样解释三类知识：

当代认知学习理论打破了传统意义上大家对知识概念的界定（传统意义上的知识是指陈述性知识），发现了有某种能力的人的大脑中还储存着程序性知识和策略性知识。陈述性知识是关于某事物是什么、怎么样、什么样的事实知识。这些知识能被人们有意识地回忆和陈述，包括符号、事实和有组织的命题知识……程序性知识是回答"怎么办"问题的知识，即在解题过程中如果遇到了某一条件，该怎么办的知识。我们能够做好每一件事的能力，都是因为在大脑中运行了一套这样的程序性知识……认知学习理论以 C-A 代表解决问题的程序性知识的运行过程……策略性知识是专门用来调控、指导、解决个体大脑内部的记忆、思维、意志、情感等心理活动过程中的怎么办的知识。

如何让学生学会运用这三类知识实施"新闻访谈和汇报"呢？

首先，在讲授本单元课文时，我以"消息"为定篇进行单元整体教学。先教会学生关于"新闻"的陈述性知识。比如，消息的要素，什么是特写，什么是通讯，什么是新闻评论等。《消息二则》学习消息的要素；《"飞天"凌空》对比"新闻特写"与"消息"的不同，并把它改为一则消息；《一着惊海天》则对比"通讯"和"消息"及"特写"的不同，再改为一则消息；《国家公祭，为佑世界和平》则对比"新闻评论"和"消息"的不同，也改为一则消息。

在学习、比较、改写各类新闻文体的基础上，我布置了"古城新貌"新闻访谈任务，具体内容如下：

1. 全班分为4个大组，利用周末实地考察南头古城，进行现场采访。

2. 每个组集体商议访谈提纲，内容为：（1）约好访谈时间、地点；（2）定好访谈对象；（3）采访目的：各小组自行拟定；（4）采访方式：照片拍摄、短视频录制、现场访谈；（5）采访器材：纸、笔、手机拍摄；（6）采访问题：小组自拟。

3. 采访注意事项：（1）组内成员约定好集合时间、地点，注意安全；（2）需要拍摄照片或视频时，要征得采访对象的同意；（3）采访的问题要提前想好，如遇被访对象不愿回答，可再寻找新的采访对象。注意礼貌用语。

4. 小组访谈活动展示 PPT 内容要求：（1）小组成员集体合影一张，访谈过程拍摄照片或录制短视频；（2）小组拟定访谈提纲及问题设计；（3）访谈收获和趣闻。

以上访谈要求及访谈提纲内容，是陈述性知识。学生根据要求自行拟定"古城新貌"访谈提纲，则是程序性知识在运行。

依据访谈提纲，在实地访谈过程中，学生主动运用大脑中关于新闻访谈的陈述性知识内容，结合实际情况灵活应变，这是策略性知识在指导调节访谈的正常进行。

最后，全班进行小组"古城新貌"访谈汇报。访谈汇报展示课的环节如下：

1. 4个大组分别进行 PPT 汇报展示，最好每个组员都上场，每组8分钟展示汇报时间。

2. 每组汇报后，教师点评。

3. 第二节课当堂作文题目为：（1）"访谈花絮"；（2）"古城新貌"消息写作；（3）"古城新貌"访谈特写。任选其一。

（注：写作新闻有困难的同学，可以写一篇记叙文——"古城新貌"展示课。）

下面，我们来一起看看这三类知识在"古城新貌"访谈活动中的运行效果吧。

教学现场

一、导入

师：南头古城，也叫新安古城，与荔香学校仅一桥之隔。我们很多同学也是南头古城的老居民。南头古城有着1730多年的悠久历史。据史料记载，明朝万历年间设立的新安县就是最初的南头古城。当时，新安县是江海交通的要塞，也是自明代以来的海防军事重镇。南头古城保留了丰富而珍贵的岭南古文化。

它经历并记录了深圳南头地区的历史风云。今天，我们就来一起分享同学们周末进入古城采访的奇妙之旅！哪一组先来展示？

-- 设 计 意 图 --

通过介绍南头古城的历史，结合学生居住和学习的环境，我着意营造出一种跃跃欲试的展示氛围，既是汇报前陈述性知识的准备，也是积极情绪的调动、激发。

以四大组的方式进行新闻访谈，有很多亮点：（1）分工明确，各负其责：采访前，能更好地进行组员间的分工。（2）节约时间，活动有序：展示时，课堂活动更紧凑而井然有序。（3）角度多样，各具风采：各组因选取的观察点和采访点不同，呈现出各具特色的访谈过程、访谈见闻和访谈趣事，使得整节课张弛有度、趣味盎然。

同时，访谈汇报活动中，既有陈述性知识访谈提纲的呈现，也有程序性知识访谈录音、访谈短视频、访谈记录等的展示。整个小组完成访谈合作是否融洽、任务执行是否顺利，都是策略性知识在调控、指导。

二、小组展示汇报

（一）第一个上场的是第2、5组

组长汇报：9月21日对荔香学校八（7）班同学来说，是个令人振奋的日子，大家期待已久的"古城新貌"访谈展示活动开始了！"古城新貌"访谈活动，是上周语文课上陈老师布置的访谈活动。我们第2、5小组合成一个大组，去拥有1730多年历史的南头古城对居民进行采访。我们以古城新貌为中心，询问市民们对南头古城翻新后的看法，以及翻新对于古城的意义。在对他们的访谈中，许多市民认为古城象征着南头悠久的历史和本地文化的传承。下面就让我们的组员来向大家一一展示我们的访谈过程吧。（这段开场白很精彩，台下响起热烈的掌声。）

组员1：9月20日下午，我们2组和5组一同在南头古城进行"古城新貌"的采访。下午3点02分，8名成员在南头古城大门集合完毕。大家都做好了充足的准备，携带了笔记本、相机及其他设备。我们先大致在古城中走了一圈。为提高效率，我们分成三组采访。

组员2：我们小组第一个采访对象是古城中的一位工作人员。我们先询问他对南头古城改建有什么感想，他认为这次的改建不仅改善了古城居住环境和商务环境，而且吸引了更多的游客。然后我们问他认为南头古城代表了什么，他认为南头古城是南头的地标性建筑。

组员3：但接下来20分钟的采访，我们三个小分队都没有什么收获。我去采访一名保安，他却说忙着测量体温，没时间。我们又找到一位玩手机的游客，他也说没时间。最令人生气的是，我们找到一位保安，他却说让我们去找另一个保安。另一个保安又让我们去问下一个保安，最后一无所获。（大家不禁一阵笑，这实在太尴尬了。）

组员4：历经40分钟的艰难采访，我们还是没有遇到好的采访对象。但是好运终于来了！我们最后找到了一位游客，他对我们说：南头古城代表了南头的文化和历史。几分钟后，另一个小组也有了新收获，他们通过手机告诉我们，又有两个人接受了采访，均提供了满意的回答。最终，我们顺利完成此次采访任务，并制作成PPT。感谢大家的聆听！

（全班响起热烈的掌声，台上汇报的组长和组员们满脸笑容。）

师：我们的2、5小组，访谈到达的人最齐，访谈素材收集得最多，有南头古城博物馆照片、古城正门照片、古城新貌网红打卡地等，还有组员访谈微视等，堪称"最佳团结协作"组！下一次访谈要避免只问"保安"，可以选择不同类型的人访谈，这样得到的答案会更丰富。我们一起用热烈的掌声感谢他们的精彩分享！（全班再次响起热烈的掌声）

（二）第二个上场的是第6、7组

组长汇报：曾经，一个静谧而富有内涵的古城——南头古城，在深圳这座现代化城市中渐渐沉沦。直至2019年古城改造工程启动，它才洗去浮尘，再一次变得容光焕发起来。2020年9月20日，周日下午，我们6、7组同学来到南头古城。因为古城仍在翻新，到处都是一股油漆味，但也多了几分现代感。此次，我们来到古城还想验证一位网友的评论——"南头古城的翻新使深圳少了一座古城，多了一条商业街"，真的如此吗？我们想通过自己的亲眼所见、亲耳所听、亲身感受，了解古城居民和游客们对古城翻新的真实想法。

（这一组如新闻记者般的求真务实的态度，让全班同学自发鼓起掌来。）

旧古城　　　　　　　　　　新古城

组员1：首先我们去了一个义工站，那里的阿姨十分热情。我们问她："阿姨，我们是荔香学校的学生，请问可以回答一下我们的问题吗？""可以啊。""阿姨，请问你对古城翻新有什么样的看法呢？""抱歉，我刚来古城没多久，不太清楚，不过你们可以去一些店里采访，去一些老字号的店铺。"我们谢过她就去店铺访谈了。

逐渐商业化的南头古城

组员2：我们进入一家香薰店，那个店里放着许多香水，一进门就有一股清香迎面而来，我们找了一位前台姐姐进行访谈。那位姐姐认为古城翻新使这里少了许多古朴的味道。她从小就在这儿长大，翻新让她少了许多童年的回忆。

组员3：我们还去了糖水店和小吃店，他们都认为古城翻新使古城更加现代化，让他们的生活更加方便。那家传说中的网红糖水店，味道真的很一般。

组员4：综上所述，我们认为，这次古城的翻新会让许多人少了些回忆，但更多的人认为翻新是对的，让这里变得更加美好与便利。我们也相信南头古城会随着时代的发展变得越来越好。

我们组的汇报到此结束，谢谢大家。

（看到这一组丰富的图片资料，大家发现了很多自己在访谈过程中没有注意到的内容，教室里掌声阵阵。）

师：不一样的视角，不一样的心境。这一大组追随斯诺当年进入红区探访的脚步，也真正体验了一把新闻工作者实地采访的心境和经历。如果在我们组织的每次语文活动中，同学们都能尝试用不同的身份积极参与，就会打开不一样的人生！也许，每一次不同的角色体验，也将成为你今后职业的起点！感谢这组"最专业新闻人"的实地报道！

（台下同学为他们专业的报道、敬业的拍摄、丰富的影像资料，鼓起掌来。）

（三）第三个上场的是第1、8组

组长汇报：深圳，这块美丽富饶的红土地，孕育着璀璨辉煌的古代文明。朋友们，当我们徜徉在南头古城的历史长河中，你是否会为深圳这座城市拥有灿烂的古代文明而感叹？上千年的古城发展史，彰显出深圳崇尚开放、创新、包容的城市气质！透过南头古城那伟岸的雄姿和一件件历史文物，我们一起重温南头古城那令人心动的悠悠岁月！（这一组诗情画意的开场白，让大家即刻沉浸在回顾古城丰富璀璨历史的美好中，大家静静地看，静静地听。）

南头古城包括牌楼、南城门、新安县衙、新安监狱、海防公署、东莞会馆、关帝庙、文天祥祠、鸦片烟馆、接官厅、聚秀楼、义利押当铺、陶米公钱庄等十余处人文历史景观。

组员1：周六下午，我带着一支录音笔，和我们小组的成员在南头古城门前会合。进了古城一看，我很震惊。这还是我记忆中的那个南头古城吗？还记得小时候，我基本每个星期都去一次南头古城，现在怎么变成这样了呢？人聚齐后，组长让我们每一个人找几家店铺去采访，访谈重点是南头古城的翻新对商业方面的影响。被访者中，一位小吃店老板的观点最令人印象深刻。他说，古城翻新不仅没有带来更多客流量，生意反而比两年前差了一点，可能是受疫情影响的缘故。他希望随着疫情结束，古城翻新能为他的店铺带来更多的客流量。

组员2：接着，我们采访了一些路人，有的认为古城不应该翻新，因为古城就该保留历史的遗迹，一翻新就只剩下一座古城博物馆了。有的则认为翻新让南头古城焕然一新，充满设计感，绿色植物搭配也很巧妙，完美地将传统与现代结合起来。

组员3：我们接着进入古城中各色小吃店、小商品店进行访谈，还发现了一家很特别的活字排版馆，我们还拍了一张特别的照片，大家请看——（大家抬眼一看，哇哦，这活字印版上竟写着"陈芳，认真，优秀！"学生们都把目光投向老师，老师的名字就叫"陈芳"呀。老师率先鼓起掌，向台上同学竖起左右两个大拇指！学生们也一边大乐，一边用力地鼓起掌来！可爱的学生，卓越的采访，特别的发现！心里充满着感动和惊喜……）

在这家店,我们可以看到以前的印刷技术。

组员4:我们还参观了南头古城博物馆。这里,我们有幸见证了古城丰富的历史。南头古城是深圳这座城市的原点,是历代岭南沿海地区的行政管理中心、海防要塞、海上交通和对外贸易的集散地,也承载和见证了深圳中心的"迁移与回归"。1988年,南头古城被列为深圳市文物保护单位。2018年,南头古城被列为"深圳十大特色文化街区"之一。南头古城包括牌楼、南城门、新安县衙、新安监狱、海防公署、东莞会馆、关帝庙、文天祥祠、鸦片烟馆、接官厅、聚秀楼、义利押当铺、陶米公钱庄等十余处人文历史景观。自东晋咸和六年(331年)设置东官郡起,这座古城已有近1700年的历史,被誉为"深港历史文化之根""粤东首府、港澳源头"。

南头古城的博物馆

组员5：这次的采访不仅锻炼了我们的组织能力，还锻炼了我们和陌生人主动沟通交流的勇气，更增进了同学们之间的友谊，也让我们懂得每一份工作都来之不易，我们应该更认真地学习，积极在各种学习活动中锻炼才干、增长本领，才能为今后的生活做好充分的准备！感谢陈老师组织我们参与这次新闻访谈活动。感谢组员们的积极参与，感谢大家的聆听！

（全场掌声雷动。这组分享的文化含金量超高！）

师：这一大组的成员们不仅抓拍到南头古城极具特色的代表性建筑和商店，还别具匠心地制作了一个小组访谈全过程的微视，最让我感动的是不忘夸夸这次活动的发起人——陈老师。谢谢你们的创意和用心！让我们用热烈的掌声感谢他们对南头古城最具文化内涵的介绍分享！

（全班再次响起热烈的掌声。）

（四）第四个上场的是第3、4组

组长汇报：南头古城见证了深圳和深圳人的成长，而现在，我们也正在见证古城的新成长。周日上午我们第3、4组来到南头古城。我们的组的分工分别是：录音、拍照、记录和采访。然而开始有些不顺，但我们认识到了问题，我们不应该先问他们是否是古城居住的人，因为大部分都是来游玩的，应该只问他们对古城的游玩感受。后面开始便慢慢顺了起来，我们采访的人有很多种，男女老少都有。比如，中年妇女、老人、女孩儿、青年、买臭豆腐的中年大叔……下面我们就一起走进南头古城！

组员1：我们这组出师采访之路相当坎坷。开始连问了三个人，都不回答我们的问题。最让人抓狂的是我们问一个扫地阿姨时，她竟然用"戴口罩呀"这一句话回应了我们三个问题！我们的第一个问题是："新冠肺炎疫情时，你们是怎么做好防护的？"

组员2：那个阿姨说"戴口罩"。

组员1：我们又问：疫情结束后，大家的生活怎样？

组员2：那个阿姨回答"戴口罩"。

组员1：我们问的第三个问题是：您现在在古城生活感觉怎样？

组员2：那个阿姨继续回答"戴口罩"。

（全班即刻爆出一阵狂笑，欢乐像礼花般在教室绽开……）

组员3：这还不算完，我们第二个采访对象是一个带有浓重口音的老爷爷，采访时那叫一个尴尬呀！我压根儿不知道他在努力说什么，只好不懂装懂地点点头、冲他微笑、道谢、走人。（大家又爆出一阵大笑，这组遇到的尴尬人、尴尬事真是一箩筐！）

组员4：最后，好不容易碰到了一个合适的采访对象。这位叔叔认为翻新后的古城仍存在过道小、居住的地方并没建设得很好、有些地方还是很脏等问题。当然，有很多已经改观的地方，比如，风景更好了，人流量多了，有各种各样的小吃店和一些小型博物馆，还有一些工艺品店。这儿一瞬间快成了深圳网红打卡点。

古城新貌

这家店主要负责设计装饰品，装饰品每个都小巧精致，都有着自己的个性与风采。

我们的小记者询问后得知，这家店最近才搬过来，表示非常期待南头古城建好的样子，抱有很大的期待值。

组员5：我们还参观了古城纪念馆，看到南头古城在改革开放以来的每一年的变化，对自己所居住的这座城市，对自己脚下的这片土地有了更深入的了解。

在南头古城记忆展，我们看到了很多人美好的回忆和他们对深圳和南头古城由衷的祝福。

师：虽然这组的PPT和短视频出了状况，不能正常播放，成员们也没能遇到好的采访对象，但这组汇报时的好口才，让我们收获了一个个趣味无穷的段子，我们把"最佳段子手组"的荣誉称号颁给他们！（全班都热烈而兴奋地鼓着掌）按照咱们事先宣布的评选规则，我宣布第6、7组获得访谈大赢家！奖励芝士威化一大桶！

（全班热烈的掌声瞬间响起，羡慕的眼光投向第6、7组！）

附：评选规则

1. 两个小组自由组合，每个组员均参与实地采访，每人+1分。
2. PPT制作精美，内容包含：

组员分工任务（5分）；访谈提纲设计（5分）；必要的图片（5分）；访谈过程文字记录及照片（5分）；短视频制作（根据优劣，3—10分）；录音（3—5分）。

3. 现场汇报：主讲人口齿清晰、表达流畅（3—10分），其他组员现场积极参与（1—5分）。

---------- 设 计 意 图 ----------

以量表的形式进行小组展示评价,既可以引导学生实施自评,也能够帮助学生开展互评。认知心理学中的"三类知识"在本次活动中的运用体现在以下几方面:

1. 在单元文体的基础上,教师教学时先讲解了与新闻相关的陈述性知识,然后再教会学生如何拟定访谈提纲。

2. 小组成员在组长带领下,制定访谈提纲,自主进行分工协作,明确各自的访谈任务。访谈时,每组成员均需依据访谈提纲的预设问题进行有针对性的提问,这是程序性知识在运行。同时,实地访谈也通过练习采访和被采访人的反馈,促进了学生访谈能力——这一程序性知识的形成。

3. 实地采访时遇到的复杂突发情况,给学生提供了综合运用访谈提纲策略性知识的机会,促进了学生访谈能力的全面自动化。这次访谈活动中策略性知识的运用体现在:(1)学生因地制宜、因人而异地对访谈问题进行自我调整。(2)小组汇报时,考虑如何展示出本组特色和访谈中有特殊意义的环节,以获得最佳现场展示效果。(3)小组间开展汇报互评。(4)第二节课,写完访谈消息或通讯后,根据量表对写作内容进行改进等,都是策略性知识在发挥作用。

---------- 板 书 设 计 ----------

	参与人员	评价星级★★★★
访谈提纲		
拍摄及录音		
人物、店铺、纪念馆专访		
PPT 制作		
现场汇报展示		

/ **教者自述** /

新闻单元的"活动任务单"共有三项任务:1. 新闻阅读;2. 新闻采访;3. 新

闻写作。但在实际语文教学中，不少教师忽略了这份任务单学习，只进行了新闻文体阅读教学。

2017年9月，我第一次使用部编版教材八年级上语文教材，恰逢荔香学校喜迎"建校三十年华诞"，于是组织2016级学生开展了"喜迎三十周年校庆"新闻访谈活动。至今我仍记得学生们进入校长办公室、主任办公室时，从忐忑不安到大方发问的样子。当近距离地接触到原以为很高冷的校领导们，学生们竟发现他们如此和蔼可亲，说起话来温和得让人感动……那次新闻访谈后的小组展示活动，录制的视频及音频、阵阵的掌声、灿灿的笑容，至今似乎还在耳边回响，眼前闪现……

2020年9月，深圳市南山区千年古城——南头古城经整改后重新开放。于是，2019级学生的新闻访谈活动，就变成了"古城新貌"新闻访谈……更巧的是——荔香学校很多学生是南头古城的居住者。当化身为"新闻记者"，反观自己居住的环境，再去和古城中的住户们交谈，学生们会有不同寻常的感受和发现。

新闻，就是要与时俱进，推陈出新呀！访谈，让学生们乐此不疲，沉醉其中……

这节访谈活动展示课，灵活运用认知心理学的"三类知识"——陈述性知识、程序性知识、策略性知识，通过设计"古城新貌"新闻访谈活动，将"语文学习"和"日常生活"结合，并把本单元三项学习任务顺畅有序地整合到单元整体教学中，极大地激发了学生们的学习热情，创新点有以下几方面：

1. 角色体验，职业准备。将身边的文化古迹——南头古城，纳入写作材料资源。设计"古城新貌"新闻访谈活动，让学生通过实地考察、采访等活动，体验新闻记者的工作，激发了学生们的访谈热情。最为重要的是在丰富有趣的活动中，有关新闻文体的陈述性知识能更加牢固地纳入学生的知识体系中。

2. 小组合作，提升素养。组内分工包括设计访谈提纲、现场采访、拍摄照片、后期制作PPT、当堂小组上台展示的人员等，都很好地培养了学生的团队合作、口头表达、现场应对、沟通协调等综合素养。同时，学生们在实地采访中，能正确运行新闻相关的程序性知识进行访谈，在遇到突发状况时，还能调动策略性知识进行有效应对。

3. 现场展示，相互学习。四个大组的访谈各有侧重。有的偏重访谈居民、游客对重修古城的看法；有的侧重对疫情前后古城生活状况的调查；有的则探访重建后古城商业街的状况；有的着重对古城的历史风貌进行了考察……展示过程中，展示汇报组强化的是对程序性知识和策略性知识的运行；对于观看者，则是对新闻等陈述性知识的再巩固。

4. 交际语境，强化表达。在新闻访谈活动中，实地采访、现场展示、提纲拟定、当堂作文，不仅让学生们的"听说读写"能力得到飞速提升，更让学生们体会到新闻学习、新闻写作与时俱进、与生活密切相关的无穷魅力！

这次南头古城访谈活动中，陈述性知识——访谈提纲为开展访谈提供了知识保障；程序性知识——如何进行访谈为访谈顺利进行提供了正确程序；策略性知识——如何应对突发状况及小组访谈汇报，则为访谈成果的精彩呈现提供了自我反思和调控的有力支持。

不仅在写作教学中，在日常阅读教学中，语文老师都需要有策略地教会学生这三类知识。正确理解并掌握这三类知识，不仅能让学生学用结合、学思结合、学悟结合，读写能力也必能突飞猛进、节节攀升！

第 6 课

说书包，讲方法

——"图式原理"与八上"说明事物要抓住特征"写作教学设计

> 交际语境，任务学习，情境教学，
> 共同奏响写作课堂的美好乐章！

/ 教学缘起 /

部编版教材语文八年级上第五单元的课文主要为说明文文体。这一单元写作专题为"说明事物要抓住特征"。"写作实践"第三项内容："我们每天都会接触到不少物品，比如毛巾、炒锅、电视机、手机、自行车等。选取你最熟悉的一种物品作为写作对象，查阅相关资料，以《我的生活少不了它》为题，写一篇说明文。不少于500字。"

说明文写作历来被忽视，也容易和状物类的记叙文相混淆。如何让学生有效区分普通说明文和状物类记叙文，还能写出一篇简单的说明文呢？心理学"图式原理"能解决这一问题。就写作教学而言，指导学生了解并掌握某一文体或某篇范文的写作图式，对学生写作有着重要的学习意义。

什么是"图式"？马立丽老师、金洪源教授在《提高学科学习能力的元认知策略与培养》中这样解释"图式"：

美国心理学家吴伟士解释说，人们在长期学习中，在大脑中形成的某一类学习材料或其他事物的概念化了的经验模式，就是图式。由此可见，我们可以把图式理解为一种由知识经验建构起来的知识结构（或称知识组块）。图式一般都包含以下几点：1.普遍，即图式作为理解新信息的一个框架而被用于许多不同的情境。2.知识，即图式作为个体已经知道的内容而存储于记忆中。3.结构，即图式是围绕某个主题而组织起来的。4.包含，即图式中包含一些需要用文章或题目中的具体信息来加以填充的"空槽"。由此我们可以将图式看作是学习者的一般性的知识结构；该结构用于选择和组织新信息，并将其纳入到一个整合的、有意义的框架之中。

可见，图式是一种知识结构，这种知识结构能对新信息加以选择和组织，并把新知识吸收、整合到一个有意义的框架中。就语文读写学习而言，文章图式和文体图式是比较重要和常见的两种图式。而且，文章图式和文体图式对于同一文章或同一类文体的"读"和"写"，其实是同一知识结构。

图式，将语文的阅读和写作变成了一体两面的能力，即读写力。在阅读教学中，获取文章图式、文体图式，要把握文章（文体）关键信息，分解提取文章要点、文体主要特征、主要素材、框架主题等，从而形成这一类文章或文体的图式。写作，需要依照在阅读过程中获取的文章图式或文体图式来展开选题、立意、构思、选材、组材、修改润色等过程，从而形成"写作图式"。

段建军、李伟在《新编写作思维学教程》中明确阐述了"写作图式"的概念：

所谓"写作图式"，就是一个人头脑中有关文章的所有知识经验有机结合而成的心理结构，是存在于作者心目中的文章的标准样式，是一个人对其所接触的所有文章的内容、形式和写法的抽象和概括。写作图式的形成可以分为五个环节：阅读分解——引发辐射思维——写作图式来源于阅读、感知、分解文章。定向积累——筛选思维结果——集中一个方向，不断积累经验和范例。触发作文——思维结果应用——根据积累的经验和素材，构思创新作文。评改再读——二次辐射思维——以自评、互评形式，寻找作文优点和缺陷。激励创新——升华思维——再激写作兴趣、反馈，完善"写作图式"。

这堂说明文写作指导课，结合单元文体教学和写作要求，以课文为范文，先明确说明文文体图式，再以"设计师说书包"为任务活动，有趣有效地指导学生进行说明文写作。

/ 教学现场 /

一、导入：回顾常见说明方法

师：八上第五单元我们都学习了哪些课文？

生：（齐答）《中国石拱桥》《苏州园林》《蝉》《梦回繁华》。

师：这些文章的文体是？

生：（齐声响亮地回答）说明文。

师：一篇说明文，阅读时首先应该关注什么？

生：说明对象和特征。

师：还要关注什么？（看学生没有反应，进行提示）记叙文有线索，说明文有什么？

生：顺序。

师：采用一定的说明顺序，还必须采用一定的？（生齐答"方法"）对，有方法才能把事物的特征等说明清楚。（板书：特征、顺序、方法）

-------------------- 设 计 意 图 --------------------

每一种文体都有它固定的文体图式。复习已学过的说明文的要点，意在帮助学生建立说明文阅读和写作的图式。而说明文图式的建立，既能帮助学生阅读一篇新的说明文，也能帮助学生写作一篇说明文。

二、谜语引出说明对象——书包

师：说明文是这学期阅读学习的重点，也是写作学习的重点。我们在学习《苏州园林》时，和班里的小"导游"们神游了苏州园林，还绘制了自己家的简要示意图。今天，我们要写一篇说明文，学会抓住特征、有序地用多种说明方法说明一个事物。老师说个谜语，请同学们猜猜这节课的主角。谜面是："天天随身带，日日常相伴。色彩款式多，心胸容量大。"请打一常用物。

生：（看看自己的脚）鞋子？

（师生们都笑了。）

师："容量大"，鞋子只能容纳你的两只脚，容量还不算大。（微笑着鼓励学生们再猜）

生：（突然眼睛一亮）书包？

师：对，就是书包。今天我们学习的主要内容——用多种说明方法说明书包。

（屏幕显示本课课题——"说书包，讲方法"。）

师：想要把书包说明清楚，是要讲究方法的。我们学过哪些常见的说明方法呢？

生：下定义、举例子、作比较、打比方、分类别、列数字、画图表、引资料、摹状貌。

（屏幕显示这几种常见的说明方法。）

师：哪篇课文里较多地运用到举例子的说明方法？

生：《中国石拱桥》。

师：文章用了赵州桥和卢沟桥的例子说明了中国石拱桥的总体特征。作比较的说明方法在哪篇课文中出现较多呢？

生：《苏州园林》。

师：苏州园林和哪些事物作了比较？

生：全世界园林。

师：还不至于和全世界园林进行比较，主要是和北京的——

生：（恍然大悟，齐答）故宫博物院。

师：将苏州园林的私家园林和故宫博物院的皇家园林作比较。打比方的说明方法呢？《中国石拱桥》这篇课文中就有，找到了吗？

生：石拱桥呈弧形，就像虹。

师：这些说明方法用处各不相同，有的使文章的语言生动，有的使说明文的语言更加准确科学，有哪些方法可以使说明文的语言更准确？

生：下定义、列数字。

师：对，举例子也能使抽象的事物具体化，分类别和画图表使说明事物的条理更清晰。剩下的说明方法让说明的效果更生动、更形象。（屏幕显示说明文文体特点）

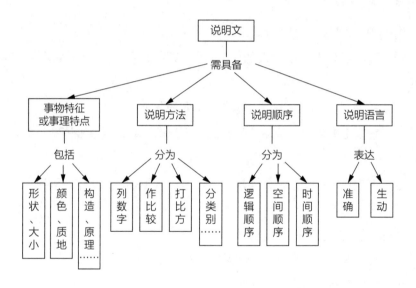

-- 设 计 意 图 --

为生动有效地指导说明文写作，我课前先让学生们准备好字典（以便查出事物的具体解释）、卷尺（可现场测量事物的长、宽、高）。课上，结合课文的例子，我先带领学生回顾了六年级上册学过的一篇说明文——《故宫博物院》，这是事物说明文的范本。说明文文体图式用文字可以表述为：（1）说明文都有一个具体的说明对象或事理；（2）说明时，首先要把握说明对象的特点及事理的特性；（3）说明事物或事理时，需要采用恰

当的说明方法；（4）为了有效说明事物或事理，还必须采用一定的说明顺序；（5）说明事物或事理时，在准确简明的基础上，语言尽可能生动形象。

结合课文，复习说明文的相关知识，为学生本堂课写作打好"地基"——说明文图式。用概念图呈现说明文文体要点，既能固化说明文文体图式，也为"设计师说书包"活动做好准备。

三、书包生产厂家招聘设计师的活动

师：了解这些常用的说明方法的作用之后，我们开始实战训练。这里有一个专门生产学生书包的厂家给我们发来了邀请函："诚聘精英加盟：本厂制作各类学生书包，现急需书包设计师2~3人，要求如下：（1）能设计出销量好、款式新的畅销书包；（2）口齿清晰地说出自己设计的书包的构造、功能以及适用人群。"（屏幕显示以上内容）

师：为了提高同学们应聘的成功率，以小组为单位，一组推选一人应聘。要求是：1.6~7人一组，共同制订一个书包设计方案。2.方案要求：（1）抓住特征；（2）思路清晰；（3）至少运用两种以上说明方法。3.各小组5分钟时间准备，推荐一名同学应聘。

四、书包设计师现场竞聘

（5分钟后，每组派一名代表说明书包设计方案。）

生1：这个书包色彩淡雅、体型小巧而不失潮流，是女生们的首选。身为中国人，我们一定要支持国货。这是中国制造的书包，希望大家支持国货，谢谢！（最后的"谢谢"，这个小女生有些害羞地用书包遮了遮头，学生们用掌声和笑声鼓励她。）

师：请再仔细介绍这款书包有哪些特征？

生1：小巧。

师：小到什么程度？你们有测量它的长、宽、高吗？

生1：宽36厘米，长43厘米。

师：厚度呢？

生1：（吐吐舌头）没测量。

师：还有哪些特征没有发掘出来？

生1：花色。

（老师点点头，又将书包转到背面，示意让学生再仔细观察。）

师：单肩背还是双肩背？

生1：单肩。

师：设计呢？

生1：方便。

师：方便？光说方便别人可不知道是怎么方便的。（老师又将书包两边的小口袋展示了一下）

生1：书包的两边各有一个小口袋。（老师又掀起书包的盖布）里面有个装书的大口袋，上面还有块遮挡的盖布。

学生展示设计的书包

师：应聘的设计师一定要注意抓住书包各方面的特征：大小、款式、颜色、设计等进行说明。谁愿意第二个上场？

生2：这个书包颜色鲜艳，适合众多学生使用，而且图案设计新颖，长46厘米，宽26厘米，厚53厘米，容量大，可以装许多书，有很多格可防水透气，肩带很宽，可以减少压力。价格公道，人见人爱、花见花开。（学生们不时为她的发言鼓掌）

师：设计师在展示时就是要自信大胆，这位同学对书包的说明讲解又进了一步，注意到要把握书包的特征进行说明。用了几种说明方法呢？

生2：一种，列数字。

师：说明方法还可以增加。采用哪种说明顺序呢？

生2：从上到下。

师：（笑了，眼睛从上到下地看看书包）哎呀，从上到下，从头到脚，好好看看我们这个书包到底采用了什么顺序呢？

生2：从外到里。

师：外观是怎样的？内部设计又是怎样的？（把书包的拉链拉开，又突然合上）瞧一瞧，有小秘密。第三位同学应该知道如何突破了吧？

生3：这个书包设计独特而实用，由若干个小袋组成。左右两边各有两个小袋，可以装化妆品。（其他学生听了大笑起来）里面还有个小袋，可以装随身携带的贵重物品，很安全。还有一个容量很大的袋子，可以装书、食物等。背带由5厘米宽的加厚垫子制作而成，背起来特别舒服。这款书包设计简洁大方，男女老少均可使用。

师：这位同学强档推出了万金油系列的书包，说得不错。但还有些地方没说清楚。书包的质地是什么？（请讲台下的一位男生摸摸）手感怎么样？

生：不错。（其他学生大笑）

师：（也笑了）这样说可不大专业呀，谁能说出它的质地？

（再让讲台下另外一个女生摸摸。）

生：帆布做的，有些粗糙，但很结实。

师：这个书包是什么颜色的？

生：（齐答）咖啡色。

师：如果用打比方的说明方法来说这个书包的颜色，可以像"滴滴香浓、意犹未尽"的咖啡，也可以像浓得化不开的巧克力等。介绍书包时，除了充分关注你设计的书包之外，还要用到合适的说明方法。我们继续竞聘！

（生4上场。这是个上语文课从来都垂头耷脑的学生，结果今天表现得相当积极，竟然举手上台竞聘，师生们先是大吃一惊，然后齐齐鼓掌。）

生4：这是本人最新设计的CIY书包。（这句介绍让人有些摸不着头脑，同学们一阵爆笑）长60厘米，宽40厘米，厚20厘米，这个书包有两个带（边说还边用手拉拉书包带），够结实（学生们被他新鲜的讲解方式吸引，不时笑出声来），而且是双肩的，减小了对肩膀的压强，对青少年的颈椎有很大的好处，健康环保。（大家又一阵爆笑）为了庆祝本厂成立三周年，本款书包打8折，60块钱不要，50块钱不要，48块钱谁要？（他风趣幽默的讲解，让大家不停地热烈鼓掌）

生4：古有猪笼草，今有猪笼包，（边说边把书包的袋子拉开再系上）可以变大变小，能放大书小书，方便实用，谁要？（大家又是一阵大笑）

师：这位同学的口才很好。但在说明自己的设计时，还需要关注说明顺序。刚才，我们说可以采用从外到内的说明顺序。从外观看，这个书包什么颜色？

生4：咖啡色。

师：款式怎样？

生4：双肩背。

师：可以怎样使用呢？（先提着书包的单个提手，再拎起两个背带。）

生4：可以单手提着，也可以双肩背着。书包的形状怎样？啊，猪笼包！（大家又是一阵大笑）

师：对呀，刚才介绍它的外形像猪笼草，中间是个大袋。这款书包在设计方面还有什么特色？（老师拉了拉左手边的一个小口袋的拉链）

生4：右边的是个小口袋。（大家又一阵笑）

师：（也不禁大吃一惊，又转而一笑）别紧张得左右不分了。站在我这边，这个口袋应该是左边还是右边？

生4：左边。

师：可以装些什么？

生4：首饰。（大家又为他的牛头不对马嘴的回答大乐）

师：请从书包而不是时装包的用途回答。

生4：学习用品。

师：左右两边各有一个小口袋，现在我们终于可以看看大口袋里的秘密了。里面还有一个小暗袋。下一位应聘者一定要注意说明顺序呀。我们第五个设计师应该又有新的发现了吧。有请第五位应聘者上场！

生5：本公司推出适合男生的系列书包，款式多样、颜色多种、任君挑选。价格比前面几个厂家都便宜，为了迎接新年的到来，本公司特推出新年特惠活动，前十名购买本公司指定产品者，可获得欢乐谷门票一张。（大家对他的不惜血本的介绍发出了阵阵惊叹，他因为紧张说完这几句后就走下了台。）

师：（不无遗憾的）说完了？设计这么好的书包就打出"价格优势战"呀？可惜了。（拿起刚才的书包，请其他同学继续说明）这个书包其实很有特点的，谁来说说？

生：颜色是军绿色，双肩背。

师：（拿着书包的背带）这可不是普通的双肩背带，你注意到了吗？

生：够厚。

师：作比较的说明方法还没用到呢。我们再拿个女生背的书包做一些比较。（学生们立刻递上一个粉色的书包）这两款书包有哪些不同呢？

生：（指着粉色的书包说）那个是女生，（指着军绿色的书包说）那个是男生。

师：（吃惊地笑了）你能从书包的外形看出它的性别来，算你厉害！（请另一个学生来比较）

生：颜色不同，一个粉红色，适合女生背；一个军绿色，适合男生背。

师：设计方面也有不同吧？（老师边说边拉军绿色书包的大口袋）

生：有大大小小的口袋。

师：形状像什么？（拉链拉开，还发现有几块钱在里面，又赶紧拉上）哎呀，不小心看到了里面有几块钱。

（同学们再次被这个不经意的小插曲逗乐了。）

生：形状像字母 N。

师：（又拿起粉色的书包）这款书包有什么不同呢？

生：左右各有一个敞开的小口袋，可以放矿泉水，也可以放伞。

师：（拉开粉色书包的大口袋拉链，发现造型上，两款书包有相同之处）这两个书包有相同之处吗？

生：都有两个 N 型的口袋，大口袋里都有一个小暗袋。

师：如果拿两个书包上来，就可以多采用一种作比较的说明方法了。请第六位应聘者上台。

生6：（留下粉红色的书包，他拎上来的是黑色的书包）这款书包整体设计以黑色为主。书包小巧轻便，长 27 厘米，宽 12 厘米，高 17 厘米，里面可以容纳许多书，有两层，可以将课本和作业本分开放，书包两侧各有一个小袋子，可以装水杯或者伞之类的东西，书包既可以单手提也可以双肩背，（拿起粉色书包）比起这款粉色书包，背起来会更加舒适。（大家被他的自信逗乐了）这款书包适合男生使用，只售 38.8 元。

师：刚才这位设计师很好地介绍了他设计的书包，现在我们一起整理一下思路。

（屏幕显示写作要点，即说明文文体图式。）

1. 说明对象：需要抓住书包的特征，如形状、颜色、质地、大小、设计等方面的特点。

2. 说明顺序：可以采用由外而内的空间顺序、由整体到局部的逻辑顺序。

3. 说明方法：可采用列数字、打比方、作比较、举例子等方法，具体说明书包的特征。

4. 说明语言：在准确的基础上，语言力求生动。

---------------------------------- 设 计 意 图 ----------------------------------

著名未来学家、趋势专家丹尼尔·平克在《全新思维》一书中，开创性地指出："未来属于那些拥有与众不同思维的人。唯有拥有右脑时代的六大全新思维能力：设计感、

娱乐感、意义感、故事力、交响力、共情力，即'三感三力'，才能决胜于未来。"

这一环节中，我巧妙运用"书包厂招聘设计师"活动，成功而有效地将说明文"文体图式"学习融入具有强大设计感、意义感的任务活动中。活动模拟真实任务情境，学生4~6人一组，挑选一个比较有特色的书包，抓住书包特点，运用多种说明方法设计出一份书包构造展示方案。在现场竞聘过程中，学生的"娱乐感""故事力""共情力""交响力"不断潜滋暗长，抽芽开花。

五、小结全课，布置作业

师：采用以上说明思路，我们可以很好地说明任何一种事物。如果说一篇说明文是一盆精致的小花，那么，说明对象及其特征是这盆花的什么呢？

生：花朵。（老师顺手在特征的外围画出花的形状）

师：花茎是说明文的？

生：顺序。（老师在顺序处画一条竖线代表花茎）

师：花叶是说明文的？

生：方法。（老师在方法处画出两片叶子）

师：今天我们就要栽种这样一盆小花，以"我的书包我设计"为题，请大家抓住自己书包的特点，按照一定的说明顺序，尽量采用两种以上的说明方法写一篇说明文。

------板 书 设 计------

/ **教者自述** /

这节课最初是 2009 年全国创新写作教学年会上的一节现场赛课。当时上完课，全场掌声雷动。有浙江宁波当地的老师说："天呀，说明文还能上写作课？真有创意！"

而今，经历新旧语文教材几次更迭，本课按部编版教材进行了重新设计调整，除了调整所用教学篇目外，对说明文指导环节也进行了更为精细的思考和整理。一堂好的写作教学设计，是经得起时间淘洗和岁月打磨的。我还惊喜地看到部编版教材八上第五单元"说明事物要抓住特征"第三题《我的生活少不了它》竟和这节课开始的谜面"天天随身带，日日常相伴。色彩款式多，心胸容量大"——"我的书包"神合！

惊喜之余，更有小小的自得。十多年前的一次创意写作教学设计，竟变成眼前语文教材中的铅字，也进一步证明：语文教学研究，就像科幻小说家在小说中的大胆假设和神奇预测一样，具有超前性和引领性！

本节说明文写作指导课是如何运用心理学"图式原理"进行教学的呢？

1. 猜谜开课，引发兴趣。课伊始，我用猜谜语引出本课说明对象——书包，立刻将学生对说明文的学习兴趣激发出来。

2. 温故知新，建构图式。接着，我带领学生回顾课内几篇说明文，通过对几篇说明文进行比较，引导学生关注不同说明文的相同点，归纳出说明文"文体图式"中的重要信息点，如说明对象及特征、说明顺序、说明方法等。

3. 设计书包，运用图式。以"厂家招聘书包设计师"活动为主阵地，创设出既切合说明文文体又鲜活有趣的交际语境，激发学生对说明文写作的极高学习热情。

说明文"文体图式"在"解说书包设计"时发挥的作用有：

（1）图式引路，设计有法。图式能帮助学生在进行创新设计时，首先关注要抓住说明文的对象特点。

（2）依据图式，解说有序。六个小组分别推出一位设计师发言，教师依据图式有序推进并逐层指导说明文写作。从抓住书包的主要特征开始，到书包各方面的特征（大小、款式、颜色、设计等）；接着运用不同说明方法说明书包特征；然后有序说明书包的特征；最后指导学生在准确说明的基础上，力求说明语言生动形象。

4. 评价设计，依据图式。文体图式，也可以成为"设计师"解说书包优劣的评价标准。竞聘活动，学得有趣；依据图式，学得有效。解说"书包设计"活动让抽象的"文体图式"有效迁移，教师现场对六位设计师的解说不断调整、补充、完善，最终让所有学生都能获得正确的说明文写作图式。

5. 精彩说明，图式三效。"文体图式"一箭三雕，为整堂课大容量学习活动提供了高效运行的轨道。既让学生迅速明确一篇说明文需要具备的基本知识、框架结构，也让"设计书包"有了"设计模板"，还在"设计师解说"时成为评价"设计优劣"的重要量表。

总之，心理学图式原理能让语文知识在写作任务活动中有章可循，有法可依，极大地激发学生对写作某一类文体或文章的学习兴趣，帮助不同层次的学生形成某类文体或文章的写作能力，也让文体或文章知识在"说与写"的快乐互动中变得鲜活生动、印象深刻！

第 7 课

悬念法，让文章引人入胜
——"顿悟理论"与八下"学写故事"写作教学设计 1

> 语文教学
> 不是给人灌注知识，
> 而是让人内力觉醒！

/ 教学缘起 /

语文课程标准关于写作教学的要求是："写作教学应贴近学生实际，让学生易于动笔，乐于表达，应引导学生关注现实，热爱生活，积极向上，表达真情实感。"

如何贴近学生实际，解决学生写作时动笔难的问题，同时还能帮助学生采用恰当的写作手法合理组织材料，增强文章的生动性、趣味性和可读性呢？

细读部编版教材，我发现：一些引人入胜、让人久久难忘的文章有一个共性——设置悬念。如七下《驿路梨花》中利用开头"茅屋主人是谁"的问题和"与瑶族老人、与梨花妹妹"的两次误会巧妙吸引读者注意力。再如八下《社戏》写"我第一盼望地是去赵庄看戏"，又遇到大清早就叫不到船、小船又不合用、有了船又没有大人同去等巧合，这些巧合化作文章的悬念，让读者随着迅哥儿的心绪起起伏伏。再如九上《我的叔叔于勒》先写菲利普一家急切盼望在美洲发财的于勒早日归来,接着在去哲尔塞岛小轮船上偶遇落魄于勒,这也是借巧合法设悬,让小说一波三折。更有九下《变色龙》开头就用奥楚蔑洛夫的神问题——"这是谁家的狗",使得整篇小说悬念迭起……

基于学情、课标、部编版教材八下第六单元写作教学内容——"学写故事",我运用心理学"顿悟理论"设计了这节"学写故事"指导课——《悬念法,让文章引人入胜》。

"顿悟"最初由格式塔心理学派提出,他们认为"在问题解决的过程中,人们不是通过长时间的尝试和错误才获得解决办法的,相反,解决的办法是突然闯进脑子里的"。

马立丽、金洪源在《提高学科学习能力的元认知策略与培养》中对"顿悟和顿悟思维"有更具体的解释:

顿悟是一种解决问题的思维过程……顿悟思维的机制就是设法完善当前解决问题思维的知识缺陷……促进顿悟的策略有:(1)优化有限的短视记忆容量,提高思维运行速度;(2)完善影响知识建构的因素,促进知识建构顺利实现;(3)知识的表征做到清晰、牢固、自动运行的程度;(4)在放松的状态下学习,在遇到困难时懂得换个时间或地点再思考;(5)带着目的,在原有知识基础上进行长期探索……

这节课,我用问题、巧合、误会、省略等设置悬念的方法逐步推进教学,让学生们邂逅了一个又一个顿悟……

/ 教学现场 /

一、问题导入

(幻灯片显示:这是一节……课?)

师:同学们好,我是来自深圳市南山区荔香学校的陈芳老师,很高兴有机

会为大家的语文中考助力。猜猜我今天要上一节什么课？你来说说。（老师走到第一排一个男生跟前）

生：应该是阅读课吧？

师：看来你阅读能力比较好呀，可惜我不能遂你的意了。今天，我将给大家上一节作文课！（老师故意把"作文课"的发音拖长。果然，台下学生倒吸一口凉气。老师按下第二张幻灯片，幻灯显示：一听到写作文，我就……）

师：刚才，当我说出作文课的时候，很多同学都倒吸一口凉气。现场采访几个同学，当你听到"写作文"这三个字时，你有什么感受？（快步走到刚才发出一声哀嚎的男生面前）

生：一听到写作文，我整个人都不好了。

（大家都笑。）

师：作文有这样神奇的功效？能影响你整个人的精神状态呀。再问问另一个同学。（又走向另一个刚才捂了捂脸的女生面前）

生：（无奈地）一听到写作文，我就头疼。

（大家又笑。）

师：作文的力量可真不小！它不仅在中考语文中所占的分值大，而且还是很多同学的死穴，一听到写作文整个人状态都不好了。有没有一听到写作文就热血沸腾、心潮澎湃的同学？（这时，有两三个女生举手。老师快步走了过去。）

师：说说你为什么听到写作文就很兴奋？

生：写作文有了素材并不难。

师：你说到素材的问题，你平时写日记吗？一周大约写几次？

生：我不写日记，想起来就会写，一个月会写几次吧。

师：对于写作业余爱好者，一个月写几次已经做得很不错了。还有一位同学也喜欢写作，你来谈谈对写作的感受。

生：我觉得写作能表达自己内心的感受。

师：的确如此，写作不仅能帮助我们更细致地观察生活，还能帮助我们表达内心情感。现在全班三十多位同学，只有两三位同学听到写作文不犯愁。那么，写作文时，你常常会为什么发愁？（顺势走到最左边一位同学那里）你会为什么发愁?

（幻灯片显示：写作文时，我常常为……）

生：写作时我常常觉得缺乏素材。

师：素材的确是写作中的大问题。我们再来问问其他同学。

生：我看到题目后不知道该写什么。

师：基本上还是素材问题。再问一个男生。

（老师走到后排的一个男生面前，结果那个男生半天说不出话来。）

师：看来这位同学一看到写作文，就一言难尽呀，那我们就赶紧进入本堂课的学习。正所谓巧妇难为无米之炊，这节课我不仅会给大家提供写作素材，还要教给大家一种把素材写好的写作手法：悬——念——法！

------------------------------ 设 计 意 图 ------------------------------

用"这是一节……课""一听到写作文，我就……""写作文时，我常常为……"三个问题作为上课开场，有以下作用：（1）了解学生写作态度和现状；（2）"问题法"开启学生好奇的闸门、引出授课重点——悬念；（3）"问题法"也是设置悬念的第一种方法，用"问题法"开展课前互动，能为顿悟的产生营造出一种轻松、愉悦的上课状态。

二、简介"悬念法"

师：通过对大量中考满分和高分作文的研究，老师发现：中考作文要拿高分的秘诀是会讲故事。把自己的经历当作故事来讲，让故事引人入胜，就可以拿到考场作文高分。如何把故事讲好？有很多方法。今天我们讲其中一种——悬念法。什么是悬念呢？

（幻灯片显示，学生齐读。）

悬念是读者、观众、听众对文艺作品中的人物命运、未知情节发展变化所持有的一种迫切期待的心情。

悬念法，是小说、戏曲、影视等艺术作品中的一种重要表现技法。它通过对剧情进行悬而未决、结局难料的安排，引发读者、观众急于知道结果的期待心理。

西方编剧理论中，最早提出"悬念"的是亚里士多德的《诗学》。中国戏曲理论著作中，"结扣子、卖关子"等词语的内涵与"悬念"基本相似。

师：今天，我们一起学习如何设置悬念，让大家都成为故事大师、悬念之王！

（一）设置悬念的方法1：问题法

师：如何设置悬念？有很多方法，比如这节课的开头，我用三个问题引发悬念，激发大家对这节课的好奇心和期待心理。"问题法"也是设置悬念的第一种方法。用问题开头，能立刻抓住读者的心，激发读者的兴趣，起到引人入胜的效果。

（二）设置悬念的方法2：巧合法

（幻灯片依次展示五幅图片。）

师：大家看这幅图片（第一幅），早上升旗仪式时，后面有两个男生回头看向草地，草地上是什么呢？说说你看到了什么？

生：是纸飞机吗？

（老师微微一笑，播放下一张幻灯片。）

师：呀，这只"纸飞机"竟然飞到了一位身材魁梧的同学的裤腿上，"纸飞机"会飞吗？它到底是什么？（老师走到一位身材同样魁梧的男生面前）

生：是一只飞蛾。

师：图片上的同学和你的身形差不多，剩下的口述内容由你一人完成。把你想成是那个男生，猜猜下面会发生什么。如果一只飞蛾飞到你的裤腿上，你会怎样做？

生：会感到很害怕。

师：一个大男生会怕一只飞蛾？好吧，如果这只飞蛾真的飞到你的裤脚上，你会怎样？

生：于是，我把它甩到地上，然后猛踩一脚！

（大家都笑了。）

师：（一惊，随即笑道）那是你的行为，让我们看看图片里的男生做了什么。（随手点出下一张图片）他只是把这只飞蛾轻轻地拨到了地上。最后这张图片，升旗仪式结束了，同学们都转向教学楼的方向，又发生了什么呢？

生：他把这只飞蛾捡起来扔到了垃圾桶里。

（大家又一阵笑。）

师：你现在不害怕了？还能大义凛然地把这只飞蛾捡起来扔到垃圾桶里？事实是：这只飞蛾安静地留在了草地上，我走近它，拍下了这张特写。现在，我们想想，这个生活场景是什么制造了悬念？你在丹堤实验学校几年了？有没有一只飞蛾曾落到过你的裤脚上？

生：八年，没有。

师：所以，一只飞蛾在升旗仪式上能飞到一个男生的裤脚上，这意味着什么？（男生没反应，其他同学也没有反应。老师接着追问）你今年多大了？有没有树叶曾经落到过你头上，会天天落到你头上吗？

生：15岁，有落到过，不会常常发生。（其他同学醒悟到：这是偶然发生的。）

（屏幕显示以下内容。）

巧妙地设置悬念，能使文章引人入胜，波澜起伏。设置悬念的方法如下：
1. 问题法。用问题开头，能一下抓住读者的心，激发读者的兴趣，起到引人入胜的效果。2. 巧合法。"无巧不成书"，生活中有许多巧合，正是这些巧合，让生活充满情趣。利用这些巧合，构思故事，兴起波澜，会有引人入胜的艺术效果。

师：对了，这种事情不会天天发生，具有偶然性，也就是一种巧合。巧合也能设置悬念。用巧合法设置悬念的高手——美国著名短篇小说大师欧·亨利。他在《麦琪的礼物》中就用到了这样的方法，有谁看过《麦琪的礼物》？给大家讲讲这个故事。

生：《麦琪的礼物》讲的是一对贫穷的夫妇在过节的时候想送给对方一份珍贵的节日礼物，丈夫将一块祖传的金表卖了给妻子买了漂亮的发梳，妻子卖了自己的长发给丈夫买了一条配金表的金表链。互送礼物时才发现丈夫的金表没了，而妻子的长发变成了短发。

师：讲得非常好。这个短篇小说是通过巧合法成功地设置了悬念。下面，我们来看七年级下语文课本中的一篇文章是通过什么来设置悬念的。

--- 设 计 意 图 ---

这个环节捕捉现实生活中的"巧合"——升旗仪式时，一只飞蛾恰巧落到一个男生的裤脚上。其能起到这些作用：（1）引导学生学会观察生活中的细微事件；（2）学生边猜测边讲述，在猜而不得中，课堂悬念迭起，顿悟激增；（3）学生复述美国短篇小说家欧·亨利《麦琪的礼物》中一对贫穷夫妇互赠礼物的故事，进一步领会如何用"巧合法"设置悬念。

（三）设置悬念的方法3：误会法

师："正中有个烧着火盆的小茅屋"，大家想起这篇文章的名字了吗？

（学生中有人说：课文里有个叫梨花的小姑娘。）

师：《驿路梨花》，能回忆起这篇文章的内容吗？

（屏幕显示文字部分："我们"路过住宿，修屋—瑶族老人借住，照看小茅屋—梨花姑娘照料小茅屋—梨花出嫁，妹妹接着照料小茅屋—十几年前解放军路过，建小茅屋。）

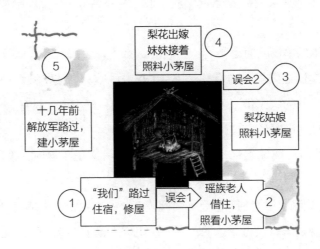

师：这个故事中"我们"在哀牢山行走，天黑了突遇一间小茅屋借宿，茅屋中有各种日常用品，却没有主人。第二天，我们看到一位瑶族老人，以为他是茅屋主人，可老人却说他不是。这是通过什么来制造悬念？

生：（齐答）误会。

师：对了，就是误会，误会也能让故事悬念丛生。故事里还有一处误会在哪里，谁知道？

生：是在看到一群哈尼族小姑娘，误以为其中一个是梨花，结果她是梨花的妹妹。

-------- 设 计 意 图 --------

这一环节以图片带领学生回顾七年级下《驿路梨花》的故事情节，让学生顿悟文中运用多次"误会"设置悬念的妙法。

（四）设置悬念的方法 4：省略法

师：这篇文章通过多次误会设置悬念。看来，能设置悬念的方法还真不少。我们发现让故事扣人心弦的密码之一是设置悬念。刚才，我们通过几个串烧式的小故事学习了三种设置悬念的方法。设置悬念还有什么特别的方法呢？幻想类小说常常用悬念来吸引读者。《哈利·波特》开头写了什么？哈利·波特的额头上有个什么标志？

生：一道闪电形的疤痕。

师：正是这道闪电状的疤痕，开启了小说中哈利·波特神秘身份的悬念之旅。这节课，我为大家带来了一篇世界上最短的科幻小说，只有 25 个字。大家看它是利用什么设置悬念的？

（屏幕显示：地球上最后一个人独自坐在房间里，这时，忽然响起了敲门声……）

师：（走到刚上课时猜"这是一节阅读课"的男生旁）你来说说吧。这则最短的科幻小说是怎么设置悬念的？先来说说你上这节作文课的感受。刚才你期待上阅读课，现在你觉得作文课怎么样？

生：还行吧。

师：啊？才还行呀？这节课我本想给你一大杯水的，结果你才收到了小半杯水。没关系，咱们渐入佳境。

生：（赶紧改口说）不，这节课给了我一桶水。（大家都笑起来）

师：（笑）你这转变真大！一下就收到一桶水了？不过，如果你真会用这些设置悬念的方法，还真能让自己的写作多一桶水！来说说你看到这 25 个字的感受吧。

生：我感到毛骨悚然。

师：毛骨悚然？为什么不是脑洞大开？嗯，也对，如果你像杨利伟那样在太空中突然听到"咚咚咚"的敲击声是瘆得慌。这篇小说用什么制造悬念的呢？你注意到它使用的标点符号了吗？

生：它最后用了省略号。

师：的确，它是用"省略法"来制造悬念。这种方法适不适合我们中考作文呢？（大家都摇摇头）是的，不适合，我们欣赏一下就好。中考作文不能用省略号制造悬念，但平时我们自己写点小随笔，和朋友聊天什么的，可以用来吊人胃口。

（屏幕显示以下内容。）

最短的科幻小说：地球上最后一个人独自坐在房间里，这时，忽然响起了敲门声……美国近代著名科幻小说家弗里蒂克·布朗写过世界上最短的一篇科幻小说。这25个字促使读者追究、探求的问题很多……悬念法：巧妙地设置悬念，能使文章引人入胜，波澜起伏。设置悬念的方法有以下几种：1. 问题法；2. 巧合法；3. 误会法；4. 省略法。

---------------------------------- 设 计 意 图 ----------------------------------

这一环节将设置悬念的方法再拓展一步——"省略法"设置悬念。幻灯片显示世界上最短的科幻小说，让学生谈对省略号中所包含信息的猜想，以此顿悟——原来，最短的科幻小说是利用"省略法"引发读者的丰富想象、设置悬念的。

（五）设置悬念的方法5：倒叙法

（屏幕显示以下内容。）

悬念法5：倒叙法。用倒叙开头能设置悬念，引起读者关注，激发读者阅读兴趣，还能增加文章情节的曲折，显示文章布局之美。倒叙开头的角度很丰富，如：（1）截取整个事件中一个精彩片段；（2）设置引发故事的一个场景；（3）交代起线索作用的一个物件；（4）介绍与故事情节紧密相关的一个人物；（5）在开头先展示故事或人物的结局。

师：最后，我要放大招了！大招一定在最后！设置悬念最常见也是使用频率最高的一种方法是倒叙法。倒叙法不仅仅指将事件的结尾放在开头写，还可以将事件中最精彩的片段、或者引发故事的一个场景、或者起线索作用的一个物件、或者和故事紧密相关的一个人物等都可以放在开头，起到吸引读者注意力、巧妙设置悬念的作用。大家累了吧？我们当堂做个小游戏放松一下。

三、课堂活动：轻轻蒙上你的眼

师：现在，我们请三位同学上台，先闭上眼睛。第一个被蒙上眼罩的同学，先描述一下拿到的东西的手感，然后说出它的名称，后面两个同学依次进行。其他同学请细心观察他们的表现和反应。想一想，可以运用哪些悬念设置的方法来写作这个活动。

（有一个女生和两个男生举手。老师按照他们举手的先后顺序来安排他们猜物品的顺序。）

师：还需要一位同学协助我帮他们戴眼罩，谁愿意当活动小助手？

（一个女生举手，上台。老师让三个竞猜的同学背对其他同学，面朝墙。）

师：请前三位同学身子转向墙面，靠左站好。其他同学千万不要提示。

（老师走到右边桌子，从事先准备好的布袋里拿出一个眼罩交给小助手，小助手把眼罩给第一个举手的女生先戴上。）

师：请给第一位同学戴上眼罩（第一位同学戴上眼罩），带她走过来，原地转两圈。

（台下同学都瞪大了眼睛，不知道会发生什么。只见老师从事先准备好的布袋里拿出一只绒毛兔，放在那位女生手里。大家都偷着乐，不知道她能不能顺利猜出。）

（生用手小心捧着，慢慢移动着，一时不知道是什么东西。）

师：你可以摸得放肆些，这样能更好地了解它的样子。

（老师顺便转身让其余两个竞猜男生不准偷看，大家又乐了。）

生：（几秒后，恍然大悟）是一只绒毛兔。

师：说说你摸的手感和它的样子。

生：它的毛很柔顺，摸起来很温暖。它还有两只长长的耳朵和四只爪子，它就是一只绒毛兔。

师：好，猜得不错！现在，摘下眼罩，看看你的答案对吗？

（女生摘下眼罩，发现自己猜对了，笑眯眯地回到座位上。）

师：下一个就没么简单了，请小助手给他戴上眼罩。这个家伙有点儿狡猾，请把他转三圈带过来。先把他转晕了，我们才好开展活动。

（台下学生一阵乐，大家都觉得这个办法好极了。猜物的男生被扎扎实实地转了三圈，有点儿蒙圈儿，老师塞给他一只小泰迪熊。）

生：（左摸摸，右拉拉，不到三秒说出正确答案）这是一只泰迪熊！

师：（故作失望）我就说他鬼精鬼精的，这么短时间就猜出来了。（顺便看看第三个竞猜者，让他不能偷看。其他同学又乐）说说你摸到的东西的样子。

生：（得意）它有两只短耳朵，两只眼睛，一个鼻子，不是泰迪熊是什么？

（大家乐得前仰后合。）

师：我就说他比较狡猾，转了三圈也没能把他转晕。好吧，祝你中考语文120分！

（小助手摘下他的眼罩。收到老师的祝福，他得意地回到座位。）

师：把第三位同学带过来吧，他比第二位同学还机灵呢，是不是也得转圈？

（台下同学七嘴八舌地说："是。"）

师：好！转四圈！（大家又一阵坏笑）旁边同学千万不要剧透。

（大家又会心地笑起来。小助手很卖力地给第三位男生戴上眼罩，扎扎实实地转了四圈。最后一圈儿，他还碰到了黑板边上。大家又一阵乐。）

师：（塞给第三位男生一只大头儿子布偶）给你，拿好。我就不信你还能猜出来。

生：（捧着比绒毛兔、泰迪熊大很多的布偶，不知所措，一边摸一边晃着）这东西没有毛，穿着衣服，两只手，两只脚（他故意把"脚"读成"jué"，大家又一阵大乐）。还能吊起来（他拎了拎小公仔的吊环，又拍了拍它的眼睛，大家又是一阵乐）。还有两个？这是啥？（他正好拎着公仔的耳朵，大家又一阵大笑。）

师：两个啥？

生：这是个？是个鼻子？（大家又一阵乐，因为他正拎着布偶的耳朵。）

师：（笑道）差不多，快接近答案了。

生：这是个——穿衣服的某种生物？

（大家原以为他可以猜出来，结果他的回答离正确答案更远了，又是一阵乐。）

师：什么生物？智慧生物？

生：（纳闷地再晃晃手里的公仔）这是个什么？小狗吗？（大家又大乐）

师：再猜，你现在内心感觉怎样？感觉自己的智商现在是？

生：（郁闷地说）负20。（大家又一阵乐）

师：好了，不能让你这么难受了。揭开眼罩，你看看手里的是什么。

（生揭开眼罩，看到手里的公仔，不可思议地向后桌布袋看看，又无可奈何地对着这个大头儿子布偶摇摇头。大家看到他绝望的表情，又一阵大乐。）

师：应该给第二个鬼精鬼精的同学猜这个，我就不信你还能猜出来。（大家又开心地笑）

------------------------------ 设 计 意 图 ------------------------------

这个环节用"猜物活动"中的一次次"误猜"，不断地设置悬念，既营造出轻松愉悦的课堂氛围，也为学生顿悟悬念法写作准备好了优质素材。

四、口头作文：轻轻蒙上你的眼

师：现在大家采用多种设置悬念的方法，以小组合作的方式口头作文。把刚才"轻轻蒙上你的眼"这个活动一人一句口述一遍。要求：（1）4~6人一组，尝试用合适的设置悬念的方法，口头描述"轻轻蒙上你的眼"课堂活动。（2）可以对照图表口头作文。（屏幕显示下表）

设置悬念	开 头	中间1	中间2	中间3	结 尾	
问题法						小组合作，一人一句口述作文，注意选取合适的设置悬念方法，多种设置悬念的方法是可以综合使用的。
巧合法						
误会法						
省略法						
倒叙法						

师：大家可以尝试用不同的倒叙法开头来设置悬念，如：（1）截取整个事件中一个精彩片段；（2）设置引发故事的一个场景；（3）交代起线索作用的一个物件；（4）介绍与故事情节紧密相关的一个人物；（5）在开头先展示故事或人物的结局等。也可以采用问题法、巧合法、误会法等设置悬念，这些方法和倒叙法不冲突，能够综合使用。现在，3秒钟起立，小组围成一个讨论圈，一人一句，口头作文。

（学生全体起立，分成六个小组讨论，老师巡视指导，并让每个小组准备一个"悬念法"口头作文发言提纲。5分钟后，小组展示开始。）

第1小组代表（这节课最大的"受害者"——没猜出手中物品的男生上台了）：震惊！一个14岁花季少年智商只有负20！这个少年走上台前，大家都以为他能够猜出来，所以都在期待。他摸了这个东西3分钟，然后开始说出他的猜测。他先说了一句，"这是个生物，有两个鼻子"。它究竟是什么呢？原来是《大头儿子小头爸爸》中的那个大头儿子。这个少年居然就是我！（他边讲述自己的"受害史"，大家边笑。）

师：这个自称本节课最大的受害者，写自己"受害"的经历真是悬念迭起呀。首先他用"智商负20开头"，这是活动的什么？

生：（齐答）结尾。

师：对呀，将事件的结尾调到开头部分呈现，是设置悬念的极好办法。不仅如此，他中间还写了"这是个生物，有两个鼻子"，这是用什么制造悬念？

生：（齐答）误会。

师：看来，在讲述一个故事的时候，我们可以采用多种制造悬念的方法，它们并不矛盾，能够综合运用。我们请下一组代表发言。

第2组代表：老师问："感觉自己的智商现在是？""负20。"他回答着。一个戴着海绵宝宝眼罩的、穿着黑色运动服的男生，被拉到台上，像受刑一样。老师嘴角微微上扬，从包里掏出一个物品，塞到他的手上。他舒展的眉毛突然紧皱起来。摸了一会儿说："这是什么玩意儿？"一边说，一边揉着这个东西。他想了一下："啊，这个玩意儿是个穿衣服的生物。"他又想了一下说："没有毛，啊，有点儿像狗。"同学们发出奇怪的笑声。最后，他妥协了，并没有摸出这个物品到底是什么。当他摘下眼罩的一瞬间，瞳孔骤缩，他看到一个大头儿子的布偶。他奇怪地大叫着："什么玩意儿？"不甘心地回了座位。

师：这位同学也将结尾放在了开头，看来这个活动中"智商负20"给很多同学留下了深刻印象，她不仅很好地把结尾调到开头设置了悬念，中间的细节描写也很精彩。悬念法一定要有生动细致的描写才能锦上添花。我们请出第三位代表发言。现在没有人举手了，那咱们就顺着来，请这一组派代表上台。（一个男生表情尴尬地上了台）组长你大胆地往前走，你不上场谁上场？

师：（笑眯眯地问）你是组长吧？（男生默默地点点头），瞧你悲催的样子（台下同学又一阵乐），肯定是组长。来吧，说说你们组的口头作文。（看男生还有点沉默，老师接着说）你有点儿紧张呀，前面两个同学气场太强大了，我们倒计时十秒换换气场：10、9、8、7、6、5、4、3、2、1，好，开始！

第3组代表：这位同学感觉自己受到了侮辱。这是为什么呢？当他戴上眼罩走上台前的时候，他原本舒展的眉毛，在碰到玩偶的那一瞬间，突然紧皱起来。他开始摸索，他摸出了衣服，摸出了耳朵，摸出了鼻子，但他居然说——那是一只狗？（大家都被逗乐了）当他摘下眼罩的那一刻，他才看到那是个大头儿子布偶。

师：哎呀，你很会讲故事呀，我发现你有葛优的冷幽，你完全没有必要隐藏实力。现在，你可以满面春风地回座位了。（大家又是一阵开心）我们有请第四组代表发言。

第4组代表：这是什么玩意儿？他摘下眼罩瞬间惊呆了。事情要从几分钟前说起，一个男生像路易十六一样被推到了讲台上，随即像大陀螺一样旋转起来。这个男生将娃娃拿在手中翻来覆去地揉着，然后他摸到了娃娃的两只耳朵，说"这应该是两个鼻子"，全班哄堂大笑，男生无奈地拿着娃娃转来转去，最后实在猜不出这是什么。什么？他摘下眼罩，发现手中竟是一个大头儿子布偶！"什么玩意儿？"男生彻底惊到了，不甘地走下讲台。

师：这个同学口述的作文也很有趣，用生动的描写很好地表现了第三位同学自嘲式的语言。运用自嘲式的语言，可以起到幽默的效果。所以，悬念法和幽默的语言搭配使用，威力会更大。我们请出下一组代表发言。

第5组代表：这位同学摘下眼罩看到手中的东西，大叫一声："哇，这是什么？"这是我们在课上玩的一个小游戏——"轻轻蒙上你的眼睛"。几分钟前，他戴着眼罩奔赴"刑场"，还被转了几圈，老师笑着从布袋里拿出一个玩偶，交给他。他上摸下摸，摸出了衣服，还摸出了两个类似于耳朵的东西，但他说那是——鼻子。再摸来摸去，又说它是个生物，还穿着衣服。之前，他说那是一条狗。当他无奈地摘下眼罩，才发现，原来手中的这个东西是大头儿子布偶。最后，他非常丢脸地回到了座位上。

（这个男生在发言的时候，边发言边抖腿。）

师：刚才这位同学也选取了结尾作为悬念设置点，大家发现他在发言时的一个小动作没有？（生答：抖腿）发言别抖腿呀，咱们上台发言，除了需要清晰的表达之外，还需要注意自己发言时得体的体态和表情。我们有请最后一组的代表上台。

生：老师，我写的没那么有趣。

师：没关系，上来吧，我帮你把文章变得有趣。

第6组代表：教室里时不时传出阵阵笑声，这是为什么呢？原来是因为老师给我们上了一堂别开生面的作文课。课堂上，老师要求三位同学上台做游戏。之前，他们都被蒙上眼，我们班的一位女同学领着他们到老师面前去触摸一个东西，然后去猜手中是什么东西。前面两位同学都很顺利地猜出了手中的物品。最后一位同学就没有那么顺利了。他摸了很久，然后犹豫地说出了这句话："这是个穿衣服的生物体。它有鼻子，这个鼻子怎么那么小？"最后，没有办法，他只好崩溃地大喊："这是什么玩意儿？"终于，他确定了自己的猜测，说："这东西是一条狗。"大家都在笑，他摘下眼罩发现这居然是个大头儿子！他只好在同学们的阵阵笑声中回到了座位上。

师：我发现你为什么说自己的作文没那么有趣了，因为叙述的语言过多，会让故事平淡，也就不能带给人惊喜和期待。我们再次请出本堂课的"受害者"来念念他的文章。把这两篇文章放在一起对比，你们就可以发现差别了。请只念开头部分。（没猜出物品的男生再次上台）

生：震惊！一个14岁花季少年智商只有负20！

师：听，为什么他的开头听一遍笑一遍？谁知道为什么？

（一个女生举手。）

生：有两个原因。一是因为他自己说自己智商负20；二是"震惊"这个词的使用，这是很多网上假新闻的标题，一些爷爷奶奶喜欢转的假新闻都是以"震惊"开头的，所以我们听到就想笑。

师：他用网络新闻流行语，抓到了听众、观众、读者的什么？

生：大家共同感兴趣的内容。

师：也就是情感共鸣点。请第6组代表再念一下你的开头。

生：教室里时不时地传出阵阵笑声，这是为什么呢？

师：仅用一个普通的设问，显得太平，所以吸引力一下就变小了。该如何改呢？我们可以这样写：耶！我们班的学霸某某某，智商竟然只有负20！如果你这样写，读者的胃口就会"唰"地被吊起来！所以用悬念法的秘诀就在于开头，一定在开头就要抓住人的眼睛、抓住人的心。剩下的还有一个描写的问题，描写能让文章有悬念，更加生动有趣。请这位男生把你的文章重新读完。

生：（未猜出物品的男生继续读）这个少年走上台前，大家都以为他能够猜出来，所以都在期待。他摸了这个东西3分钟，然后开始说出他的猜测。他先说了一句，"这是个生物，有两个鼻子"。它究竟是什么呢？原来是《大头儿子小头爸爸》中的那个大头儿子。这个少年居然就是我！

师：真是听一遍笑一遍，这篇习作吸引人的第二个秘诀是最后揭晓答案，并且"究竟""居然"等副词的运用，增加了悬念法的魅力！真是绝了！我们一起小结全课。

------------------------------ 设 计 意 图 ------------------------------

这个环节，教师依次指导小组代表现场读出"悬念法"的写作片段，既从习作写作中培养学生细致的观察力、敏锐的捕捉力，也将本课的教学重点——运用悬念法叙事落到实处。同时，学生观察角度不同、选择的悬念设置点也会不同，由此培养学生综合运用多种设置悬念方法的应变力和创新力。

五、小结全课

师：这节课我们一共学习了五种设置悬念的方法，有问题法、巧合法、误会法、省略法，以及倒叙法。其中倒叙法能将事件的结尾、精彩片段、有线索作用的物件等放在开头，起到吸引读者注意、设置悬念的良好效果。悬念，让文章引人入胜；悬念，让文章一波三折；悬念，让文章充满期待和惊喜！希望这节课能为同学们的中考作文助力，让大家成为中考考场的故事大王！感谢大家的配合和参与！下课。

（同学们满面笑容地向老师鞠躬，全班大声地道别："谢谢老师，老师再见。"）

--- 板 书 设 计 ---

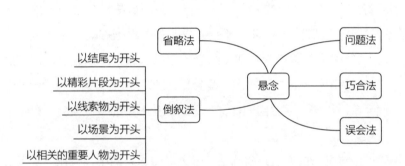

教者自述

2020年12月30日，受深圳市丹堤实验学校之邀，我给丹堤实验学校初三学生上了这节中考作文升格指导课。课上，师生们笑声阵阵，一旁听课的校长和老师们也笑意盈盈……课后，丹堤实验学校的初三语文老师们都说："4班的语文课也能上得这样有趣？！"丹堤实验学校校长盛赞："这一课，4班同学的状态和平时上课完全不同，陈老师不愧是南山名师！"

"悬念法"的最初版本是在2011年5月提出的。当时为了完成硕士研究生论文《写作材料资源开发行动研究》，我曾一个学期给学生们上了16节写作指导课。"悬念法"最初的教学设计为：（1）回顾所学课文中悬念法的运用；（2）学习多种设置悬念的方法；（3）当堂活动——蒙眼猜物：用一个不透明的布袋依次装入U盘、核桃、小公仔，三位同学用红领巾蒙上眼睛，分别猜出布袋里面有什么……5分钟当堂片段写作，分享习作。

在之前教学设计的基础上，结合心理学"顿悟"原理，这节课的教学设计更富有思维张力，也更悬念迭起……

首先，我用"这是一节……课""一听到写作文，我就……""写作文时，我常常为……"三个问题开课，一上课就激发了学生们的好奇心。问题法，也是设置悬念的第一种方法。

接着，借校园生活中"升旗仪式"上一只飞蛾落到学生裤脚的巧合事件，让学生进行猜读。在猜读"飞蛾"事件后，我结合《麦琪的礼物》中的巧合让学生复述经典文学作品中的故事，进一步体会巧合法设悬念的效果。学生在"猜而不得""猜而获得"中，不断感受顿悟带来的高级快乐。

同时，"猜故事"本身就有引发悬念的效果。课堂上频频呈现出"猜测内容"和"实际情况"不符的一次次"误会"，又巧妙勾连出第三种设置悬念的方法——误会法。接着，学生回顾课文《驿路梨花》中的多次误会，集中学习误会法设置悬念。

第四种设置悬念的方法是省略法。世上最短的科幻小说竟在结尾运用省略号制造出让人浮想联翩的悬念。

最后，直接呈现第五种设置悬念的方法——倒叙法。明确五种设置悬念的方法后，我设计了"轻轻蒙上你的眼"当堂活动，分别用绒毛兔、泰迪熊、大头儿子布偶等作为活动道具，由易到难。在"猜物"活动中，课堂上呈现出误会连连、悬念迭起、顿悟频生的教学奇效。

总之，这节课以顿悟原理为内在调节机制，教学设计张弛有法、环环相扣、师生互动和谐、妙趣横生，写作指导富有效度、梯度、深度、广度和勾连度，最终营造出一种引人入胜、互动和谐、妙趣横生的美好教学境界。

第 8 课

"食赏会"象征法写作

——"创新思维"与八下"学写故事"写作教学设计 2

师者，
当如春之暖阳，带给人成长的光亮；
如夏之繁阴，带给人思虑的清凉；
如秋之硕果，带给人收获的喜悦；
如冬之白雪，带给人晶莹的智慧。

/ 教学缘起 /

部编版语文教材七八年级选录的名家散文，各具特色。

朱自清的《背影》以其平实浅近而饱含深情的语言，感动着每个时代的读者。

茅盾的《白杨礼赞》的语言则慷慨激昂，直抵心扉。这篇文章还是"象征法"写作散文的典范之作。作者巧妙地将白杨树普通而不凡、伟岸而正直、朴质而严肃、坚强而不屈、挺拔而不失温和的特点，借助联想和想象，与朴质严肃、坚强不屈的北方农民建立联系，进而又联想到坚强不屈、傲然挺立、守卫家乡的哨兵，更想到有着不屈精神、超拔意志、用血抒写新中国历史的军民们。

严文井的《永久的生命》、罗素的《我为什么而活着》则运用形象贴切的比喻，抒写对生命的思考、理解和感悟，极富哲理。

汪曾祺的《昆明的雨》充分展示出散文淡而有味、闲中有趣的特质，借"雨季"中昆明的各种风物：悬在门头还能开花的仙人掌，各种口味的菌子，大而黑红的火炭梅，很香的缅桂花，还有外表吓人、味道奇美的干巴菌，卖杨梅的苗家小妹，送缅桂花的女房东，雨中的小酒馆……这些物与人，共同构成昆明雨季中真实而美好、诗意而令人感怀的美。

其中，《白杨礼赞》采用的"象征"手法，特别适合学生运用到一般写人叙事类的文章里。使用象征法需要具备几个要素：（1）本体和象征体；（2）本体和象征体之间有"精神品质"的相同点；（3）本体和象征体间的相同点，需借助联想和想象建立联系。

如何让学生学会象征法叙事呢？

"创新思维"能很好地完成从本体出发，进行多角度联想，结合丰富的想象，找到具有相同"精神特质"的象征体，并与之建立联系的象征法思维过程。

《提高学科学习能力的元认知策略与培养》中对"创新思维"的解说是："创新思维是以产生一个以前不曾有过的新知识为条件解决问题，创新思维的过程、结果都具有更高的新颖性……目标的确立是创新的前提……知识的准备是创新的基础。"

教学中如何促发学生的创新思维呢？早在1957年，美国广告公司的奥斯本就提出了"脑激励法"："'脑激励法'的基本原则是，在集体解决问题的课上，通过暂缓作出评价，便于学生踊跃发言，从而引出多种多样的解答方案。"

脑激励法，也就是通常所说的"头脑风暴法"。运用脑激励法需要提出一个启发性的问题，这个启发性问题包括的要点有：（1）从不同角度考虑有无解决问题的其他方法；（2）这些方法能否改进、扩大、缩小或替代；（3）对各种改进或补充意见进行汇总或重新考虑……

结合《白杨礼赞》的象征手法，以及《昆明的雨》中各种美味的菌子，运用心理学中创新思维生成所需的条件——确立目标和知识准备，我带领学生们开启了"食赏会"象征法写作之旅……

教学现场

一、导入：改写习作，回顾细节描写

师：上周我们聚焦运动会的一个场景，尝试用思维导图来解析如何写好一个场景细节，着力打造一个精彩的细节。在此基础上，我们一起回顾"感恩活动"中让大家印象深刻的几个场景。我们来读读小涵同学捕捉到的一个感恩活动的精彩片段。

（生齐读。）

烈日下，荔香学校初二近400名学子一同坐在滚烫的地面上，任毒辣的阳光灼烧着我们娇嫩的皮肤。厚重的军帽里闷着不停冒汗的额头，湿热的手心共同攥着一条粗糙的麻绳，绳子随着节奏不停地摇动着……

"同学们！"教官在同学之间不停穿梭着，粗犷的嗓门嘶哑地喊着，"就在此刻，就摇666下绳子，就足以证明我们荔香学子的心是连在一起的！就666下，让我看看谁才是此刻独占鳌头的那个班！"

此时，近400颗沉睡的心像是被一盏大而亮的巨灯唤醒了，突然如引擎加速般疯狂地加快了摇绳的速度！绳子稳而有力地摇动着，每个同学的眼睛都像鹰爪般死死抓住了地面，手臂似乎有着无穷的力量。

"10，9，8，7，6，5，4，3，2，1！"同学们用尽全力，喊完那最后坚定而有力的十声倒数，奋力摇完了那666下的最后10下。

666下，是我们眼中的不可能。但由于相信团结的力量，我们不再犹豫和彷徨，并打破了不可能。

师：读过之后，大家发现这个片段用到以前学过的哪些细节描写方法？

生：第一自然段形容词、动词运用得特别贴切、细腻，而且"毒辣的阳光"和"娇嫩的皮肤"还巧妙地形成对比。

生：第二自然段，细写当时教官的语言，从侧面表现当时紧张激烈的场面。

生：第三自然段的比喻和夸张运用得特别好，充分展示了同学们摇绳时的紧张和坚定。

师：的确，这个片段里充分运用到细节描写的两个法宝：（1）生动而富有表现力的形容词、动词；（2）新奇贴切的比喻和夸张。但结尾的力度不够，如果我们把它改成排比句，效果会怎样呢？我们一起合作完成。

师：我用"666下"开头，你们结合最后一段的几个句子，咱们改成一组排比句。666下——

生1：我们眼中的不可能。

师：可以在"眼中"之后加入"曾经"，强化语言表达效果。

生1：我们眼中曾经的不可能！

师：666下——

生2：我们不再犹豫和彷徨！

师：很好，再来一个，666下——

生3：我们打破了不可能！

师：对呀，用上一组排比句，才能把这篇习作的文气打通，有一鼓作气、一鸣惊人的畅快感！我们一起齐读最后改过的三句话！

生：（齐）666下，我们眼中曾经的不可能；666下，我们不再犹豫和彷徨；666下，我们打破了不可能！

---------------------------------- 设 计 意 图 ----------------------------------

这个环节借学生习作，回顾细节描写方法，为象征法需要抓住事物特点细致描写做好创新思维的知识准备。教师在指导学生列写作提纲时，可以用传统的括号法列出开头、中间、结尾，也能用思维导图、树状图、蝶形图等可视化图示，很好地引领学生产生创新思维。

二、重温《白杨礼赞》，归纳象征写法

师：今天，我们将"学会记事"的写作手法再推进一步，学习如何用象征

法记事。首先，我们回顾《白杨礼赞》中象征法的使用。请一位同学对照这幅树状图示，说说文章的写作思路。

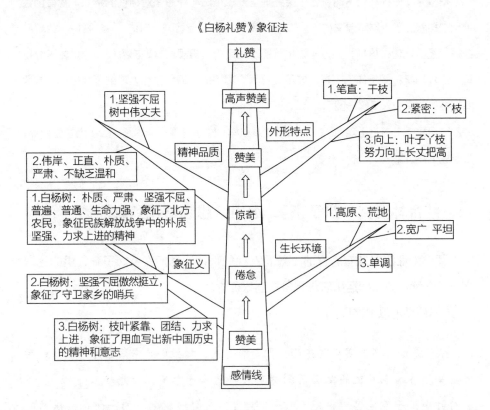

生：《白杨礼赞》先从白杨树生长的环境写起。接着，用细节描写的方法写出白杨树笔直的枝干、紧密的丫枝、叶叶向上、丈把高的树冠等特点。然后，由白杨树的朴质、正直、坚强不屈、生命力强等特点，联想起北方的农民、守卫家乡的哨兵，还写了"用血写出新中国历史的精神和意志"等象征义。

师：说得非常好，这幅"树状图"清楚地为我们呈现出《白杨礼赞》使用象征法的写作思路：描写生长环境（铺垫）—特写白杨树（细节描写）—联想相关的人物精神，生发象征义。请齐读"象征法"简介。（屏幕显示内容）

生：（齐读）象征是通过特定的易引起联想的具体事物或形象，表达某种概念、感情或思想的写作手法。象征体和本体之间存在着某种相似特点，需要借助读者的想象和联想把它们联系起来。

---------------------------------- 设 计 意 图 ----------------------------------

在教学《白杨礼赞》时，为了更好地呈现象征法写作思路对称性的特点，我首创性地用"树状图示"展示课文内容。"本体及其特点"在树状图示右边，"象征体及其特点"在树状图示左边。这样，通过一幅树状图示，可以很直观地呈现出象征法的具体思维过程。这种用某种图示作为工具、展示文章写作思路的过程，也称为思维可视化。这节课的板书，我又引入了蝶形图示。

图示化板书有三重功效：（1）展示文章结构；（2）呈现写作思路；（3）为学生自评、互改提供评价量表。

三、结合林清玄《松子茶》，运用联想想象找到象征物

师：象征法究竟有怎样的奇效呢？我们来读读林清玄《松子茶》里的这段文字，继续体会如何运用联想想象找到象征物。

（屏幕显示以下文段。）

松子是小得不能再小的东西，但是有时候，极微小的东西也可以做情绪的大主宰。诗人在月夜的空山听到微不可辨的松子落地，会想起_____。我们对月喝松子茶也可以说是_____，尘俗为之解脱。我们一向在快乐的时候觉得日子太短，在忧烦的时候又觉得日子过得太长，完全是因为我们不能像_____。

师：这篇文章中朋友告诉林清玄松子最好的吃法是泡茶，由松子生发了很多联想。根据前后文意，请大家说说这三处你会产生怎样的联想。

生：我会想起好久没见的姥姥。姥姥是东北人，我一回老家，她就会给我准备松子吃。

生：我会想起一个小学同学，他皮肤黝黑，下巴尖尖的，有点儿像松子。（大家听了都笑）

师：这两位同学一个用了相关联想，一个用了想象，巧妙地把"松子"和

一个具体的"人"对接了起来，我们看看林清玄的朋友想到了谁？（出示填空1：远方未眠的朋友）"松子"和"未眠的朋友"有什么相关性呢？

生：松子落地有声，朋友睡不着，肯定有心事。

（大家为这巧妙的回答鼓掌。）

师：这也是相关联想，再想想第二处填什么呢？

生：是"忙里偷闲"吗？

师：这样填没用到"象征"。联想、想象是找到象征体与本体相同点的关键。

（这个空有难度，学生一时答不出。教师出示填空2：独尝异味。）

师：为什么是"独尝异味"呢？

生：很少有人用松子和茶一起泡着喝，这种味道很特别。

师：最后一句如何与"松子"联系起来呢？

生：我觉得可能是"像拿起一粒松子一样掌控自己的人生"。

师：不错呀，很接近正确答案。（出示填空3：把握松子一样存在我们生活四周的小东西）你填写得更简洁直接！你认为使用象征法有什么作用呢？

生：能让具体的事物更有特殊的含义。

师：或者我们可以这样表述：把特殊的含义蕴含在具体事物中表达，这样表达的效果怎样？

生：很含蓄。

师：是呀，象征法既含蓄，又能寄托更为深远的意义，能让文章不仅写眼前具体的物，还让事物具有了丰富的内涵。如果茅盾只写白杨树的生长环境和外形，那岂不成了小学五六年级学生的状物作文？可是，他调动想象、联想，借助象征法写白杨树，文章就显得立意高、格局大。请齐读象征法的作用。（屏幕显示内容）

生：（齐）象征法把抽象的事理表现为具体可感的形象，还可以借眼前之物寄托深远之意，使文章表达更加含蓄。

------- 设 计 意 图 -------

这一环节从课内名篇拓展到课外文学作品，深入学习象征法。我用填空法引发学生

依据课文信息展开联想。让学生逐步体会创新思维从展开联想，到本义溯源，再到发现象征义的思维过程。

发掘某一事物象征义的创新思维过程可以具体表述为：（1）选好一种事物，多角度观察并描摹出它的特点；（2）再根据本体特点，展开联想和想象；（3）找到相关的精神品质，进而找到象征义及象征物。

四、结合汪曾祺《昆明的雨》中的各种菌子，尝试使用象征手法

师：这一单元汪曾祺《昆明的雨》中写了昆明雨季中的好多菌子。正所谓世间万物皆有品性。同学们可以根据它们的形、色、味、价格等，借助想象、联想，发掘一下这些菌子的象征义，把它们联想成为从事某种职业的人。给大家2分钟小组讨论时间。（屏幕出示以下内容）

1. 牛肝菌：最多，最便宜，滑，嫩，鲜，香，多放蒜，否则会晕……
2. 青头菌：略贵，浅绿色，格调高点……
3. 鸡　枞：味道鲜浓无比，名贵山珍……
4. 干巴菌：深褐带绿，像牛粪，杂着草茎、松毛，入口好吃……
5. 鸡油菌：银元大小，圆溜溜，浅黄，没甚味道……

（2分钟后小组讨论。）

师：谁来说说第一种菌子像哪种职业的人？

生：我觉得像推销保险的，人数多，特能说。（大家听了都笑，连连点头）

师：确实如此，他们装扮整齐，像牛肝菌一样外表光鲜。他们能说会道，善于推销。谁说说第二种菌子像什么人？

生：我觉得青头菌像公务员。

师：第三种菌子又像哪类人？

生：我觉得像明星，全身名牌，外表好看，万众瞩目，人人都喜欢。

师：明星们是有点儿像鸡枞菌，但我们不要只看他们光鲜亮丽的外表。很

多明星在成名之前都付出过超出常人的努力。第四种干巴菌像哪类人呢?

生:(有些不好意思)像老师。

(大家哄堂大笑,老师也窘了起来。)

师:老师才不是干巴菌,老师又不都是老人家,还有别的什么职业的人像干巴菌吗?

生:(激动得慌忙翻书,又赶紧举手)老师,这干巴菌像我们学过的一个名人,多毛的列夫·托尔斯泰。

(大家大笑不已。这个的确是更贴切些。)

师:(冲学生竖起大拇指)我只想用一个"赞"字表扬你,实在贴切!不少男性作家貌不惊人,甚至有点儿吓人。列夫·托尔斯泰真有干巴菌的风范。《列夫·托尔斯泰》的作者茨威格说了一句名言"天才的灵魂总是寄居在看似低矮的'陋屋'中"。第五种鸡油菌像什么人?

生:(灵机一动,一拍桌子道)鸡油菌最像满街跑的快递员,他们总是一路奔跑。

师:向快递员们致敬,他们的忙碌是为了千家万户的日用需求,值得我们尊重。

------------ 设 计 意 图 ------------

这一环节借本单元课文《昆明的雨》中各种菌子的特点,让学生充分体会运用创新思维展开想象的过程。借助想象和联想,引导学生抓住事物特点,找到象征体和本体之间的相似点,然后一步步地将物与人共同的精神特征挖掘出来,最终找到象征体。

五、课堂活动:"食赏会"——小组展开象征法写作

(一)小组选物

师:现在,请出本课特邀嘉宾——8种零食(蓝莓干、瓜子、花生、紫皮糖、青豌豆、棒棒糖、奥利奥、萨其马)。(从盒中拿出零食的那一刻,教室里一片欢呼声。)

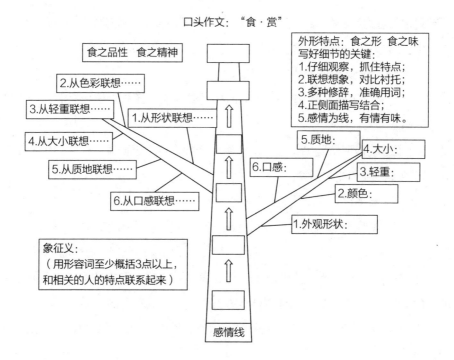

师：请小组长上台领取本组的小零食和一张白纸，给大家 8 分钟时间，请按屏幕上的树状图或者黑板上的蝶形图说说所拿到零食的外观、颜色、轻重、大小、质地、口感等特点，再由这些特点进行想象联想，一起讨论出这种食物的象征义，每类食物至少发掘出 3 种象征义。

（小组长们上台，每组挑选一样零食。）

（二）小组脑激励法观察讨论

8 分钟小组合作讨论时，有的组学生问老师："老师，这个是给我们当道具的，还是可以真的吃呀？"老师边巡视边回答："每组先观察，只拆开一个品尝，其余的下课吃。别忘了还要画出蝶形图或者树状图展示象征法写作思路。"学生们更开心了。

（三）小组展示汇报

师：现在，请第 1 组同学上台分享。请按照屏幕上树状图显示的内容，先说食物外形、颜色、轻重、大小、质地、口感等方面的特点，再以此为基础，发掘出它的象征义。把小组绘制的树状图或蝶形图也带上来，一个组员展示手绘图，另一个组员负责讲解说明。

小组代表1：蓝莓干一入口，就让你感受到不同寻常的滋味。它酸甜而软糯，还伴着一丝涩味儿，细细咀嚼，缓缓咽下，滋味无穷，不由得让人想起一个身着蓝紫色长裙、我行我素、独闯江湖的侠女。她敢爱敢恨，有自己的行事标准，不计较红尘中的人和事。她温柔善良，总是全力以赴地帮扶弱小。她也曾有过痛苦悲伤的往事，所以她悲天悯人，总给人留有余地。

嚼着蓝莓干，闭上眼，仿佛亲眼看见这位紫衣女子：她朝我微微笑着，我似乎还闻到她身上散发出的淡淡清香，她有着清亮而柔和的身影，她犹如悠扬的乐曲般的声音传至我的耳旁，让我久久难忘，她亲启朱唇，轻轻告诉我许多往事……

这颗蓝莓入口，我似乎与她在清幽的山中小屋奇特邂逅，畅谈天地人生；细嚼慢咽，像是与这位智慧的女子一次心意相通的会晤。

师：这个组抓住了蓝莓干味道和颜色的特点，将本体——蓝莓干成功地与象征体——智慧、优雅的一位紫衣女子联系，很好地挖掘出蓝莓干的象征义。掌声送给他们。再请出第2组代表。

小组代表2：剥开这包小青豆，就看见一颗颗包着一层金黄色外皮儿的小青豆，它们油亮亮，圆滚滚的。

看似平常的它们，味道却很惊人！拿一颗豆子放入口中，一股不可遏制的蒜香味儿即刻在口腔中爆开，一秒钟便散布到整个口腔，给味觉神经带来极强的刺激。真没想到，这平庸的外表下竟然有这般丰富的味道！

它平凡臃肿的外表，像极了中年大叔。可它与大叔却不只有这般油腻的外表。细细观察，他们都具有丰富的内涵。我们几个组员竟没有一人可以用一个手指按碎一颗青豆，中年大叔们，不正像这青豆们，独自撑起了一个家！他们努力地工作，虽然也曾遭受困难与挫折，但他们从未屈服于生活的压迫，仍然坚持，毫不放弃。在妻子眼里，他们是铁铮铮的汉子；在孩子眼里，他们是强壮有力的父亲！

师：这组同学抓住青豆外形、口感、质地的特点，运用联想、想象成功找到它的象征体——中年大叔，很有创意！而且将父亲的优秀品格与青豆的独特质地、味道联系，成功运用了象征法！此处缺少点什么？（学生们立刻热烈地为第2个出场的组鼓掌。）再请出第3组代表。

小组代表3：花生的形状很像数字8，它的外壳是暗淡的土黄色，总沾着不少泥土。表面凹凸不平，手感挺粗糙。剥开一粒花生，里面包着只有大拇指一半儿大小的几粒花生仁。花生仁的皮呈棕红色，紧紧地包着花生仁儿，像一层保护膜。除去这层红色外皮，就看见白乎乎、圆鼓鼓的花生仁了，很招人喜欢。

花生，让我想起一位老父亲。黝黑的皮肤常年在烈日下暴晒，粗糙的手长满老茧。他起早贪黑地努力劳作，岁月、风霜让他的皮肤泛黄而粗糙，但他凹凸的外表下却有一颗朴实无华的心。他总是默默无闻地在地里劳作，不怕日晒雨淋，不怕霜雪严冬。他默默而安静地奉献着自己，没有一句怨言，正如手中的这粒花生。

师：很好，这组代表从花生的外形、质地、手感、颜色等特点出发，也联想到一位老父亲，象征义表达得贴切、自然。

（此时，下课铃响起。）

------------------------------ **设 计 意 图** ------------------------------

在象征法的可视化思维图示——树状图和碟状图基础上，我让学生通过创新思维生发联想、想象，发掘出各种零食的象征义，顺利找到象征体——某种类型的人。这一环节运用创新思维的具体过程是：（1）仔细观察眼前的本体——某一零食。（2）生动细致地描写这一零食的特点。（3）采用小组合作，运用脑激励法，每个组员提出不同的联想和想象创意，答案越丰富，越能找到与零食相似的象征义——精神品质。（4）再由象征义，找到具有这种象征义的某类人。（5）依据树状图的写作思路，进行口头作文，小组派代表发言。在群体合力、优生带动、老师有序点拨指导下，大多数学生都能明白象征法具体的写作思维过程。

六、小结全课，布置作业

师：今天，我们借助联想和想象，通过"食赏会"活动，学习了象征这种写作手法。运用象征法的要点是：（1）找到本体特点；（2）联想想象，找到与之相关、相似的另一事物；（3）将两者的相似点联结起来，说出本体和象征体的相似点。下节课，同学们依据这节课本组观察品评的零食，用象征法写一篇600字以上的作文。题目自拟。

（下课后，学生们意犹未尽地围在一起，拿着手中的零食继续讨论着……）

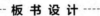

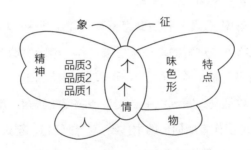

教者自述

从 2011 年的"水果分享会"，再到如今的"食赏会"，象征法写作指导课在时光兜转中，如茧儿化蝶，不断完成华丽的蜕变……

2011 年版的"水果分享会——象征法写作指导"的设计为：（1）简介象征法的两种主要方式——"借物喻人""托物言志"；（2）回顾《爱莲说》《陋室铭》如何运用象征法；（3）水果分享会：选取四种水果观察品尝，并填写表格（见下页）；（4）当堂口头作文，每组合作完成一种水果象征法的联想记录。

小游戏：水果分享会

分享内容：
1.四人一组，派一个代表猜拳，决定水果优选权；
2.拿到水果后，请先仔细观察水果外表，再切分品尝水果，并填写下表：

水果名称	苹果	香橙	红提	香蕉	火龙果
水果特征					
象征义					

本课运用创新思维激发策略，引入树状图示和蝶形图示，艺术地让观察与联想、本义与象征义很好地契合起来，更为直观地为学生找到象征法的写作路径。具体过程如下：

1. 点评细节，引入新课。由学生问题习作导入，既是前一课学习内容的再升格，也是这一课学习内容的知识基础。

2. 回顾课文，解密"象征"。借助思维可视化工具——树状图示和蝶形图示，我极富创意地将抽象难解的象征法思维过程，清晰生动地呈现给学生。课上先回顾展示《白杨礼赞》象征法的写作思路。图示左边是象征的本体特点，图示右边是象征的象征义，图示主干是文章情感变化线索。用树状（蝶形）图示，清晰可视地呈现出作者如何借助本体特点经过联想、想象的创新思维过程，从而帮助学生顺利找到白杨树的象征义。

3. 借助名篇，尝试创新。引入林清玄《松子茶》，将原文设置成几个填空题，让学生通过创新思维的联想、想象，填补空缺内容，为学习象征法搭设思维脚手架。

4. 巧用课文，联想想象。以汪曾祺《昆明的雨》中各种菌子为例，让学生依据菌子的特点，展开联想、想象，将这些菌子与现实生活中的人对接，为本体与象征义建立联系。

5. "食赏"活动，创生象征。当堂"食赏"会，我精选了8种小零食：紫皮糖、萨其马、瓜子、蓝莓干、小青豆、花生、奥利奥、棒棒糖等。先让学生每小组选取一种食物，接着8分钟小组讨论并绘图，根据树状（蝶形）图示，从不同角度发掘食物特点，如外形、颜色、大小、轻重、口感、质地等。再经由想象、联想，提炼出精神品质，最终找到象征义。所选的物品种类丰富，也能激发学生的创新思维。

6. 代表展示，生成象征。每组代表上台展示的过程，也是创新思维火花不断闪现的奇妙时刻。学生们用细腻的观察、生动的描写、丰富的想象联想，不断攀登象征法写作的新高峰。

从这节改良版的"食赏会"教学设计，以及现场收获的优良教学效果，我发现从心理学角度反观一堂师生互动和谐、学习效果显著的写作课是这样的：上课伊始，教师能灵活运用多种教学手段调动学生学习的积极情绪。接着，学生在教师精心搭建的新旧知识桥梁中，能迅速把新知识纳入自己原有的知识体系中。同时，教师能用可视化思维图示呈现整堂课最重要的写作知识，让学生对写作的思维过程一目了然。这样，在第二节当堂写作课上，学生就能依据可视化的思维图示顺畅写作。这样的写作课，也能最大限度地让全体学生都产生强大的写作驱动力。

愿所有的语文教师都能化心理学知识为课堂调控力，融巧妙整合为教学创新力，用精巧的教学设计为学生写作助力，不断让学生感受写作过程中的奇思妙想、趣味盎然……

附录：学生习作思路图示示例

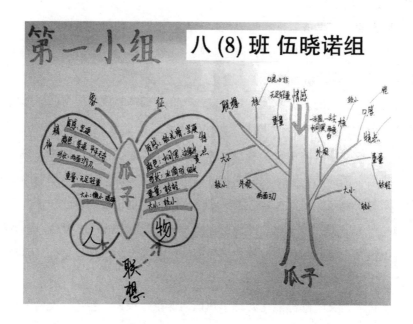

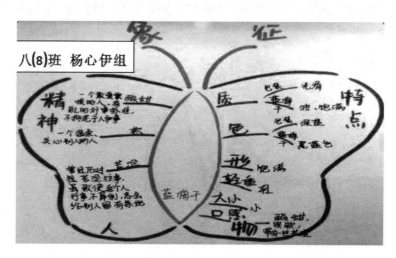

第 9 课

一抑一扬，尺水兴波

——"同步表征"与八下"学写故事"写作教学设计 3

> 在趣意盎然的写作活动中，
> 丰富语言积累，活化语言运用，
> 生动语言表达，提升思维品质！

/ 教学缘起 /

清人刘熙载在《艺概·文概》中写道："抑扬之法有四。曰欲抑先扬，欲扬先抑，欲扬先扬，欲抑先抑。"

细细想来，部编版教材中采用抑扬法写作的篇目还不少，主要采用了两种抑扬法：

1. 先抑后扬（欲扬先抑）：这种抑扬法侧重于"抑"的积极效应。表达贬斥、否定等情感态度的"抑"先出现，"抑"的过程是铺垫渲染；表达褒扬、肯定、喜爱等情感态度的"扬"后出现，"扬"才是最终的写作目的。作者似贬实褒，文章也因作者情感的突变而生出曲径通幽的情致、摇曳生姿的曲折、柳暗花明的惊喜。采用先抑后扬手法的文章有《孙权劝学》《白杨礼赞》《阿长与〈山海经〉》等。

2. 先扬后抑（欲抑先扬）：这种抑扬法让表达褒扬、肯定、喜爱等情感态度的"扬"先出现,"扬"的过程是铺垫渲染;表达贬斥、否定、厌恶等情感态度的"抑"后出现,"抑"才是作者真实的目的。作者似褒实贬,用"扬"的消极效应实现情节的大起大落、章法的大开大合,有极强的讽刺意味。文章因作者态度的反差也有了深思的哲理、错落有致的波澜和发人深省的表达效果。采用先扬后抑的文章有《蚊子和狮子》《伤仲永》《公输》等。

八下第三单元测试作文卷题目为"原来我也想＿＿＿＿＿",这个题目和深圳2016年中考作文题"我的表情包里没有＿＿＿＿"有些神似,题目中都有语言陷阱,如果学生不能很好地想清楚要表达的内容和情感的关联,就很难写出优秀的作文卷。一改作文,发现有很多学生果然掉进了题目的语言陷阱——本来想表达积极情绪的事件,却选择了消极情绪的词语补题。

学生写作时遇到的问题,恰恰是好的教学契机！误填词语,说明学生误解了题目意思。从心理学的角度解释这一现象,就是学生没能准确地"表征"出考场作文题的知识内容。

元认知心理学这样解释"知识内容的表征":"不同表征形式所具有的共同信息内容,称作表征的内容。"知识内容的表征,提示教师在课堂上要教给学生的应是师生双方都能同步理解的内容。也就是说,教师要把自己想教授的知识内容准确传递给学生,就必须考虑采用学生能接受和理解的形式来教授这一内容。只有用学生能接受和理解的方式传递信息,才能确保师生双方理解和接收的内容一致,即"同步表征"。

同步表征就是教师在讲课时,采用学生能够表征出的形式进行授课,而不是采用教师自身擅长而学生并不理解的表征形式。

所以,一堂课,师生能否同步表征某一知识内容,是教学效果优劣及教学成败的关键。

这节课,我从暗藏玄机的单元考作文题目说起,借助心理学"同步表征"原理,用学生们熟悉的多则寓言故事"铺路搭桥",最终生成这样一堂柳暗花明、尺水兴波的"抑扬法"写作指导课。

教学现场

一、导入：品考题，思写法

师：这个单元的作文题是"原来我也想_____"，有的同学这样补题——"原来我也想打游戏""原来我也想放弃"，你们觉得好不好？

（学生们纷纷摇头。）

生：这样补题肯定不行，拿不了高分。

师：打游戏就是你们心里想的呀，这样写为什么不行呢？

生：游戏打多了，对青少年不好。生活中还有很多事适合这个题目。我补的题目是"原来我也想坚持"。

师：对了，这样才够智慧。游戏并不是生活必需品，不要让它左右你的生活，还降低你的作文分数。那样补题，作文一开头就意味着失败，肯定拿不到40分以上了（2021年深圳中考作文是45分）。文章写作"意在笔先"，立意高，格局大，作文才能写好。这个题目有陷阱，补题时，需要补写表达什么感情色彩的词语好？

生：补阳光积极些的，我补的题目是"原来我也想努力"。

师：你自从这学期语文"牛转乾坤"第一课，改变很大。第一天的速读笔记就写得很好，字迹工整，格式正确，摘要也能概括3行以上。这次作文你写的是自己对学习的新认识和学习态度的新改变，很好。

（大家真诚热烈地为他鼓掌。）

师：这则题目的语言陷阱和2016年深圳市中考作文题有异曲同工之妙。2016年的深圳中考语文作文题是"我的表情包里没有_____"。

（台下一片短暂的讨论声。）

生：老师，什么叫表情包？

师：表情包在微信里就是一些"笑脸""流泪""擦汗"等不同的表情。

生：明白了，我们学生不太用微信，一般喜欢上QQ。

师：QQ也有表情包呀，下拉菜单里就有。这个题目，你能填"我的表情包里没有微笑"吗？

生：（思索了一下）不能，生活中少了微笑该多难过。我补的是"我的表情包里没有哭泣"。

师：（冲学生竖了一下大拇指）可以呀，这都不能把你绕进去，2016年这个题目反而要填表达消极情绪的词语。但这两个题目都需要采用同一种写作手法才能写好。今天，我们继续"学写故事"，让叙事类作文持续升格！

（屏幕显示"一抑一扬，尺水兴波——抑扬法让故事升格写作指导"。）

------ 设 计 意 图 ------

这则作文题目"原来我也想_____"很容易把学生带入消极情绪的旋涡，我巧妙勾连了深圳2016年中考语文作文题"我的表情包里没有_____"。虽然，第三单元作文题要避免补写消极情绪的词语，但2016年中考作文题要写好却需选用有些负面情绪的词。因此，我引导学生关注：半命题作文补题，一定要注意题目间的细微差别，避免想当然。

一篇习作，不仅是学生字词句篇、语修逻文等语文知识能力的展示，更是学生的精神品质、眼界素养的彰显。清人刘熙载在《艺概·文概》中有"诗品出于人品"的说法，人们也由此而引申出"人品即文品"的说法。这句话提醒我们：教师教作文，不仅要关注作文的工整书写、准确表达、布局谋篇，更应对学生的人生观、价值观、世界观等思想观念进行正确的启发和引导。这并不是让学生写假话、空话、套话，而是引导学生积极看待周围的人和事，以昂扬进取的心态生活、写作。

二、回顾寓言，抑扬有法

师：这两则作文题，虽然补写的内容不同，一个要避免消极情绪，一个却要选用负面词语，但采用的写作手法一样。鲁迅在《阿长与〈山海经〉》中先写阿长的种种不好，黄胖而矮，喜欢背后议论人，睡相不好等，却因为一件事改变了对阿长的看法，是哪件事呢？

生：（齐答）买《山海经》。

师：这种先贬低再赞扬的写作手法叫什么？

生：先抑后扬。

师：要想把抑扬法用好，需要打开它故事写作的密码。先看看什么是抑扬法。

（屏幕显示，学生齐读。）

清人刘熙载《艺概·文概》说："抑扬之法有四。曰欲抑先扬，欲扬先抑，欲扬先扬，欲抑先抑。"抑扬四法，是从写作的曲笔角度说的，它能够满足读者"文似看山不喜平"的心理，使文章波澜起伏，引人入胜。抑扬法，指贬抑与褒扬在塑造人物、渲染气氛、抒发感情、制造波澜等方面采取的一种对立统一的写作方法。它将对生活的错觉误会与正确认识等相互矛盾的两方面统整在一起，让它们两相对照，形成波澜起伏的气势，带给读者强烈的阅读印象，增强文章和作品的艺术表达效果。

（一）猜读寓言，解密先扬后抑法

师：虽然，抑扬法分四种，但比较常用的就两种：先抑后扬、先扬后抑。童年时，我们听过、学过很多寓言，这些故事都采用了这种写作手法。先来看第一则寓言故事。

（屏幕显示第一张幻灯片：狐狸看到乌鸦嘴里叼着块肉。）

师：这是哪个寓言故事？

生：《狐狸和乌鸦》。

师：你在这张图片上看到了什么？你觉得狐狸对乌鸦说的第一句话是什么？

生：一只狐狸看到一只乌鸦嘴里叼着一块肉，它很想得到那块肉。

师：你觉得狐狸会对乌鸦说什么？

生：乌鸦，你的歌声真好听，你为我唱首歌吧。

师：这样说，乌鸦肯定明白狐狸的目的，会警惕地不张嘴。早上，大家见面一般会说什么？

生：（醒悟了）应该说，"你好，乌鸦"。

师：对了，再猜猜它第二句话说了什么。

（屏幕显示第二张故事图片。）

生：乌鸦，你的歌声真好听。

师：这样表达太直接了。成年鸟类得到食物后，一般会给谁？

生：（恍然大悟）会给它们的孩子。第二句是"你的孩子好吗"。

师：领悟力很强。这样说，狐狸才能让乌鸦继续放松警惕。第三句话呢？

生：你的歌声真美，请为我唱首歌吧。

师：太心急。狐狸还做了一步铺垫，乌鸦是一种鸟类，可以先夸夸它身上的什么？

生：乌鸦，你的羽毛真美，你的歌声也是最美的，你能为我唱首歌吗？

师：对了，这样狐狸才能请乌鸦入瓮，掉入它用甜言蜜语编织的陷阱中。这个故事里，狐狸先让乌鸦放松警惕，接着让乌鸦忘乎所以，最后让乌鸦"骄傲"地张开嘴。

（屏幕显示第三、四张图片，学生们边看边笑。）

师：从乌鸦的角度，作者先写了乌鸦的警惕，不管狐狸怎么说，它坚持不张嘴。但狐狸太狡猾了，它一步步攻破乌鸦警惕的防线，最终让乌鸦张开嘴，丢了到嘴的肉。从抑扬法的故事安排上，我们来理一理故事情节。狐狸向乌鸦问候的第一句，乌鸦并没有张嘴，这是先写对乌鸦有利的好的部分；从感情态度上，是先表扬乌鸦的警惕。接着呢？谁来说说。

生：狐狸说第二句，乌鸦也没张嘴，这也是写"扬"；第三句，狐狸夸乌鸦的羽毛好看，乌鸦也没张嘴，也是"扬"；但第四句话"你的歌声真好听"，乌鸦忍不住张嘴，肉掉到树下，狐狸得到了肉，就是写不好的方面，表达的则是"抑"。

师：正确。故事写了三个"扬"后，发生"突转"，再写两处"抑"。我们再来回顾另一则寓言故事，看看是否符合抑扬法的这个写作规律。

（屏幕显示《蚊子和狮子》的第一张图片。）

师：这张图片是什么故事，谁来讲讲？

生：蚊子和狮子。一天，蚊子看到一只狮子，对它说：我要打败你。蚊子专叮狮子脸上没毛的地方，狮子被叮得满脸是包，气得直叫。蚊子打败了狮子，吹着得意的喇叭飞走了，却不小心被一只蜘蛛吃了。这个故事告诉我们：一个打败大人物的人，竟被小人物给消灭了。警示人们，赢得胜利，也不能骄傲自满。

师：讲得好极了，古人说："谦受益，满招损。"取得暂时的成功，不能骄傲自满。再看这则故事是怎样运用抑扬法的。谁来说说？

（屏幕显示抑扬法写作思路的表格。）

生："蚊子和狮子"，先写蚊子向狮子挑战，这是"好的方面"；再写"蚊子攻击狮子"，这是"好的方面"；然后写"蚊子叮得狮子满脸包，打败了狮子"，这也是写"好的方面"；在蚊子得意飞走时，被粘在了蜘蛛网上，这是"坏的方面"的开始，最糟糕的在最后——蚊子被蜘蛛吃了。

师：分解得很好。这个故事从蚊子的角度分析，先写"好的方面"——挑战，接着写"更好的方面"——攻击，然后写"最好的方面"——打败。然而，在蚊子最得意的时候，故事发生"突转"，坏的方面开始了——它被蜘蛛网粘住，接着最坏的结局来临——它被蜘蛛吃了。我们可以依据这两则故事，总结出运用先扬后抑法的写作规律：好—更好—最好—（突转）坏—最坏。（屏幕上依次显示"抑""扬"的出场顺序）

师：《伊索寓言》中还有一个《狼来了》的故事运用的也是抑扬法。谁来讲讲？

（屏幕随着学生的讲解依次显示《狼来了》的故事梗概。）

生：从前，有个牧童爱恶作剧。一天，他在山坡上放羊，闲得无聊，就大声喊"狼来了，狼来了"。山下村民听到他的喊声，纷纷赶到山上，只看到一个嬉皮笑脸的牧童。又一天，牧童放羊时又闲得发慌，再次喊"狼来了，狼来了"，村民再次被牧童愚弄了。后来，狼真的来了，牧童大声喊"狼来了，狼来了"，村民们再也没上山，牧童眼睁睁地看着羊被狼咬死。

师：这个故事告诉我们什么道理呢？

生：做人要诚信，不能骗人。

师：这则故事也用了抑扬法。从牧童的角度，他上山放羊很悠闲，这是"好的方面"；第一次骗人很得意，这是"好的方面"；第二次骗人仍然很得意，这还是"好的方面"；后来，故事突转——"狼真的来了"，坏的方面开始产生，最坏的结局也随之而来——他的羊都被狼咬死了。从这三则寓言我们可以总结出先扬后抑法的一般写作思路。

（屏幕显示：扬—扬—扬—突转—抑—抑。）

---------------------------------- 设 计 意 图 ----------------------------------

这一环节中，为了让学生能同步表征——文章中如何运用抑扬法，我采用学生能表征出的形式——寓言故事，借助寓言故事这一师生都能理解和接受的表征形式，实现"教"与"学"的"同步表征"。接着，让学生讲述寓言故事，理解新的知识——文章运用抑扬法写作的具体思路。

（二）照应考题，将抑扬法与考题对接

师：这三个故事，对应第三单元作文题"原来也想_____"，该如何补题呢？

生："乌鸦和狐狸"的故事，可以把题目补成"原来狐狸也想吃这块肉"。

师：对了，这是从乌鸦的角度补题，采用的是先扬后抑的写法。还有两个故事，该如何补题呢？

生："蚊子和狮子"，从蚊子的角度，可以把题目补成"原来蜘蛛也想成赢家"。

师：这个题目补得巧妙，蚊子想当胜利者、大赢家，结果最后的赢家却是蜘蛛。

生："狼来了"的故事，从牧童的角度，可以补成"原来狼也想着要吃羊"。

师：大家题目补得都不错，但我们第三单元的作文原题为"原来我也想_____"，这个题目适合用先扬后抑法写作吗？

生：（恍然大悟）这个题目加了"我"，就不能用先扬后抑，应该用先抑后扬。先写自己不好的经历，再写自己克服困难或挫折的好的经历。

师：恭喜你！这次没有掉入题目的陷阱，还能想到结合抑扬法来安排文章写作的内容。

------------------------------------ 设 计 意 图 ------------------------------------

这一环节，将"寓言故事""单元考作文题""抑扬法"三者关联，能真正实现：教师想要"教的内容"与学生真正"学到的内容"表征一致。教师讲抑扬法这一知识内容的目的是让学生能在考场作文、当堂作文中灵活运用抑扬法写作，而不只是让学生知道寓言故事中运用了抑扬法。

（三）看图讲故事，解密先抑后扬法

师：第三单元作文题"原来我也想_____"适合先抑后扬法，请齐读先抑后扬法。

（屏幕显示，全班齐读。）

先抑后扬，或者说欲扬先抑，这种技法是指本来想要颂扬某种人或某个现象或某种倾向，先描述或勾画他（它）不好的方面，然后转而表现他（它）好的方面，使读者从情节的起落中引发思考，受到启迪。

师：我们继续通过寓言来打开先抑后扬法的写作密码。谁讲讲这个故事？

（屏幕依次出现《龟兔赛跑》的四幅图片。学生们一下子兴奋起来。）

生：这个故事是《龟兔赛跑》。森林里举行了一场奇特的比赛，一只乌龟要和一只小白兔赛跑，它俩的实力悬殊实在太大了。小动物们同情地看着小乌龟。刚开跑，小白兔就远远地把乌龟甩在身后。但小乌龟一点儿不气馁。它一点点地努力向前爬着。小白兔看小乌龟一直没追上来，放心大胆地躺在一棵大树下睡起觉来。小乌龟渐渐赶上了小白兔，看到它在树下睡觉，继续努力向终点爬去。小兔子却睡过了头。当它到达终点时，小乌龟早已到达终点，成为获胜者。

师：这个小故事从小乌龟的角度，用了什么抑扬法呢？

生：从小乌龟的角度，用的是先抑后扬法。

师：写"抑"，即不好的地方有几处？

生：开始，大家都不看好小乌龟，这是第一处写"抑"。开跑后，小乌龟也是一直落后，这是第二处写"抑"。在跑的过程中，尽管它很努力，但仍远远落后，这是第三处写"抑"。

师：这个故事也写了三处"抑"笔，"突转"是什么？

生：小兔子在树下睡觉，睡过了头，最终让小乌龟先到达终点。

师：正确。用先抑后扬法写故事，达到一波三折的效果，需要至少三处"抑"笔，写三处"不好的事"，并按"不好的""更不好的""最不好的"依次发展，然后发生"突转"，开始转向"好的方面"，结局是"更好的方面"。再看看下一个故事是否用了相同的写故事手法。谁来讲讲这个故事？

（屏幕显示《老鼠和狮子》的四幅图片。）

生：这个故事是《老鼠和狮子》。一只狮子睡觉时，一只老鼠打扰了它。狮子一把将老鼠抓住，并生气地想吃了它。小老鼠哀求说："狮子大王，请你放过我，我一定会报答你的。"狮子这时不饿，就放了老鼠。一天，狮子不小心被猎网罩住，不能脱身之时，小老鼠帮它咬断了捕猎网，狮子脱险。最后它俩成了好朋友。

师：很好。这个故事从小老鼠的角度也用了先抑后扬的写法，故事是怎样安排"不好的方面"和"好的方面"的呢？

生：老鼠打扰了狮子，这是第一处不好；更不好的是狮子抓住了它；最糟糕的是狮子还想吃了它。转机是狮子放了它。"好的方面"是小老鼠在狮子被猎网困住时出现，"更好的方面"是小老鼠咬断绳索救了狮子，最后它们成了好朋友。

师：看来，先抑后扬法也分为五个环节，我们用图表法显示它的写作思路：不好的—更不好的—更糟糕的—突转（好局面出现）—更好的结局。

（教师板书"先抑后扬"法的写作思路。）

师：不仅国外寓言善于用抑扬法写故事，中国古代寓言故事也常常采用抑扬法。《叶公好龙》的故事，大家记得吧？采用的是先抑后扬还是先扬后抑呢？

生：先扬后抑，有个人非常喜欢龙，他家穿的、住的都画着龙，可当真的龙出现在他面前，他却吓得绕着柱子跑。

师：对了，《画蛇添足》这个故事用的是什么抑扬法？

生：也是先扬后抑。一群人比赛画蛇，谁先画好谁喝那坛酒。一个人先画好了，把酒坛抱在怀里，又去给画好的蛇添几只脚。这时，另一个人画好了蛇，抢过酒就喝，还说："蛇没脚，你真多此一举。我先画好的，这酒该我喝！"

师：讲得真好。这两个寓言采用了先扬后抑法。那《愚公移山》用了什么抑扬法呢？

生：先抑后扬。愚公一家被大山阻挡，愚公想移山可是年老了，挖山的土石搬运耗时也很长，更糟心的还有个邻居智叟嘲笑他。但愚公并没有改变移山之志，而是积极行动。后来，玉帝被愚公的诚心打动，派夸娥氏的两个儿子搬走了那两座山。

师：很好。"愚公移山"，从愚公的角度，采用的是先抑后扬法。今天，咱们一起随着多则寓言破解了抑扬法的写作密码。现在，我们小试牛刀，当堂改写第三单元作文中的一篇问题卷，一起帮它升级！

--------------------------------- 设 计 意 图 ---------------------------------

中外寓言，是人们喜闻乐见的故事群。这个环节，教师继续用学生熟悉的《龟兔赛跑》《老鼠和狮子》等寓言故事，为"教"与"学"搭设理解"抑扬法"这个知识的"同步表征"平台：（1）出示图片，看图讲故事。（2）依据故事情节，拆解抑扬法的写作密码。（3）图表法展示故事写作思路：从故事内容的安排上，不好—更不好—最不好—突转（好的方面）—更好的结局；从感情态度的表达上，抑—抑—抑—扬—扬。

不仅如此，在讲完浅显的外国寓言故事后，教师又引出中国古代寓言《叶公好龙》《画蛇添足》《愚公移山》等故事，既激发学生对传统文化的热爱，增强民族自信心，也对抑扬法的迁移有良好效果。

三、运用抑扬，升格习作

师：现在，我们用抑扬法修改一篇考场作文。（下发习作资料）具体要

求如下:

1. 4~6人一组,尝试用合适的抑扬出场的顺序,3分钟口头评说下发文章采用抑扬法的过程,或者用抑扬法为下发的文章升格。

2. 可以采用以下的作文思路。(屏幕显示)

作文现场改
原来我也想_____

文章 写作内容	开头	中间1	中间2 突转	中间3	结尾
抑扬安排	抑 ⇨	抑 ⇨	抑	扬 ⇨	扬
原来我也想_____					

原来我也想努力

玩耍和嬉戏本就是孩子的天性,成长难免会有心酸的泪水,也会有开心与快乐。翻看儿时照片,照片里那个懵懂单纯的小孩儿,现在已成了初中生。

三四年级时,我想要努力的那股劲儿没了之后,反思了原因,又问妈妈有什么好的意见。妈妈说:"你要先给自己定一个小小的目标,并为此努力,或者找一个比自己成绩好的人PK一下,或者去问好学生他们的学习方法,并看看和你自己的有什么不同,然后学习他们的长处。"

听完这些意见,我改变了自己原本的学习方法,我发现那些学习好的同学记的笔记都是重点,而我却盲目地做笔记。有了调整后,我的成绩开始有了一些小小的进步,我也体会到通过自己的努力获取进步的自豪感。

原来,我的努力就是从那时候开始的呀……

(学生小组3分钟讨论后,派代表发言。)

师:这篇文章因为时间仓促没写完,它用到抑扬法了吗?

生:这篇文章用了抑扬法,但是缺少具体的内容,只是写了自己的内心感受。

师:正确,它不自主地用了抑扬法,但不够具体生动。写文章,内心感受应该和具体的事件结合起来。说说你们组如何修改的。

生：开头可以保留，第二段我们改为三四年级时，努力的劲头儿没了的具体事件，我们试着结合自己的经历加了内容：三四年级时，我迷上了漫画书，整天一头扎进漫画书里，没完没了地看。作业也写得马虎了，上课时脑海里都是漫画里的人物。

师：不错，看书是好事，但无节制地看漫画书，就会消耗自己过多的精力，还分散注意力。我们应该多读经典的书，才能精神焕发。这是第一处"抑"笔，第二处是怎么加的？

生：渐渐的，上课时，我开始犯困，因为前一天晚上看了太多漫画书，有的时候还看到晚上10点以后。听课越来越费劲，考试成绩也不断下降。有一次，期末考试数学竟只得了60分。

师：更不好的状况出现了，还有更糟的状况吗？

生：更糟的是，原本90分以上的语文，也才得了75分，英语就更别提了。这次考试，三科成绩直线"跳水"。拿到成绩单回家的路上，我感觉双腿像灌了铅似的，越走越慢。

师：细节加得好！这样，一边叙事，一边加入人物心情，抑扬法就自然融入故事里了。

生：和妈妈的对话保留，这是事件的转机，也是好的方面的开始。

师：很好，知道该保留什么。更好的结局，你们怎样改的？

生：当晚，我和妈妈约定：请妈妈在假期监督我看漫画书的时间，并及时提醒我。五年级新学期一开学，我就去向学霸借笔记。不看不知道，一看吓一跳。原来，她的笔记上都是老师讲的重点，而我的笔记却是模模糊糊、丢三落四的。于是，我从认真听讲、学会记笔记开始，不断尝试改变和调整。一个星期，两个星期……当五年级新学期第一次单元考时，我的语文成绩又回到了90分以上！

四、课堂小结

师：这个小组改得很好。我们一起回顾本节课的内容，理清两种抑扬法的内容安排和写作思路。请大家齐读。

（屏幕显示相关内容。）

学生：（齐读）抑扬法，指贬抑与褒扬在塑造人物、渲染气氛、抒发感情、制造波澜等方面对立统一的一种写作方法。这节课主要学习以下两种：（1）先扬后抑（欲抑先扬）。这种技法目的是贬抑或批判某种人或某个现象或某种倾向。先尽量用较多的篇幅描述或勾画他（它）的好处，再转而表现他（它）的不好。（2）先抑后扬（欲扬先抑）。这种技法目的是颂扬某种人或某个现象或某种倾向。先描述或勾画他（它）的不好处，再转而表现他（它）的好处，使读者从情节的跌宕中引发思考，受到启迪。

师：总之，用抑扬法写故事能让读者在情节起落、人物命运变化中领悟文章要阐发的事理，获得更多的审美享受和思想启迪。运用抑扬法需要注意掌握好抑扬转化的火候和分寸。抑要抑得有理，扬要扬得合情。下节课，大家用抑扬法为自己第三单元测试作文升格！

------------------------------ 设 计 意 图 ------------------------------

这个环节利用抑扬法，将之前的寓言故事与第三单元考场问题作文建立联系，并用抑扬法写作思路，指导学生合作修改考场病文，实现抑扬法教与学的同步表征。

------------------------------ 板 书 设 计 ------------------------------

文章 写作内容	开头	中间1	中间2	中间3	结尾
	不好的 ⇨	更不好的 ⇨	最不好的 ⇨	突转 好的 ⇨	更好的
抑扬安排	抑 ⇨	抑 ⇨	抑 ⇨	扬 ⇨	扬
原来我也想_____					

/ 教者自述 /

抑扬法，常常在文学作品中发挥着奇效。鲁迅的《阿长与〈山海经〉》，用抑扬法写人，人物形象在跌宕的故事情节中更显丰满立体。安徒生的《皇帝的新装》，用抑扬法叙事，形成高低起伏、变化莫测的叙事效果。

抑扬法的首次讲解，是在我2015年开设的校本课程"趣味活动作文课"上。每周五下午，"趣味活动作文课"都人气爆棚、嗨翻全场！当时，我用"幸运抽奖"活动讲解抑扬法，课堂互动效果奇佳！

"幸运抽奖——抑扬法让文章一波三折"的课堂设计为：（1）课文导入，引出"抑扬法"。（2）简介抑扬法。（3）现场活动："幸运抽奖"。准备抽奖箱一个，四张小纸条上分别写着：特等奖，一等奖，二等奖，三等奖。在另外四张纸条上写着：三等奖，跺跺脚；二等奖，拍拍手；一等奖，脸贴墙；特等奖，吻黑板。（4）活动结束，请四位获奖同学发表获奖感言。（5）学生用"抑扬法""对比法""悬念法"等写作手法，以"幸运抽奖"为题，当堂写作。在趣味活动的激发下，学生积极情绪高涨，当堂写作速度快、质量高。（见附录学生习作1—3）

当时并不清楚这些"趣味活动"为什么能让学生写作热情如此高涨。校本课上的趣味活动有"人物描写"指导系列，如"最佳搭档""谁是战神""青蛙跳呀青蛙叫""食客准备"等；还有"叙事方法"指导系列，如"24点""水果分享会""幸运抽奖""谁最聪明""不可能做到的事"等，均能迅速调动学生写作的积极情绪，让所有选了该校本课程的学生都盼望周五的到来（上课）。

近几年，我阅读了《学与教的心理学》《学习论》《智育心理学》《提高学科学习能力的元认知策略与培养》等心理学书，终于明白这些趣味活动作文课上一节火一节的原因：

1. 高燃的积极情绪。这些以"活动"为按钮的写作指导课，充分调动了学生学习写作的积极情绪。

2. 三类知识铺垫。活动前，我一般先关联多个陈述性知识为活动铺垫。活动开展时，陈述性知识通过趣味活动有效地变成参与时的程序性知识和策略性知识。这些趣味活动，让"教"与"学"实现高度"同步表征"。

3. 活动引爆，写作增效。"趣味活动"是"写作高能"的火引子。学生们在高燃情绪带动下，迅速将"趣味活动"与当堂写作知识对接，写出一篇篇活力四射、趣味盎然的习作。

在"趣味活动作文课"研发基础上，结合单元考作文中出现的问题，这节课我积极运用心理学"同步表征"原理，对"抑扬法"写作指导进行再升级，仍然趣味盎然，但更有语文味儿，也更有文化含量。具体表现在：

1. 考题导入，对比异同。将"原来我也想_____"第三单元作文与2016年深圳中考语文作文题"我的表情包里没有_____"进行对比，本身就有技术含量：从实际作文中发现问题，和中考作文原题比照，发现这两个题目的语言陷阱——补题词语需有积极情绪或消极情绪；再发现虽然两个题目所填词语的感情色彩不同，但采用的写作手法相同。

2. 寓言增趣，表征同步。直接讲"抑扬法"，学生一定会溜号走神。我巧借学生熟悉的寓言故事，引发"抑扬法"学习兴奋点，调动起学生的积极情绪，做到师生"同步表征"。

（1）猜读对话，妙趣横生。《狐狸和乌鸦》中的三组对话，让学生以"猜读"的方式讲故事，这就是学生学习兴趣的再一个引爆点。

（2）回顾寓言，重温童年。让学生讲述七下学过的寓言《蚊子和狮子》，既回顾了课文，也是为"知新"——抑扬法搭建"同步表征"的支点。

（3）破解密码，建立联系。将寓言故事写作的密码"抑扬法"与考题变体"原来也想"对接，继续搭建"知识表征"同步的桥梁，让学生迅速了解：寓言故事的一波三折，来自抑扬法的自如运用。同时，拆解寓言情节，让学生掌握故事密码——运用抑扬法写作的具体过程。

（4）引入原题，表征新法。将寓言故事中的主角，放入"原来也想"之后，让学生将前几则寓言与考题对接，理解如何采用"先扬后抑"。而将主语换成"我"，题目变成"原来我也想"，就需要采用"先抑后扬"法了。

（5）再述寓言，继续解码。用《龟兔赛跑》《老鼠和狮子》两则寓言，再掀课堂讲故事的小高潮，继续破解"先抑后扬"故事写作密码。

（6）拓展寓言，活用抑扬。由国外寓言故事，又引出中国古代寓言故事。《叶公好龙》《画蛇添足》这两则寓言用了"先扬后抑"法，《愚公移山》则运用了"先抑后扬"法。

在古今中外寓言故事的巧妙勾连、融会贯通中，"抑扬法"不断固化在学生知识结构中。

3. 正确表征，作文升格。我选取考场作文问题卷，学生小组合作、口头评说 3 分钟完成修改。这是新知识——"抑扬法"在学生知识体系中落实的重要环节。第二堂课，学生用"抑扬法"修改升格自己的单元测作文，则是对学生正确表征"抑扬法"的再检验。

这节课以"抑扬法"为课眼，以"寓言故事"为抓手，用心理学"同步表征"原理设计全课。学生在讲述寓言故事中不仅提升了语言表达能力，还找到了"抑扬法"的写作密码。在打开寓言故事写作密码后，对比中外寓言故事，强化了学生对文化的传承与理解。同时，在寓言与考场作文的对比中，学生审美鉴赏力与创造力得以飞速提升。最终，整堂课实现语文素养四维贯通的高阶学习！

附录：学生习作示例

幸运抽奖（学生习作 1）

荔香学校　八（7）班　小航

周五下午，校本课程的"趣味活动"作文中，我们进行了"幸运抽奖"的游戏。

当易磊抽中一等奖时，他头部前伸，眼睛瞪得微大，嘴巴张成 O 形，像只小猴子一样活泼可爱，显出兴奋不已的样子，好像在说："哎呀，妈呀，我居然抽中了一等奖！"

当我颁发表情包大奖时，易磊打开一等奖的纸条，表情顿时定格了！他垂头丧气地将纸条打开给我们看，上面赫然写着：一等奖，"脸贴墙"。

台下顿时爆发出一阵笑声。谁都没有想到一等奖竟然是——脸和墙的亲密接触？！难怪易磊的面部定格了。只见他头前倾，牙齿露着，好像一只淘气的小兔子，与墙来了一次亲密接触。场下又是一片大笑，有的还起哄说："再来一次！"老师也被逗得大笑。

幸运抽奖（学生习作2）

荔香学校　八（7）班　小乔

今天，我们开展了一次有趣的小游戏——"幸运抽奖"！

陈老师神秘地拿出一个小红盒说："现在开始抽奖，只有四个名额，先到先得！"

在陈老师说出"开始"的同时，同学们争先恐后地跑上讲台，我一开始被小建挡住了，没能冲上讲台抽奖，感到失望极了，心想：会有什么大奖呢？

抽奖结束了，小意、小龙还有别班的两个同学抽中了，我心里那个羡慕嫉妒恨哪！但我看台上几个中奖者打开纸条后竟快笑疯了，感到事情没有那么简单。

"现在有请三等奖获奖者，奖品是跺跺脚！"陈老师忍住笑说。

啥？！跺跺脚？我惊呆了，台下的人也都惊呆了！只见小意同学无可奈何地跺跺脚，陈老师说："获奖了要激动点，跺得惊天动地些。"小意只好使出吃奶的劲儿用力跺跺脚，才得以赦免。台下笑声一片。

另一位二等奖获得者的奖品是"拍拍手"。这个简单，只见获奖的同学傻笑一下，努力地拍了拍手，眼中满是"欢喜"。

"一等奖，脸贴墙。"随着陈老师的宣布声落下，获奖同学象征性地"贴了一下墙"，台下的同学又哈哈大笑起来。本以为这是最好的"奖品"了，但没想到还有更好笑的！

"特等奖……吻黑板！"陈老师强忍着笑大声宣布道。一等奖得主正是我班的小龙同学。台下的我们先是愣了一秒钟，随后，教室里响起炸雷般的笑声。小龙红着脸走向黑板……转过脸时，黑板上留下了他的一个掌印和一个"唇印"。

这还不算完，陈老师还让特等奖获得者发表获奖感言。小龙走上讲台，双手撑住讲台，呆了几秒，莫名的喜感顿时流淌出来，大家看着又都笑了起来。他也跟着笑，然后发着呆，不知说什么好。大家又笑了。

我指着黑板上的印记说："那是你的唇印吗？"

"呃……那是鼻子……印。"他害羞地说。

"用鼻子碰了黑板？"陈老师笑着说。

哈哈哈……哈哈哈……笑声回荡在教室的四面八方……

幸运抽奖（学生习作3）

荔香学校　八（7）班　小意

周五下午的校本课程——"趣味活动作文"总是给我们惊喜连连、笑声阵阵。这次，我们开展了一次"幸运"抽奖活动。知道我为什么把幸运两个字加引号吗？等一下你们就知道了。

进班时，陈老师拿着一个神秘的小红盒子，里面似乎装着什么。在讲完今天的人物语言描写知识后，陈老师宣布："现在我们来玩一个'幸运'抽奖的游戏，小红盒里只有四个抽奖号啊，同学们赶紧上台抢呀，先到先得！"

台下的男生女生听到这便一窝蜂地冲上讲台。还是男生生猛，率先到达的四个男生获得了这四个机会，我是其中一个幸运儿。

当我奋勇抢到一张幸运纸条的时候，感到自己的小心脏激动得跳个不停。但当用微颤的手打开纸条，我看到纸条上写着几个大字："恭喜你获得三等奖，请跺跺脚庆祝！"

我顿时傻眼了，觉得自己好傻，只好照做，轻轻在台上跺了跺脚。但陈老师说："得三等奖是件值得庆幸的事，跺得再大声点！"我只好用力地在台上跺跺脚，台下的同学发出一阵哄笑。

陈老师还让我发表获奖感言，我简直"激动"得无话可说，觉得自己实在比一等奖获得者"脸贴墙"、特等奖获得者"吻黑板"要幸运些。我的获奖感言是："我比一等奖的同学运气好一点。"台下同学都忍不住偷笑。我心想：这哪里是奖？这简直是对贪心者的小惩罚呀。真后悔当初的冲动。

虽然这次活动我们几个"贪心鬼"受到了小小的惩罚，但能让大家开心，我还是很开心。但我一定会记住那句话：冲动是魔鬼。不要被中奖迷惑，因为在中奖的背后，会有意想不到的"惊喜"等着你。

第 10 课

以物起兴，闲笔添趣

——"同化理论"与八下"学写故事"写作教学设计 4

> 精选一粒"教学相长"的种子
> 质朴而坚定地走进语文课堂……
> 顺势而为地播种，悄然而至地蜕变，豁然贯通地领悟！

/ 教学缘起 /

明末清初著名文学评论家金圣叹最早提出了"闲笔"一词。他在点评《水浒传》第六回"花和尚倒拔垂杨柳"的眉批写道："此文用笔之难，独与前后迥异。盖前后都只一手顺手写一事，便以闲笔波及他事。"金圣叹的"闲笔"是指小说中对非情节因素的描写，他认为"闲笔"能"向闲处设色"，增添小说的审美情趣。

文章中的"闲笔"是指次要的、交代因果的情节，可以是次要的人物事件；可以是生活情境的随意描摹，或是人物的一段闲谈；还可以是一处闲景。这些次要情节或闲散细节，看似是冗杂之笔，却能起到调节故事叙述节奏、营造故事氛围的奇特效果。正因如此，闲笔不仅能增加作品的真实性、生动性，还能让文章趣味盎然。

翻看部编版教材八年级下的课文，不少都是"闲笔添趣"的妙文。若细思起来,《诗经》中"起兴"的手法,又何尝不是闲来之笔?八下《诗经二首》"思考探究"中这样解释"兴":"《诗经》经常使用比、兴手法,比,即比喻;兴,指先说别的事物,引出所吟咏的对象。"《关雎》写爱情,先从雎鸠鸟写起;《蒹葭》写思念,先从芦苇起笔……自古至今,中国这种疏朗闲淡的文风源远流长。

不仅《诗经》用"兴"巧置闲笔,《左传》这样的史书也是"闲笔"大拿。《曹刿论战》明明写激烈的战争,却用曹刿与乡人的对话起笔。战争开始了,不写战争如何惨烈,而是把笔墨都泼洒在曹刿与鲁庄公的对话、行动上。故事越是紧张处,越使用"闲笔"来缓解惊心动魄的历史故事给读者带来的精神压力,制造出紧张与悠闲交杂错落的美感。

八年级下现代文中,"闲笔添趣"的美文有:《社戏》中写"第一盼望的事是去看社戏",然而,却写了很多和"社戏"不相干的"闲笔",比如与鲁镇的小伙伴掘蚯蚓、钓虾、放牛等,看戏归来的重头戏是"偷罗汉豆"……《安塞腰鼓》里茂腾腾后生身后的高粱地、丝溜溜的南风,结尾耳畔响起的鸡啼……这些都是闲笔造境的佳句。

第五单元测试作文卷题目为"我与_____的故事",一些学生受了《诗经》"起兴"与《社戏》中"闲笔"的影响,竟写出了出人意料的好文章。这是学习心理学中的"同化理论"在发挥奇效!

《学与教的心理学》中这样解释"同化理论":

奥苏伯尔提出知识学习的同化理论。他认为学习的实质是新知识与学习者认知结构中已有的适当观念建立非人为的和实质性的联系。所谓实质性联系,指新知识与学习者原有知识网络中的符号、表象、概念、命题建立联系……奥苏伯尔认为,新知识与原有知识网络中的适当观念可以构成三种关系:第一种,原有观念是上位的,新的知识是下位的;第二种,原有观念是下位的,新知识是上位的;第三种,原有观念和新知识是并列的。新旧知识的三种关系导致了三种形式的学习,即下位学习,上位学习和并列结合学习。

可见,同化理论中的新旧知识存在三种关系,因而产生三种形式的学习,具体如下。

1. 下位学习：即学生原有的旧知识是有概括性、抽象性更高的命题或概念，而学习的新知识是概括性低、更具体化的内容。学习的过程，是从抽象、概括的上位知识移向具体、个别的下位知识。比如，"闲笔"是上位知识，而《社戏》中写"钓虾"等内容则是下位知识。将写作手法——"闲笔"，运用到学生具体的习作中去，这个过程是"下位学习"。

2. 上位学习：即学生原有的知识是概括性低、更具体的命题或概念，而学习的新知识是概括性更强、更抽象的命题或概念。学习的过程，是从具体、个别的下位知识归纳出抽象、概括的上位知识。比如，先教学《社戏》的相关事件"掘蚯蚓、钓虾、放牛"，再归纳出"闲笔"的写作手法，这个过程是"上位学习"。

3. 并列结合学习：即新旧知识之间不存在总括或类属的关系，而是并列联合关系。比如，《社戏》与《昆明的雨》都是散文，都运用到"闲笔"，但它们运用"闲笔"的方式、数量、效果并不相同，这种同类知识之间的横向比较和联系，就是并列结合学习，它能促进知识的贯通融合。

这节课，我综合运用"同化理论"的三种学习，将"以物起兴，闲笔添趣"的写作手法推而广之，力求让大多数学生都能巧用闲笔为习作添彩增趣。

/ 教学现场 /

一、导入

师：第五单元测试的作文题目很有激发力，两个班都有不少佳作，还有同学写出了接近满分的高水平习作（本单元作文卷为45+3分），请作文原卷得44分的同学举手。

（两位同学迅速举起手来，教师先请一位同学当堂朗读她的考场作文。）

（屏幕显示单元作文题目及要求。）

写作，48分，内容45分+书写3分，写作提示语为：鲁迅笔下的社戏让小朋友们心生向往，刘成章笔下的安塞腰鼓鼓舞人心。现实中有多样的生活方式和多彩的地域文化，你是否也与家乡的民俗文化有精彩的故事？

请以"我与_____的故事"为题，内容围绕与民俗文化有关的故事展开，写一篇文章。除诗歌、戏剧外，文体不限，不少于600字。

---------- 设 计 意 图 ----------

开课时，我用单元测试优秀作文卷为讨论参与的引发点，以及同班同学的习作引出课题，有以下优点：

1.知识表征一致。同龄人之间更容易沟通和理解对方，是因为他们的知识表征（认知心理学家把信息在人脑中呈现和记录的方式统称为知识的表征）相同。因而同班同学写出的考场佳作，更能引发学生的关注，帮助学生把自己的习作与优秀习作进行对比，明白差距，从而找到提升点。

2.获得高级快乐。习作优秀者当堂念出佳作，能很好地激发他对写作的积极情绪，形成积极的条件反射，因而形成不断写出佳作的良性循环。

3.有助于综合贯通。同龄人的文章除了可以引起学生的共鸣，还为其他学生提供了很好的借鉴和模仿的范例，起到跳一跳就可以够到的知识同化效果。这一过程正是"同化理论"中的"并列结合学习"。

二、读佳作，品妙法

（生1声情并茂地读起自己的作文。）

我与舞狮的故事
荔香学校　八（7）班　小君

乡下的蝉总是很吵，却是孩子们不厌烦的乐趣。我离他们远远的，靠在树下，远望着年纪最大的大海带他们捉蝉。对此，我并不感冒甚至有些讨厌，没有参与这场游玩。

不知过了多久，我在树下昏昏欲睡，侧瞄了一眼他们，围在一起正讨论计划着什么，我没有在意，刚要闭眼——一只手紧紧摁住了我！我定睛一看，一只蝉！！！棕色的体肤在我看来"丑陋无比"，因为被抓着而不断扇动着翅膀。好吧，我被吓了一大跳。

"狮子来了！"不知是哪个小孩子大叫了一声，所有小脑袋都齐刷刷地望了过去。不过一会的工夫，目光所至即围成了人海，我们几个小个子哪看得见！大海见状，不吱声，领着我们钻进一条小胡同。我不解："这是哪儿？我要看舞狮！"

响彻天际的锣鼓还萦绕在耳边，眼前却是一堵堵又厚又硬的墙。

身旁年幼的文锡不紧不慢道："还是海哥机灵，你不知，这胡同尽头有一处高台，上了那高台，正好能看见那红红火火的大狮子！""真的？当真能见着那大狮子？"对着这狭窄的小道，泥垢的小路，我半信半疑道。"我们什么时候骗过你！"大家都笑了。

是真的！没多久，我就见着一处高台，有我三个身长。边上有他们用木箱子搭成的楼梯，我爬了上去。

锣鼓快要敲碎我的耳朵，可我并不觉得吵闹。一片黑压压的人群自觉围成一个圈，圈中正是那火红雄伟的大狮子。

眼珠子瞪得很大，时不时盯着人们，全身红火，喜庆极了！人们最喜欢的则是狮子在空中的杂技。其中我认为跳柱子最经典。狮子会跳上一个个高度层层叠加的柱子，间隔还很宽。每次起跳前人们都为他捏了一把汗；当他安稳落柱时，就向着人们摇头晃脑地炫耀，观众则又献上震耳欲聋的掌声和欢呼声。狮子则又继续跳。那神态，真似个活狮子！

慢慢的，掌声落了，舞狮表演也接近尾声。我们几个孩子在高台上恋恋不舍。台底下的人相继消散，我们则互相搭手跳了下去，走上前细细端详。工作人员卸下"狮子"，我们都好奇地围着，胆大的甚至上前去摸。

脸上的笑容并没有被汗水抹去，反而在他们脸上绽放着耀眼的光。"眼里的那份喜悦是藏不住的，他们一定为这场表演感到高兴。"文锡有感悟似地说。

太阳依旧照得很热烈，锣鼓声也褪去。寂静的空气中又再次响起蝉鸣，伴随着那此起彼伏的声音的，还有那年无忧无虑的我们。

师：我想采访一下小君同学，你在这篇文章中写得最得意的地方是哪里？

生1：写这篇文章的时候，我脑海里就浮现出鲁迅《社戏》的情景，曾经看过的舞狮表演，就像鲁迅看到的社戏一样，一幕幕在头脑中浮现出来，写起来也特别顺畅。

师：看来熟读文学大家的经典作品，的确能让人获得有如神助的写作神力！在你文章的开头、结尾都写了一个很特别的昆虫，你发现了吗？

生1：（笑道）是蝉。我老家在乡下，一到夏天，就有许多蝉。那天看舞狮前，正好有这样一个特别的情景，感觉蝉鸣声到处都是。

师：好的故事，一般都会有铺垫，你这篇开头和《诗经》两首的开头也很像。《关雎》用什么引出男子对女子的爱慕？

生1：雎鸠鸟。

师：还记得这是《诗经》当中一种特别的创作手法吗？

（生1摇头。）

师：我们一起翻开语文书，齐读课后习题二中的解说。

生：（齐读）比是指比喻；兴，是指先说别的事物，再引出所吟咏的对象。

师：有同学还记得老师曾讲过"兴"体现了我国怎样的文学传统吗？

生2：（有点儿犹豫地举手）"兴"能让表达比较含蓄。《蒹葭》也是从水边芦苇写起，表达男子对所爱之人的思念之情。

师：答得好极了。这种文学传统一脉相承，也影响到现代散文和小说的创作。刘成章在《安塞腰鼓》中也用了"起兴"的手法，开头写了什么，结尾又写了什么？

生3：开头写了茂腾腾后生身后的高粱地，还写丝溜溜的南风吹动了高粱叶子，吹动了后生们的衣衫。结尾写了"耳畔是一声渺远的鸡啼"。

师：对呀，《安塞腰鼓》这篇散文也巧妙运用"兴"的手法衬托渲染安塞腰鼓敲打时动人心魄的场面。小君同学的这篇考场佳作除了用"起兴"法开头，结尾也有妙点，谁发现了？

生4：她这篇文章开头写了蝉，结尾也是用蝉鸣收尾的。

师：好，请你再来读读她文章的结尾，请大声点。

生4：太阳依旧照得很热烈，锣鼓声也褪去。寂静的空气中又再次响起蝉鸣，伴随着那此起彼伏的声音的，还有那年无忧无虑的我们。

师：感受到了吗？这几声蝉鸣还有什么妙用？

生5：和开头首尾呼应，而且还有以动衬静的效果。

师：正确。鼓声消退，蝉鸣响起，多好的一组动静对比和前后呼应，也让文章结尾产生余音绕梁、余味不绝的美好境界。这种"起兴"能起到渲染气氛、蓄势铺垫的奇妙效果。除了用"起兴"法，她在文章中写了很多与舞狮无关的内容，再请一位同学读读她文章的开头部分。

生6：不知过了多久，我在树下昏昏欲睡，侧瞄了一眼他们，围在一起正讨论计划着什么，我没有在意，刚要闭眼——一只手紧紧攥住了我！我定睛一看，一只蝉！棕色的体肤在我看来"丑陋无比"，因为被抓着而不断扇动着翅膀。好吧，我被吓了一大跳。

师：这个部分，让你想到第一单元的哪篇课文？

生7：《社戏》。社戏的开头部分，写迅哥儿在平桥村消夏的时候，先是写了和小伙伴们钓虾、掘蚯蚓等小事。当时的牛儿欺生，迅哥儿只敢远远地跟着放牛，还因此被小伙伴们嘲笑。

师：这些琐事看似和文章的主要事件无关，但却又别有风味。这也是散文、小说中的一种常用创作手法——闲笔。我们先了解一下什么叫"闲笔"，请大家齐读。

（全班齐读屏幕显示的内容。）

明末清初著名文学评论家金圣叹最早提出了"闲笔"一词。他在点评《水浒传》第六回"花和尚倒拔垂杨柳"时写道："此文用笔之难，独与前后迥异。盖前后都只一手顺手写一事，便以闲笔波及他事。"金圣叹的"闲笔"是指小说中对非情节因素的描写，他认为"闲笔"能增添小说的审美情趣。

文学作品中的"闲笔"一般指次要的、交代因果的情节，可以是次要的人物事件；可以是生活情境的随意描摹，或是人物的一段闲谈；还可以是一处闲景。这些次要情节或闲散细节，看似是冗杂之笔，却能起到调节故事叙述节奏、营造故事氛围的奇特效果。

师：你们认为这些与文章主要事件无关的闲笔能删去吗？请一位同学说说。

生7：我觉得不能，因为如果鲁迅直接写去看社戏，就少了在平桥村生活的很多乐事。这些大人都瞧不上眼的小事，才是我们小孩子最喜欢做的事。（大家听了都笑）

师：看你一副心驰神往的样子，好想再回到童年，是不是？大家回想一下，我们在八年级上册学过的汪曾祺的《昆明的雨》也很有味道，他也是闲笔写作高手，谁说说《昆明的雨》中的闲笔？

生8：（高高地举手）我记得开头写着昆明人家屋檐上总是倒挂着一株仙人掌。还有，猪被圈在仙人掌丛里。那样子想一想都让人笑喷。昆明火车很慢，看到鸡枞菌，可以跳下火车捡了，再跳上车。

师：大致正确，有一处说错了。不是猪圈在仙人掌丛里，而是菜园外种一圈儿仙人掌代替篱笆，目的是把猪拦在菜园外，不让它偷吃！（大家又乐）这些内容和昆明的雨看似没有关系，却给文章增添了无穷的韵味。写闲笔时，需要采用一些特定的表达方式，有哪些表达方式呢？

生：（齐答）五种。记叙、描写、说明、议论、抒情。

生9：我想应该是用描写来写闲笔。

师：对了。闲笔不仅需要用描写，而且还需要进行细节描写。细节写闲笔，动人又传神。

（师顺手写板书：闲笔不闲，蓄势铺垫；闲笔不闲，衬托渲染；闲笔不闲，细节传神。）

师：汪曾祺在《昆明的雨》结尾中写自己在小酒馆里要一碟猪头肉、半市斤酒，还写了几只鹌头耷脑的鸡，写了小河沿岸的木香花，写自己四十年后还忘不了那天的情味。这些闲笔还有什么奇妙的作用？

生10：这些闲笔增添了文章的生活气息，也写出了他对昆明的留恋之情。

师：说得太好了！人不能总是忙忙碌碌。偶尔，闲下来，静下来，品品人间美味，赏赏世间风景，日子才有滋有味，有情有趣。这样的日子，才让人牵肠挂肚，回味无穷。（继续板书：闲笔不闲，饱含深情；闲笔不闲，余味不绝。）

------------------------------ 设 计 意 图 ------------------------------

这个环节充分运用心理学"同化理论"展开教学。

首先，考场佳作作者读范文，其他学生总结考场佳作中所用的两种主要写作手法——"比兴"与"闲笔"。这一过程从具体、个别到概括、抽象，是"上位学习"。

然后，从考场作文中的比兴、闲笔手法，再援引课文的经典范例，不断让学生明白：在所学的课文中，这两种写作手法具体是如何使用的。这一过程是从概括、抽象的"比兴""闲笔"概念再回到具体、个别的课文例子，是"下位学习"。

通过先"上位学习"，再"下位学习"，不断为学生建立"同化学习"的新旧知识联系，让学生领悟——课文即范文，习作可以由仿到创，最终写出具有个性风采的佳作！

运用同化理论，将习作和课文相结合进行作文升格指导有以下几个好处：

1.明确好文章共同的写作图式（图式原理见课例6）。考场佳作的写作图式，往往与学过的课文相同。民俗类内容的佳作一般都具备以下写作图式（见下表）：

写作手法	时间	地点	人物	（主要）事件1	（次要）事件2	（次要）事件3	其他
以物起兴							
闲笔添趣							
正侧结合							
动静结合							
情景交融							

2.建立读写结合的积极情绪。让学生知道课内认真听精读课文的讲解，细心揣摩课文的佳点妙处，对写作有极大帮助。

3. 树立写出佳作的自信心。看到同班同学能在认真学习课文的基础上，联系生活实际，写出很好的考场作文，其他学生会产生这样的信心：写出一篇好作文，一点儿也不难。只要课上认真听讲，课下细心观察，多多积累，善于迁移，就能写出考场佳作。

三、妙法改文，小结全课

师：今天，我们将本单元作文卷，用"起兴""闲笔"的写作手法进行了故事写作升格。再次齐读这两种方法。

生：（齐读）一物起兴；闲笔添趣。

师："兴"是一事物引出另一事物，而写闲笔需要运用细节描写。闲笔有哪些作用呢？

生：（齐读）闲笔不闲，蓄势铺垫，衬托渲染，细节传神；闲笔不闲，余音绕梁、余味不绝、余情悠悠。

师：给大家5分钟时间修改考场作文，3分钟时间自己改，2分钟时间小组交换改后文，选出本组加入闲笔后修改最好的习作。大家可以先改文章的开头、结尾，加入1~3处闲笔。

（3分钟学生自改后，2分钟小组传阅，选出最佳改文。）

师：时间到，哪位同学能给大家分享一下自己改好的文章？

生：我也写了看舞狮的故事。我在开头和结尾部分，加入了关于阳光的描写。我的开头是："那段'咚隆隆，咚隆隆'的声音至今还萦绕在我的耳畔。晨光熹微，骄阳正好，镇上过春节相当热闹。阳光透过厚厚的云层，将金光洒向大地，照亮了那富有生气的舞狮。村民们跟随着舞狮，纷纷游行在街道上，每一个人的脸上都洋溢着快乐，幸福充满他们的脸颊，顷刻间，笑容开满了大街小巷。"结尾是："直至中午，太阳升到了头顶，这场游行才结束。我会永远记得那威严的舞狮，那热情的人们，那咚隆的声响。萦绕在我耳畔的，不仅仅是这段声响，更有这段关于舞狮的记忆。"

师：开头加的这处闲笔很好，谁来评评这处闲笔？

生：他这段景物描写不仅为舞狮队的出场做了场景铺垫，还表现出人们观看舞狮时快乐幸福的感受。

师：你的评点更是锦上添花。"闲笔"不仅要写好景物细节，还要写清人物内心的细微感受。谁还能给我们分享一下改后的作文？

生：我的开头是："清晨第一声鸡鸣随着旭日初升下的村子荡漾开来。每家每户都会在新年第一个日出辞旧迎新：早已褪色的对联换上了新的红衣裳；日复一日的我们也换上了新服装；沉睡的河流也踏上了新征程；春节，新一年的开始。"结尾是："新年夜晚最后一响烟花声在一片欢呼和星星闪烁的夜空中悄然散去……"

师：咱们同学真是活学活用！这位同学抓住"辞旧迎新"这个关键事件，增加了春联、新衣服等闲笔，还用了拟人的修辞，显得别有情致。看来，叙事时加入几处"闲笔"，的确能让我们的故事变得有声有色、有情有味。下节课，大家运用"以物起兴，闲笔添趣"的方法让自己的民俗故事升级！请齐读今天所学内容，掌握"闲笔"运用的具体方法。

（屏幕显示：一物起兴，闲笔添趣。闲笔不闲，蓄势铺垫，衬托渲染，细节传神；闲笔不闲，余音绕梁、余味不绝、余情悠悠。）

------------------------------ 设 计 意 图 ------------------------------

这一环节是提升学生故事写作能力的重要落实反馈阶段，也充分体现了同化理论中的三种学习：

1.学生当堂改写自己的习作，把抽象的"起兴""闲笔"写作手法运用到具体习作的改写中，是"下位学习"。

2.小组成员传看修改后的文章，将"原文"和"改后文"比较，辨别是否运用了两种写法，并选出佳作，这一过程是同化的"并列结合学习"。

3.小组最优"改后文"的2~3位学生念出自己的文章，全班同学再次体会"以物起兴""闲笔添趣"这两种方法对故事升格的妙用。通过最佳"修改文"，再次体会是否用到两种写作手法，是从具体个别的习作到抽象概念的学习，即"上位学习"。

------------ 板 书 设 计 ------------

我与_____的故事
写作手法：一物起兴　闲笔添趣

写作手法	时间	地点	人物	（主要）事件1	（次要）事件2	（次要）事件3	其他
以物起兴							
闲笔添趣							
正侧结合							
动静结合							
情景交融							

（注：用表格法呈现"我与_____的故事"的文章图式，一表三用。既是从一般民俗类文章归纳总结出的阅读图式，也是叙写民俗类习作时的写作图式，还是评价一篇民俗类习作是否达标的评价量表。）

/ 教者自述 /

闲笔，是一种高妙的叙事写作技巧，金圣叹在评点《水浒传》时首次使用了"闲笔"一词。闲笔，不仅能让文章妙趣横生，还能收到形散神聚、深化主题的奇效。文章中的闲笔，是返璞归真的生活本然，是淬炼提取的人生本色，是浑然天成的生花妙笔！正如明人洪应明在《菜根谭》中所说："文章作到极处，没有它奇，只是恰好。"

现代作家中，鲁迅使用此法极多，他的散文《从百草园到三味书屋》中拔何首乌、折腊梅、寻蝉蜕、描绣像等都是闲笔；小说《社戏》里掘蚯蚓、钓虾、放牛、偷豆等也是闲笔。

现当代作家中，汪曾祺更是运用闲笔的圣手！他在散文集《随遇而安》封底页写道：

有人问我是怎样成为一个作家的，我说这跟我从小喜欢东看看西看看有关。这些店铺、这些手艺人使我深受感动，使我闻嗅到一种辛劳、笃实、轻甜、微苦的生活气息。

在散文集《家人闲坐，灯火可亲》的封底，他写道：

我希望我的作品能有益于世道人心。我希望使人的感情得到滋润，让人觉得生活是美好的，人，是美的，有诗意的。你很辛苦，很累了，那么坐下来歇一会，喝一杯不凉不烫的清茶，——读一点我的作品。

汪曾祺散文的妙处在于大量使用闲笔。《昆明的雨》中倒悬的仙人掌、极慢的昆明火车、沿途可拾的鸡枞菌、小酒店院子里的木香花……这些散而有味、淡而有情的闲笔看似不经意，实则灌注深情，不断在读者眼中、口中、心中燃起人间烟火气。这些和主要事件不相干的闲事杂物：一声蝉鸣，一抹斜阳，一阵锣鼓声……不断让他的文字拥有生活本真的颜色，令读者沉浸其中，陶醉不已。

这节课，我以第五单元作文卷为出发点，在心理学"同化理论"的指导下，充分运用了"下位学习""上位学习""并列结合学习"等展开教学，着力打造一种疏而不漏、散而不乱、教与学良好互动的写作教学课堂。

在读考场佳作、品名家经典、改自己文章、推小组改文等环节中，同化理论的三种学习方式交错使用。学生们不仅欣赏品味了民俗故事妙点，还从分享佳作、回顾文学经典的过程中，破解了"起兴""闲笔"故事写作的密码。这不仅增强了学生对文学作品的审美体验，还提升了对美好生活的细致感受力，也让"起兴""闲笔"这两种写作手法自然地发生同化迁移，不断改写出耐人寻味、余味悠长的民俗故事佳作！

第 11 课

活用材料紧扣题

——"元认知策略"与九上"学习改写"写作教学设计 1

> 用语文的方式，
> 让学生爱上写作。
> 在写作中，
> 拥有自省的智慧、自新的成长。

/ 教学缘起 /

《中小学幼儿园教师培训课程指导标准（义务教育语文学科教学）》"写作知识与写作教学知识更新"中"理论课程专题"——"写作学习支架"内容要点中特别提到："（4）元认知支架：支持个体管理自己的思维和学习过程，引导学习者进行反思。具体形式有：范例、提示、建议、向导、图表、解释等。"

为什么需要为学生提供"元认知支架"呢？

初三第一次月考后，我在批改学生的随笔本和考场作文时，发现一个很奇怪的现象：写随笔时，学生们的文章都个性飞扬；但是写考场作文时，却出现"千人一面、千口一声"的尴尬局面。究其原因——学生不懂"元认知策略"。

考场写作没有"元认知策略"，会有这些具体表现：看到作文题后，不能很好地管理自己的思维，大脑一片空白；不能运用自己已有的习作材料，开始瞎编乱造；不会结合考题对写作材料进行反思、调整，作文偏题、跑题。所以，只有掌握"元认知策略"，才能成为考场赢家。

《教育心理学》中这样解释"元认知策略"："元认知策略是指学习者对学习过程进行计划、监控和调节的策略。元认知策略主要包括计划策略、监察策略和自我调控策略。"

写作过程中的"元认知策略"具体表现为：

1. 制订计划。在开始写作前，可将作文题作为写作目标，制订出一个具体写作计划。写作计划要结合引导语、联系已有的材料，拟出写作提纲，或理出写作思路。

2. 自我监察。当拟好提纲、选好材料后，需要对照作文考题和引导语，再检查一下材料是否符合题意、中心有无偏离题目要求。

3. 自我调控。动笔写作时，需要不断依据题目要求、所拟提纲，提醒自己不要漏写关键信息，语言表达要贴合题目，思路尽量清晰，使用写作材料时注意围绕中心、详略得当，不出现偏题、跑题等低级错误。

运用心理学"元认知策略"，结合第一次月考学生作文出现的问题，以及部编版教材九上第六单元写作"学习改写"，我将本次写作指导内容确定为"活用材料紧扣题"，指导学生通过增、删、调、换等改写方法，将平时随笔中的好材料变为考场作文的优选素材。

/ 教学现场 /

一、导入：由学生随笔引出课题"活用材料紧扣题"

师：这学期，我们已经进行了三次中考作文训练。依据深圳中考作文命题趋势，老师精选了每次的作文题目。第三次当堂作文训练有两个选题。

（屏幕显示如下内容。）

选题一：请以"你触动了我的心灵"为题，写一篇600字以上的文章。

选题二：紧张的学习中，有自己的一份兴趣和爱好，生活会更美好；寻常生活中，有温馨和谐的人际关系，生活会更美好；人生旅途中，有一份明朗的心情，生活会更美好……请以"_____，让生活更美好"为题，补足题目，写一篇600字以上的文章。

师：每次写作前，总有些同学不能很快动笔，谁来说说原因？

生：看到作文题目后，觉得没材料可写。

师：大家真的没有材料可写吗？昨天批改同学们的随笔集，里面的内容既丰富又有个性。随笔集，是同学们的个人作品集，记载着大家初中三年的成长足迹。在随笔集里，有精心拟定的个性化名字，还有序言、目录。我们一起念这位同学在随笔集里写的一段话。（屏幕显示）

生：（齐读）"日子是零零散散的，也是具体的，就像手中的硬币，总是在不经意的时候随手花掉，而人们也是在这样的不知不觉中花掉了自己一生的岁月……"

师：这是谁的名言？请举起你幸福的手！我们有没有自己时光的"存钱罐"？

（老师举了举手中这位同学的个人作品集。）

生：（齐答）有，我们的随笔本！

师：对呀，昨天，老师认真地翻看了每个人的随笔集，发现有一个同学从七年级下"个人作品集"活动开始，到今天一直没有换本子，她就是小楠！请念念你"个人作品集"的序言！

（小楠自信地走向讲台，柔和而舒缓地读着。）

我的个人作品集——《向阳光致敬》，序言"给自己的话"：这个本子虽然不那么耀眼、不好看，也没有特别的地方，可是，对于我来说，有着特殊的意义，这是生日礼物，犹豫了很久，打算用了。为了纪念初中三年的生活，应该很有趣吧。也许，等我以后老了，头发都白了，牙齿也掉光了，也许什么都没有了。可是呢，这个本子还能让我回忆呢。要知道，平凡中也有闪光的日子。

那么，噔噔噔，这个本子，你的使命就是：1. 好好记录每一天的我；2. 不可以弄丢，好好保存；3. 新的一天，努力吧！不管晴天、阴天、雨天，开心就是晴朗的一天；不管昨天、今天、明天，能豁然开朗就是美好的一天！

（同学们都全神贯注地听着。自己记录下的文字是最有生命力的，每个人都该好好珍惜。）

师：是的，正像王蒙在《青春万岁》中说的，"所有的日子，所有的日子都来吧，让我编织你们，用青春的金线，和幸福的璎珞，编织你们"。我们齐读作家王蒙在《青春万岁》中的这首序诗。

（生齐读。）

所有的日子，所有的日子都来吧，
让我编织你们，用青春的金线，
和幸福的璎珞，编织你们。
有那小船上的歌笑，月下校园的欢舞，
细雨蒙蒙里踏青，初雪的早晨行军，
还有热烈的争论，跃动的、温暖的心……
是转眼过去了的日子，也是充满遐想的日子，
纷纷的心愿迷离，像春天的雨，
我们有时间，有力量，有燃烧的信念，
我们渴望生活，渴望在天上飞。
是单纯的日子，也是多变的日子，
浩大的世界，样样叫我们好惊奇，
从来都兴高采烈，从来不淡漠，
眼泪，欢笑，深思，全是第一次。
所有的日子都去吧，都去吧，
在生活中我快乐地向前，
多沉重的担子我不会发软，
多严峻的战斗我不会丢脸；

有一天，擦完了枪，擦完了机器，擦完了汗，

我想念你们，招呼你们，

并且怀着骄傲，注视你们。

师：每个平凡而闪光的日子，就在我们的"个人作品集"中呀。有的同学换了新本子，看看小欣同学在她新的"个人作品集"中说了什么。

（小欣自信地走上讲台，朗读她随笔本上送给自己的序言。）

自从在初一的时候创立了随笔本"零星繁忆"之后，也看到了不少同学精致美观的随笔本，心里惊艳不已，所以我在第一眼看到"非主流空间站"这个漂亮本子之后，便立马买下了它，一直期待着用它来当第二个随笔本。

最近，我们上了一节作文课，我的笔友在她的作文本里严厉地批判了非主流的病态，我傻眼了，心里不禁动摇了起来——是呀！那个本子上确实有很多图片，但也有很多关于"风花雪月"的字眼，拿它来当我的随笔本不适合吧？

昨天，我的第一本随笔本用到了尽头，而老师恰恰上了一堂"随笔评价课"。这对我触动颇深，也让我彻底放弃了"非主流空间站"的那个本子。本子上原有的图片再多再美，也不及自己创造出的美吧？太多"风花雪月"的图片更不如自己创造出的干净朴素的文字更具影响力吧？自己全力以赴创造的回忆，更令人喜爱和怀念吧？

所以，我便放弃了"非主流"，拿它跟妹妹换了这本用黑皮革包裹的、干净朴素的厚本子。

正如陈老师说的，用坚持和自我创意绘制出更美的画面、写出更具影响力的文字吧！

我也会一直坚持下去的。用坚持不懈的书写、绘制，打造出属于自己的美好记忆。

师：看看吧，我们的"个人作品集"中有多少感人的故事和动人的情感，怎会没有材料呢？今天，我们要用好自己的"存钱罐"，本堂课的学习内容是——活用材料紧扣题。

---------- 设 计 意 图 ----------

文字是打开记忆的闸门。记录下来了，不管多久再打开翻看，总让人心潮澎湃。从发动学生们写随笔，到突发奇想地让学生把随笔集加上"名称""序言""目录"，变成自己的"作品集"，一切都在自然而然地发生。这些不经意的奇思妙想，每每回首，总让人满心欢喜。

把学生随笔中的一段话作为"名言"，能极大激发学生的成就动机，既能让写"名言"的学生感受到同伴认可的附属内驱力，也能让其他学生认识到随笔写作时乐于观察、享受记录过程本身就是驱使自己写好作文的内在动力。

二、比较阅读两则作文

（用于比较阅读的是小然同学在第三次当堂作文训练的满分作文《自信，让生活更美好》和第一次月考中她的考场高分作文《被自己感动》。）

师：请小然上台朗读《被自己感动》这篇文章。其他同学看下发的《自信，让生活更美好》这篇文章，对比一下这两篇文章的相同点和不同点，并将有变动的部分用笔友互批时的修改符号标记出来。

（小然坦然大方、清晰响亮地读着自己的文章。）

人生，是一个大舞台，在这个炫丽的大舞台上，每个人都有各自的舞步。生命中的点点滴滴总是那么值得回味。

微风吹拂，树上忽悠悠飘下一片叶子，让我的心绽开波澜，微小的事物总是令人感动。

从前的我，没有任何玩具，不是因为买不起，只是因为不喜欢。从前的我，没有自信，不是因为不会自信，而是因为不能自信。从前的我，没有玩伴，不是因为喜欢一个人，而是因为身边没有人……

从前的我，喜欢一个人在充满阳光的午后发呆，喜欢仰望蓝天，看着空中丝丝白云。从前的我，喜欢在窗前感受微风，倾听风的倾诉。从前的我是那么孤独、没有自信，甚至还拌着点自卑的作料。

有一天，我来到深圳的一所小学上学。班主任温柔的微笑让我觉得特别温暖。她轻轻地把我带进教室。当时，我没有校服，穿着橙色上衣、黑色长裤，显得那么特殊。迎着全班同学的目光，我战战兢兢地作了自我介绍。到了这学期期末，我的语文竟考了全班第一，我还荣幸地在入学第二学期就当上了语文课代表。那天，我带着新上任的喜悦上学，突然意识到一个大问题——"带早读"。心在胸腔里怦怦直跳，我独自在讲台上喘了半天气，才颤抖地说出了第一句话——"请大家拿出语文书"。但这句话包含了太多，从此，我变得快乐自信，也收获了同学们的友情和老师们的信任。

现在，我依旧喜欢仰望蓝天。只不过，身边总有同学和我一起谈论空中的白云、飞鸟。我依旧喜欢听风，只不过，微风拂面时，耳旁总是捎来朋友们亲切的问候。

有一天，在湖边，望着自己的倒影。忽地，一只蜻蜓点动湖面，惊起阵阵涟漪。就在这时，我被自己深深感动了，为这个全新的自信而快乐的女孩所感动！

生命反复无常，微小的事物总是令人感动。当某一天，我们被自己感动时，就会开始一场新的旅程，那是生命的另一个起点！

师：谁发现了这两篇文章的相同点？

生：这两篇文章写作的内容大致相同，都写了自己小学时转学到深圳，从一个自卑的女孩成长为一个自信的女孩，当上了语文科代表，并收获了友谊。

师：概括得很好，表达也流畅。谁能找找这两篇文章的不同点？先对比一下文章的开头和结尾。

生：结尾分别扣应了两次作文的题目。《自信，让生活更美好》的结尾是"那一天，微风习习，阳光明媚可爱，在湖中倒影里，我发现了一个全新的自信而快乐的自己！"这和《被自己感动》的结尾很像。

师：对呀！小然巧妙运用了扣应"题目关键词"的方式，让同一则材料适应了不同的作文题目。我们曾经讲过如何扣题，大家回忆一下扣题有几种形式？最常见也是最起码的，要在文章哪几个部分扣题？

生：结尾。小然的这两篇文章用的就是这种方法。

师：正确。七年级时我们学过朱自清的《春》，它用到的也是结尾扣题法。还记得《春》的结尾吗？大家和我一起背。

师生：（齐背）"春天像刚落地的娃娃，从头到脚都是新的，他生长着。春天像小姑娘，花枝招展的，笑着，走着。春天像健壮的青年，有铁一般的胳膊和腰脚，他领着我们上前去！"

师：这个结尾运用了什么方法扣题？"像什么"是一种什么修辞？

生：（恍然大悟）比喻，还有排比、拟人。

师：对了。扣题时可以使用多种修辞，这样文章结尾会显得更加精彩、有余味。还有一种扣题方式也很常见，开头部分要——

生：（齐答）点题，结尾要扣题。

师：开头点题叫开门见山，结尾扣题叫一锤定音。我们也有学过的例子，还记得朱自清的《背影》吗？请大家齐读一下它的开头和结尾。（屏幕显示）

生：（齐读）"我与父亲不相见已二年余了，我最不能忘记的是他的背影。""我读到此处，在晶莹的泪光中，又看见那肥胖的、青布棉袍黑布马褂的背影。唉！我不知何时再能与他相见！"

师：《背影》首尾段扣应题目是不同的，谁来说说？

生：开头直接点题，简洁地写出自己与父亲分别的时间，还有对父亲背影的难忘之情。结尾则用细节描写扣应题目，重现父亲车站送行时的背影，写出自己对父亲的想念。

师：很好，结尾扣题既要干脆利落，最好还能有余味。还有一种扣题难度更高，请大家齐读《白杨礼赞》的多次扣题。（屏幕显示）

（生齐读。）

"白杨树实在是不平凡的，我赞美白杨树！"

"那就是白杨树，西北极普通的一种树，然而实在是不平凡的一种树。"

"这就是白杨树，西北极普通的一种树，然而决不是平凡的树！"

"白杨不是平凡的树。"

"我要高声赞美白杨树！"

师：运用多次扣题要谨慎，因为会有重复之嫌。多次扣题，需要更艺术地通过加减词语、调换语序等方式扣题。扣题方法还有哪些呢？很多同学都会用这样的开头或结尾"不经历风雨，怎能见彩虹"，这是用了什么方法呢？

生：引用歌词，还可以引用名言。

师：引用诗词、警句也是不错的扣题方式。考场中，活用随笔中已有的素材，除了需要运用开头点题、结尾扣题之外，还应该如何活用呢？我们看看小然还改写了《自信，让生活更美好》的哪些内容，让这则材料更切合《被自己感动》这个题目。

生：她在细节方面置换了词语，在前一篇说自己"喘了大半天气"，这篇却写"在讲台边，深呼吸了几次"。

师：很好。你说到用"换词法活用材料"，这两篇文章有没有增加的部分，或者删去的部分？

生：增加了"班主任温柔的微笑让我觉得特别温暖"，删去了"但这句话包含了太多，从此，我变得快乐自信，也收获了同学们的友情和老师们的信任"。

师：可见，在考场作文中，我们可以对已有的材料进行改写，改写包括这样几个方面，请大家齐读。

（屏幕显示，生齐读。）

活用材料紧扣题的具体方式是：1.增加和中心有关的部分；2.删去和中心没有关联的部分；3.适当调整语序、段落的先后；4.更换相应的词句等。

师：这样，如何在考场中活用材料我们就有了一个基本的思路：首先，考前要先看看以前曾经写过的材料，比如"个人作品集"和当堂作文训练的内容，将有价值的材料进行筛选，选出自己平时比较得意的几个生活素材。其次，看到考试作文题目后，一定要有意识地将考试作文题目与自己手中已有的材料相联系，找到它们的关联点。再次，用增、删、调、换的方法对已有的材料进行改写。最后，写作时一定要注意扣题，至少要在文章的结尾处扣应一次题目中的关键词。最好能开头巧妙地点题，中间顺势呼应一次题目。这样，我们的随笔"存钱罐"才能真正发挥它积累素材的功效。大家再把"活用材料的步骤"齐读一遍。

（生齐读。）

1. 认真对待每次随笔、当堂作文，考前翻看，收集最生活化、个性化的材料。2. 审清题意，从自己的"存钱罐"——随笔集中选择切合题意的材料。3. 对材料进行增、删、改、换，注意使用恰当的语言表达形式和扣题方法。

------- **设 计 意 图** -------

将学生的"个人作品集"比作"存钱罐"，是从学生"作品集"中的一段话获得的创意。叶圣陶先生在《怎样写作》一书中也有类似的话："国文科写作教学的目的，在养成学生两种习惯：（一）有所记叙，须尽量用文字发表；（二）每逢用文字发表，须尽力在技术上用工夫……学生所写的必须是他们所积蓄的。只要真是他们所积蓄，从胸中拿出来的，虽与他人所作大同小异或不谋而合的，一样可取……写作所以同衣食一样，成为生活上不可缺少的一个项目，原在表白内心，与他人相感通……训练学生写作必须注重于倾吐他们的积蓄，无非要他们生活上终身受用的意思。这便是'修辞立诚'的基础。"

在三年写作教学中，我遵从古人教学作文"先放后收"的训练体系，以及"修辞立诚"的作文根本，以"个人作品集"作为考场作文的"存钱罐"，让学生记录、积累真实可信、真情涌动的个人写作素材。

初一、初二时，让学生多写"放胆文"，即随笔，每周一篇。随笔可以是观察偶得、生活琐事、亲朋师友、校园生活、外出观光、团队活动等。这样每周一记，让学生把随笔集变成"个人作品集"，更有一份成长记录的慎重和责任感。在林林总总的记录中，学生倾吐心中真情，更于有意无意间学会捕捉生活，学会观察积累，学会记录表达，学会反思提升，大大助力学生作为生命体的成长。

初三时，指导学生写"小心文"。"小心文"需依题而作，要讲究布局谋篇、行文章法。

这个环节，比较阅读一位学生在当堂作文训练中的满分作文《自信，让生活更美好》，与她第一次月考中高分作文《被自己感动》所用材料的异同，在此基础上，归纳出"活用材料紧扣题"的具体步骤和改写方法。

三、打开"存钱罐"，改写一篇随笔

（根据两个作文题，将学生随笔中的习作，当堂改写成一篇符合题意的文章。）

师：这是小儒在随笔集里的一篇文章（《因为有你》），这篇文章的材料既可以写《你触动了我的心灵》，也可以写《_____，让生活更美好》，关键在于如何改写和扣题。给大家5分钟时间，1—4小组同学用《你触动了我的心灵》这个题目改写这则材料，5—8组的同学用《_____，让生活更美好》来改写。

因为有你

荔香学校 初三（8）班 小儒

因为有你，岑参才写出了"峰回路转不见君，雪上空留马行处"；因为有你，李白才有"桃花潭水深千尺，不及汪伦送我情"；因为有你，我的中学阶段奏响着一曲曲动人的乐章！

教室内

第一次看见你，是初一。那时你在大笑，嘴巴张开，呈"O"字形，像要吞没整个世界，嘴里露出一排参差不齐的牙齿，像一群调皮的小孩排的队。牙齿还像旧报纸似的，微微泛黄。那时我想：要是我的牙齿长成那样，一定不敢像她一样笑得如此张扬，好自信的女孩！

初二，我们鬼使神差地成了同桌，我才开始了解你。课上，我喜欢静静地听课，而你却像麻雀一样活跃，跟着老师思维，不断地回答问题。好几次，在同学们苦思冥想时，我旁边便突然蹦出一句响亮的回答，把所有人吓得目瞪口呆。尽管你的回答时不时会出错，你却从不退缩。也许是受你的影响吧，我也放下面子，大胆地回答问题。你的大大咧咧、张扬与快乐，触动着我，也教会我——活出自己的精彩。

教室外

后来，你多了一个外号——"大嘴"。尽管同学们这样称呼你，你依然笑得露出牙齿。于是，我也跟着你，为了一个冷笑话，笑得浑身发颤，时而抱成一团儿，时而弯下腰、蜷着身子，笑得抽筋一样。"咦，大嘴，你戴牙套啦？"我发现新大陆一样问你。"对呀。"说完你便抛来一个自信的笑容，口中的牙套闪闪发光，那是自信的光芒。

操场上

体育课上的单脚跳练习，我们喜欢牵着手跳。你紧紧牵着我的手，"预备——起！"我们一起在青青的草坪上蹦来跳去，为完成任务而大笑欢呼。霎时，我心中为之一动，望着绿得醉人的青草，心想：是啊，青春不就该像这样无忧无虑吗？我的手紧紧地被你牵着，一刻也不想松开。

你的快乐总是感染着我，触动着我原本封闭的心。

"嘿，大嘴，你拆牙套了？"你笑了，又露出一排整齐的牙齿，给我一个纯真的大笑。

谢谢你，大嘴。因为有你——我的朋友，我才找到了自信，找到了快乐，也找到了自己。

（学生们分小组，热烈地讨论如何修改。5分钟后，全班集体交流。）

生：首先我把她这篇文章的几个小标题改了，原来的题目是"教室内、教室外、操场上"，我把这几个小标题分别换成"自信的你、快乐的你、无忧的你"。然后，把她的结尾也改了，换成："岁月在我们头顶层层加叠，阳光在我们伸出的却又脆弱的指尖绽放，我们年轻的脸像花儿一样开出最美的笑容。你的自信和笑容触动了我的心灵，也让我找到了自己。"

师：这位同学用换小标题、使用拟人等修改方法，把这篇文章改成了切合《你触动了我的心灵》这个题目的文章。小儒，你觉得她改动得好吗？你自己是如何改写的？

生：（小儒）她改得挺精彩的。我们组用的题目是《你，让生活更美好》。我把文章的开头改为："那时的我，拥有比天上星星还多的烦恼，总喜望着天边唯一一朵乌云发呆，而你走进了我的世界里，轻轻打开我的心扉，奏出美好的乐曲。"结尾我改为："感谢你，是你自信的笑容让我感受到生活的美好，也让我每个平凡的日子都变得闪闪发光！"

师：小儒同学通过前后对比的写作手法和拟人修辞，并置换相应词句，也对文章进行了精彩改写。这两位同学的改写，还有小然同学的高分作文，给了我们一个重要的启示——考场作文可以活用随笔集里的材料。希望大家以这节课为新起点，认真对待每次随笔，在考场中灵活运用自己随笔集中的素材，让自己的考场作文也变得闪亮动人！

（作业：用好自己的"零钱"。以《你触动了我的心灵》或《＿＿＿＿＿＿，让生活更美好》任一题目为题，改写随笔集里的一则随笔。）

-- 设 计 意 图 --

这一环节，我选取学生随笔中一篇有代表性的习作，现场出示两个作文题目，全班分两个大组，将一篇随笔分别改成不同题目的两篇作文，以此引导学生掌握写作中的"元认知策略"。改写随笔的"元认知策略"具体表现为：

1. 定标规划。拿到当堂作文题或考场作文题时，要及时在头脑中检索定标。看看自己已写过的材料中，有没有材料能与这个作文题匹配。依据题目确定可用写作材料，并初步确定文章中心，理清写作思路。

2. 监察调整。找到可用作文素材后，不断就以下几个方面进行监察和调整：（1）已有作文素材和考场作文题目的相关点在哪儿，哪些部分需要详写或扩写；（2）与题目无关部分是什么，是否需要删去或者调整材料出现的顺序以适应新的作文题目要求；（3）需要补充哪些与题目相关的内容等。

3. 调控修正。下笔写作时，结合文题有意识地取舍材料、扣题写作，不断进行审查、反思、修改、加工。体现在：（1）开头需点明"题目关键词"；（2）中间，需适当地扣应"题目关键词"，将和"题目关键词"联系紧密的部分多写、详写、生动细致地写；

（3）最重要的是——文章结尾一定要扣应"题目关键词"。

4. 说明改写理由。学生陈述改写理由，再次运用"元认知策略"调控、反思、监测所改文章。

------------------------------ 板 书 设 计 ------------------------------

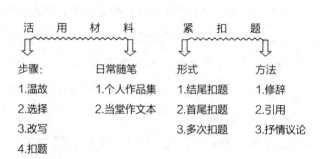

/ 教者自述 /

时光随着屏幕闪现的文字游走，不经意间，我研究写作教学已经十多年。

2004年3月，我第一次尝试写作教学指导课。校级公开课《一切从观察开始》，获得了荔香学校语文组老师们的一致好评。带着这份激励，2007年起至今，我主持研发了"趣味活动作文""三位一体作文教学""写作材料资源开发"等一系列写作教学课题。《三位一体作文教学研究报告》《写作材料资源开发策略研究》《设置悬念，引人入胜》等教研论文和课例，相继发表在《语文教学与研究》《中学语文教学参考》等杂志上。

近几年，结合心理学原理的"元认知策略"，我又研发出更具引领性的创新写作教学设计。这节写作课，从教学设计到批完学生周末上交的随笔，用时3天，也用了3年（学生从初一开始写作"个人作品集"）。这节课力求帮助学生形成在写作过程中的以下"元认知策略"。

1. 以成长为目标，写作记录。写作源于生活，高于生活。中学生写作的首要目标是记录生命的成长历程。教师要教会学生在写作中记录成长点滴，进而走向写作的自觉、自信!

2. 平时用心写，考时用心改。写随笔时，要仔细观察、用心记录。看到考场作文题时，要有意识地将自己写过的好素材与考场作文题进行对接，根据考题作出相应调整。这样，平时的写作训练与关键时刻的考场作文就能形成共振，共谱成长华章!

3. 在写作中自省，蜕变升华。写作能提升人的精神品质和生命境界。写作是生活的一部分，又是生命的一部分，它在记录生活的五颜六色时，也让生命焕发出五光十色的光芒。每一次记录，都是一份历练；每一次修改，都是一回打磨；每一次回眸，都是一场蜕变!

"元认知策略"能帮助我们制定目标、自我检测、自我纠正、自我成长。教师掌握"元认知策略"，能在课堂中与学生一起发问反思、合作讨论、和谐互动，形成教学相长、提升境界的成长型课堂。学生掌握"元认知策略"，面对任何作文题目，都做到心明眼亮，迅速检索，顺利对接，下笔生花，会拥有蓬勃昂扬的自我更新能力!

相信，这节匠心打造的写作指导课，会随时光不朽，常教常新；也能帮助一届又一届的学生们在写作中记录成长，增长智慧，收获生命进阶的丰盈与幸福!

第 12 课

豹尾简洁文增力

—— "概念获得理论"与九上"学习改写"写作教学设计 2

一堂教学相长的写作课,
如一桌精心烹制的家宴。
素材精选,炒制精准,装盘精致,创意精彩……
令人大快朵颐,又回味悠长……

/ **教学缘起** /

不经意间,九年级第四次当堂作文训练拉开帷幕,作文题目如下:

1. 生活中,你是否迷恋过网络游戏,你是否清早到学校抄过作业,你是否因小事和家人争吵过,你是否会不理解父母和老师的唠叨,你是否因为年少而做过很多没有认真考虑的事?随着年龄增长,你会渐渐明白许多事情。请以"醒悟"为题,写一篇不少于 600 字,不超过 900 字的文章。除诗歌外,文体不限。

2. 请以"不一样的爱"为题,写一篇作文。

班里不少同学选择写《不一样的爱》。小儒在《不一样的爱》中写了探望已逝的外公。外公曾说:"我很喜欢门外的田野,里面有我种的菜。虽然我就要向这美好的一切告别了，但我依然珍惜剩下的日子。我可以看到你们，我毫无遗憾。知道吗？生命就像那片田野，宽阔而翠绿。"她这次回家乡是给外公扫墓。文章的结尾写道："亲爱的外公，我会勇敢面对生命，也会珍爱所有身边的人。"她的作文得了42分。

小婷同学也写了清明扫墓。她随家人一起回乡祭祖去拜山，挑担登山很辛苦，大家在祖坟前燃放爆竹，与奶奶分别时依依不舍……材料虽好，结尾却没有很好地扣应作文题目。她的作文仅得34分。

看来，同一题材写作同一作文题目，结尾是否为"豹尾"对文章写作的成败影响巨大。

如何获得并形成"豹尾"这一概念呢？

需要用到学习心理学中的"概念获得理论"和语言教学中的"语用"规律。

什么是"概念获得"？《学习论》中这样解释："布鲁纳认为，人们是通过把刺激输入与某一类别来加工它们的。一个类别，实际上也就是一个概念，概念是思维过程的核心。在布鲁纳看来，帮助学生有效地习得概念，是学校教育的基本目的之一……概念形成是指学生知道某些东西属于这一类别，其他东西不属于这一类别；概念获得则是指学生能够发现可用来区别某一类别的事物与非同一类别的事物的各种属性。"

也就是说，想要作文有豹尾，首先要知道"豹尾"这个概念，了解它有哪些不同于其他概念的属性，之后，才能在作文结尾写出"豹尾"。让我们一起寻美"豹尾"……

/ 教学现场 /

一、导入

师：这次当堂作文有一个比较明显的问题。我们通过三个病文结尾来发现这个问题。（屏幕显示）

结尾1：母亲的爱是水包围我，而父亲却像山，高不可攀，但爱却只归于一句话，"只要你过得比我好！"

生：结尾没扣题，虽然说了"母亲的爱"，但是没有体现"不一样的爱"。

师：对呀，你的感觉和老师的感受是一样的。我们再看看下一个结尾有什么问题。（屏幕显示）

结尾2：我想这就是不一样的爱。

生：这个结尾太仓促了。应该是时间不够，赶紧结个尾。

师：正确，这个结尾当然比没结尾的文章好，但实在草率，没有余味。我们再看看第三个结尾有什么新的问题。（屏幕显示）

结尾3：直到初三，我才明白：每个父母教育孩子的方法都不一样，或许，这就是我父母给予我的不一样的爱。正所谓，千锤万锤锤好铁，百炼千炼出真品。不一样的爱，才能培养出不一样的人才。

生：这个结尾显得太空洞了，和前面的文章对应起来很别扭。

师：这三种结尾要么没扣题，要么是鼠尾，要么太空洞。这次作文结尾的问题还真不少。古人喜欢将一篇文章好的开头叫"凤头"，好的中间叫"猪肚"，好的结尾叫"豹尾"。豹子的尾巴有什么特点呢？

生：尾巴的弧度很美，有平衡豹子身体的作用。在和对手打斗的时候，还是袭击对方的武器。（大家听了都笑）

师：你真是生物小专家。豹子的尾巴不仅有力，还有美感。文章结尾怎样才能达到"豹尾"既有力又有美感的效果呢？我们今天一起学习。

-------------------- 设 计 意 图 --------------------

语文课程标准7—9年级写作要求第7条明确写道："根据表达的需要，借助语感和语文常识，修改自己的作文，做到文从字顺。能与他人交流写作心得，互相评改作文，以分享感受，沟通见解。"

基于此,每届初一新生入学后,我都会在日常写作教学中指导学生开展笔友互批活动,规则如下:

1. 每学期开始以自愿为原则,自由组合,自选笔友。选定以后,一般一学期固定一个笔友。在作文本封面自己姓名下,写上笔友姓名(以便老师评定笔友互批等级)。

2. 细读笔友文章,用红笔进行批改。写批语时文明友善,态度真诚,互促互进,共同提高。

3. "批改"包括"批"和"改"两方面。"批"是批语,指出原文词、句、段、篇及标点符号、标题、格式等方面的好坏、优劣,可以用"眉批""旁批""夹批"等形式呈现。"改"是把原文中的错字和病句修改过来。

4. 批语写在作文本右边批语栏处,眉批、旁批、夹批需要三处以上。文章结尾需写100字以上的总评。

5. 书写工整,禁止在笔友作文本上乱涂乱画。

6. 批改后,利用课间,对笔友进行口头评说,共同商讨改进提升作文的方法。

有了"笔友互批活动",写作课上进行个人修改、小组互改、推选最佳修改稿等都变得有法可依、有章可循。这也是"学习改写"系列作文指导课的实施前提。

这个环节,引用月考三个问题卷的结尾,让学生辨析明确"不好的结尾"是怎样的,由此引出本课学习核心概念——豹尾。

二、探寻什么是"豹尾",学习"豹尾"写法

(一)比较阅读,看看这两篇文章有什么异同

师:这次当堂作文也有好的"豹尾"。请这两位同学读读他们的作文,其他同学请对比这两篇文章的相同点和不同点。

(生小儒读。)

"黑黑的天空低垂,亮亮的繁星相随,虫儿飞,虫儿飞,你在思念谁……"当耳边响起这首歌的旋律时,泪水早已模糊了双眼。

每年暑假,我总会回家乡。那时候,爷爷、奶奶的头发还没有完全被白发

覆盖，眼皮下垂得也没那么厉害，皱纹和老人斑还没有布满脸颊。在我的印象中，爷爷奶奶都是慈祥、温和的人，他们最疼爱我和哥哥，从来没有大声骂过我们，更不会对我们发脾气。

那时，我们总和爷爷奶奶坐在家乡大门的台阶上，奶奶拿着大蒲扇为我扇凉，并轻轻哼着上世纪八十年代的儿歌。奶奶并不会讲普通话，唱不出，只是轻轻地哼着八十年代儿歌的曲调。那首歌的曲调和"虫儿飞"曲调听起来有相同的感觉。记得那时已经得了胃癌的爷爷看着屋旁的田野，对我们说："我喜欢门外的田野，里面有我种的菜。虽然我就要向这美好的一切告别了，但我依然珍惜剩下的日子。我可以看到你们，我毫无遗憾。知道吗？生命就像那片田野，宽阔而翠绿。"偶尔，一阵微风将门前开的火红的石榴花吹落在地，奶奶俯下身将花捡起。我问奶奶："奶奶，花朵能永远都那么美丽吗？"奶奶回答道："是花，总会枯萎，它开花是为了结果。"我懵懵懂懂地笑了笑。

转眼间，我已经长大，奶奶却老了，爷爷也于三年前去世了。奶奶想待在曾经属于她和爷爷一起住的房子里，大多数的时间奶奶都在家乡的房子里度过。

今年春天，爸爸妈妈带着我回乡为爷爷扫墓。回乡路上，车窗外下起小雨，窗外的一些树木、一些楼房都在后退。如果时间能够后退就好了，但我知道这是不可能的。

到了老屋，看着依旧青葱的田野，我不禁泪流满面，向着爷爷常坐的地方默默念着："亲爱的爷爷，我会勇敢对待生命，我会珍爱所有身边的人。谢谢您曾经给予我的不一样的爱。"

（生小婷读。）

在我心中，奶奶是那么慈祥，那么疼爱我。这次清明返乡是为了回乡祭祖。

记得小时候回老家，都是奶奶照顾我。每次看到小鸡，我就特别开心，喜欢追着它们跑。一次，我抓到一只小鸡，把它抱了起来。谁知一只母鸡冲过来猛啄我的手，我痛得哭了。奶奶走了过来，擦干了我的眼泪对我说："要坚强！不管遇到什么事都要坚强面对！"这句话我一直都深深记着。

每当我遇到什么困难，我都会想起奶奶对我说的话。奶奶很疼我，睡觉时，她就讲故事给我听，直到我睡着。她还常常唱歌给我听，买布娃娃给我。就是吃橘子，也要把那层薄薄的膜也撕下来，再给我吃。奶奶一边剥着橘子，一边和我说起她的童年。她的童年是多么不快乐呀！她六七岁时，母亲就去世了。她生我姑姑的时候，为了躲避日本人跑到山上，不管草丛里有多少刺，也必须躲进去。奶奶年轻时的经历是那么悲惨，听了奶奶的故事，我总是心如刀割，万般难受。我也知道奶奶是多么坚强。爷爷很早就去世了，但奶奶再怎么坚强也会有软弱的时候呀！

老屋的厨房里，奶奶在不停地忙活着，准备着各样祭品：整鸡、烧鹅、粉果、肉丸、果盘……老家的祖坟都建在山上，爸爸和叔叔挑着装满祭品的担子上了山，我们这些孩子也要拿着其他的用品，一路上，大家满头大汗。

半小时后，终于到了祖坟。大家在祖坟前燃起爆竹，鞭炮声在山间炸响着，这时，弟弟大叫一声，原来他为了躲鞭炮，竟踩到一坨牛粪……

两天的假期很快过去了，临别时，奶奶拿着大包小包的家乡特产往我们的车里塞：有粉粿，有鱿鱼干，有卤鹅……看着已是满头白发的奶奶，我想：奶奶，下次回乡，我一定会多陪陪您，陪您好好聊聊天，帮您按按腿、捶捶背。因为您的孙女想让您知道——苦的日子已经过去，快乐的日子将要来到。从前是您照顾您的孙女，现在轮到我来照顾您了。我会让您开心，也会陪您走完剩下的日子……

师：这两位同学的作文有哪些相同点呢？

生：题材大致相同，都写了自己的爷爷奶奶，也都有清明节返乡扫墓的事。

师：有什么不同之处吗？

生：小儒同学的作文结尾很好，按指定题目要求写作，还巧妙扣应了题目"不一样的爱"。小婷的文章不错，但结尾没有扣题，有偏题的感觉，所以只有34分。

师：分析得很好。两篇文章题材相同，内容、语言也各有特色，但最终却有8分的差距，这8分差在结尾。这节课，我们通过学过的文学经典一起寻找"豹尾"的写作密码。

------------------------------------ 设 计 意 图 ------------------------------------

中考作文指导中，语文教师应秉持的一个理念是：从学生习作中的问题出发，给大多数学生提供能接受、能理解、可借鉴模仿、可持续创新的写作指导。

我用第四次当堂作文训练中两篇学生习作，引导学生关注两篇文章在"选材"与"结尾"方面的异同，提出核心概念——"豹尾"。

（二）回顾文学经典中的"豹尾"

师：看看这段文字是哪篇小说的结尾？

（屏幕显示：我们回来的时候改乘圣马洛船，以免再遇见他。）

生：这是《我的叔叔于勒》的结尾。

师：这个结尾有什么特点呢？可以从字数、句数、和前文的关系、采用的修辞或写作手法等角度进行分析。

生：这个结尾只有 1 句话，19 字（不计标点，下同），交代了这篇文章的故事结局。

师：这种结尾就叫"自然收束式"。（屏幕显示第一种结尾的语用信息）

经典中的结尾	字数（个）	句数（句）	修辞手法	写作手法	与文章内容的关系
《我的叔叔于勒》	19 字	1 句话			自然收束

师：我们再来看看这段话是哪篇文章的结尾。请只看这段话最后独立成段的两句话。（屏幕显示）

我把小学毕业文凭，放到书桌的抽屉里，再出来，老高已经替我雇好了到医院的车子。走过院子，看到那垂落的夹竹桃，我默念着：

爸爸的花儿落了。

我已不再是小孩子。

生：这个结尾只有2句话，15个字。"爸爸的花儿落了"采用一语双关的写法，含蓄地写出爸爸去世，和前文爸爸喜欢养花相呼应。

师：不仅如此，这篇文章还采用了一种特殊的写作手法，还记得吗？

生：用花比喻人。

师：对了，借花喻人，也叫什么写作手法？

生：象征。

师：很好，象征法扣题能让结尾有什么表达效果呢？

生：喻义深刻，感觉文章表达很含蓄，读完还有意犹未尽的感觉。

师：你注意到了没有，作者林海音为什么把"爸爸的花儿落了""我已不再是小孩子"这两句话变成一句一段呢？有什么特别的含义？

生：这两句话一句一段，让人感觉更醒目。是为了突出强调吧？

师：你的语感很好。一句一段，是有突出强调的作用。再用上象征手法，就成为一个超级豹尾，能带给人"余味不绝、余音绕梁"的美好感受。（屏幕显示第二种结尾的语用信息）

经典中的结尾	字数（个）	句数（句）	修辞手法	写作手法	与文章内容的关系
《我的叔叔于勒》	19字	1句话			自然收束
《爸爸的花儿落了》	15字	2句话	比喻（单句）	象征（全文）	含蓄写父亲去世

师：我们一起看看第三个文学经典的结尾有什么特点。先来一起读一遍。（屏幕显示）

近几年来，父亲和我都是东奔西走，家中光景是一日不如一日。他少年出外谋生，独立支持，做了许多大事。哪知老境却如此颓唐！他触目伤怀，自然情不能自已。情郁于中，自然要发之于外；家庭琐屑便往往触他之怒。他待我渐渐不同往日。但最近两年的不见，他终于忘却我的不好，只是惦记着我，惦记着我的儿子。我北来后，他写了一信给我，信中说道："我身体平安，唯膀子疼痛厉害，举箸提笔，诸多不便，大约大去之期不远矣。"我读到此处，在晶莹的泪光中，又看见那肥胖的、青布棉袍黑布马褂的背影。唉！我不知何时再能与他相见！

生：这是一段话，字数有点儿多。

师：仔细读读，如果把这段话细分一下，结尾可以只有哪几句话呢？

生：（恍然大悟地）可以把"我读到此处，在晶莹的泪光中，又看见那肥胖的、青布棉袍黑布马褂的背影。唉！我不知何时再能与他相见！"独立出来，成为一段。

师：对了。这样划分之后，结尾在语言运用方面有什么特点呢？请对照表格说说。

生：3句话，42个字，和开头"我最不能忘记的是他的背影"相呼应。写到作者自己流泪，让读者也很感伤。

师："肥胖的、青布棉袍、晶莹的泪光"等词语采用了什么写作手法？

生：人物肖像、神态描写。

师：不仅有人物肖像描写，"晶莹的泪光"还写出了人物神态的什么？

生：是细节描写吗？

师：对呀。这种结尾是"首尾呼应式"，特点是和开头前呼后应，起到强化文章中心、深化文章情感的作用。（屏幕显示第三种结尾的语用信息）

经典中的结尾	字数（个）	句数（句）	修辞手法	写作手法	与文章内容的关系
《我的叔叔于勒》	19字	1句话			自然收束
《爸爸的花儿落了》	15字	2句话	比喻（单句）	象征（全文）	含蓄写父亲去世
《背影》	42字	3句话		细节描写	与开头呼应

师：看来名家经典的结尾都是"豹尾"。朱自清散文的结尾尤其好，我们再来看看他的另一篇文章。齐读一下这个结尾。

（屏幕显示，学生齐读。）

春天像刚落地的娃娃，从头到脚都是新的，他生长着。

春天像小姑娘，花枝招展的，笑着，走着。

春天像健壮的青年，有铁一般的胳膊和腰脚，他领着我们上前去。

师：谁来对照表格说说这个结尾的特点呢？

生：有62字，3句话，三句话都用了比喻修辞。

师：而且这三个比喻句分别写出"春"的什么特点？

生："像娃娃"写出春的"新"，"像小姑娘"写出春的"美"，"像健壮的青年"写出春的"壮"。（"壮"字一出口，大家都一惊，随后大笑。）

师："壮"可以改为什么词语呢？

生：春天的生命力强。

师：很好。这是一个巧妙运用修辞手法、极具典范的结尾，我们可以称它为"巧用修辞式"。这种诗歌般的语言，充满画面感，也更能带给人余音绕梁的阅读感受。

经典中的结尾	字数（个）	句数（句）	修辞手法	写作手法	与文章内容的关系
《我的叔叔于勒》	19字	1句话			自然收束
《爸爸的花儿落了》	15字	2句话	比喻（单句）	象征（全文）	含蓄写父亲去世
《背影》	42字	3句话		细节描写	与开头呼应
《春》	62字	3句话	比喻		与前文内容呼应

师：还有一种常见的结尾方式，也能让我们的文章结尾更精彩！大家齐读一下这段结尾。

（屏幕显示，学生齐读。）

我的保姆，长妈妈即阿长，辞了这人世，大概也有了三十年了罢。我终于不知道她的姓名，她的经历；仅知道有一个过继的儿子，她大约是青年守寡的孤孀。

仁厚黑暗的地母啊，愿在你怀里永安她的魂灵！

师：你们觉得这个结尾在表达方式上有什么特点？表达方式有五种，哪五种？

生：记叙、描写、议论、抒情、说明。结尾用感叹号，是抒情吗？

师：对呀，而且用第二人称"你"，让抒情更为直接。用抒情来表达对长妈妈的祝愿，有什么特别之处？

生：感情很真实，让人很感动。

师：用直抒胸臆的方式结尾，我们称它为"抒发真情式"。一起看看它的语言运用规律。（屏幕显示五种结尾语用信息）

经典中的结尾	字数（个）	句数（句）	修辞手法	写作手法	与文章内容的关系
《我的叔叔于勒》	19字	1句话			自然收束
《爸爸的花儿落了》	15字	2句话	比喻（单句）	象征（全文）	含蓄写父亲去世
《背影》	42字	3句话		细节描写	与开头呼应
《春》	62字	3句话	比喻		与前文内容呼应
《阿长与〈山海经〉》	19字	1句话		直抒胸臆	自然收尾

------- 设 计 意 图 -------

这一环节中，我借助"语用学"，与学生们共同解码构成"豹尾"这一概念的主要知识信息，让学生明白并知道如何写出"豹尾"。

什么是"语用"？著名特级教师刘仁增老师在《我的语用教学观》一书中说：

语用，包含三层含义：第一，凭借以教材课文为主的文本和母语环境，获得言语技能；第二，运用言语技能，在一定的语境中正确、合理、妥帖地进行表达，并将已学过的字、词、句、篇等内容，根据语境的需要加以规范、恰当、个性地运用；第三，运用阅读技能自主阅读新的文本，从中获得信息，学得知识，增长见识，丰富精神，滋养心灵，提升能力，解决学习、生活和工作中的问题。

不仅如此，刘仁增老师还以"语用"为核心，开拓出"语用教学"：

语用教学中的语用，既可以是指向语言习得的理解式运用、指向语言形式的迁移式运用、指向言语转换的创生式运用，也可以是指向读写策略的学用型运用，还可以是指向读写知识的积累型运用。……这样的课堂不仅拓宽了学习者语用的广度，而且拓展了其语用的深度；不仅关注到学习者的输入型语用能力，而且重在强化其输出型语用能力；不仅重视诉之于眼、耳、口等感官的外部语用能力，而且高度强调心灵思维、想象、体验等内部语用能力，融得言、得意、得法、得能于一体。

在五则经典文学作品中的"豹尾"基础上，我引导学生提炼了形成"豹尾"的主要语用信息，并用表格法对每则"豹尾"的语用规律进行语用信息归纳，表现在：（1）字数精简；（2）句数较少；（3）使用修辞；（4）写法多样：运用细节描写、议论抒情增加结尾的生动性和感召力，运用一语双关、情景交融、借物喻人等写作手法提升文章的意境和余味；（5）照应前文：好的结尾，还和开头有呼应关系，有的结尾是前文的小结，与文章中间的内容也有很好的照应关系等。

用表格法列出形成"豹尾"这一概念的语用信息，可以让学生清楚地获得"豹尾"这一概念的具体属性，并运用到自己的习作中去。

三、以"不一样的爱"或"醒悟"为题，运用形成"豹尾"的语用信息，为作文升格

师：现在，我们用"豹尾"的语言表达方法，为小婷同学的这篇文章升格。

（5分钟独立写作，3分钟小组交流时间，选出小组中修改最佳的结尾当堂发言。）

师：小组讨论时间到。请每小组派1名组员上台展示"豹尾"。先请以"不一样的爱"为题改写的同学出场。

生1：在这个不一样的清明节，我感受到生命的短暂和生命的可贵。祭祖也是记住祖先对后辈的期望与爱，我暗暗下定决心：用有限的生命创造出无限的美好！

师：你采用的是哪种结尾方法？

生1：我采用了直抒胸臆式。这样便于真情表达。

师：很好。有请下一个组员代表发言。

生2：这次清明节，我不只是扫了墓，更是明白了奶奶独处的不易，我们要常回家看看奶奶，多给她家人的陪伴和关爱。想到这里，眼眶里的泪珠不经意地滑落面庞……

师："眼眶里的泪珠"很让人感动，你采用的是什么结尾方式？

生2：细节描写式。我感觉自己比较擅长描写，这样写符合自己写作的习惯，也和这篇文章写奶奶年轻时的经历相关。

师：真好，你在结尾的时候还关注到既要符合前文的内容，也要体现自己的写作风格和擅长的笔法。掌声送给她！（全班响起热烈的掌声）再请以"醒悟"为题的组员念出改写的结尾。

生3：暮春的清明，有着春雨般"剪不断，理还乱"的离愁，我突然醒悟到：是呀，奶奶还能有几个春天呢？真舍不得离开她……这个春天令人伤感。

师：你这个结尾很特别，"剪不断，理还乱"，这种结尾方式是什么？

生3：我尝试把学过的诗词引入，让结尾富有文学色彩。

师：巧妙！化用诗词、歌曲结尾能让文章结尾余味不绝，文采飞扬，好！请第4组成员来念念你们组的结尾。

生4：家乡的风，有特别的清香；家乡的雨，有特别的韵味；家乡的春天，有着不一样的风景。我猛然醒悟到：生命多可贵呀，亲情是千山万水也阻隔不断的，我要好好珍惜。

师：越来越精彩呀！家乡的风、家乡的雨、家乡的春天，这采用的是什么结尾方式？

生4：我用的是排比句，借用的是《春》结尾的写法，这样的结尾感觉气势很足，并且我在排比中注意结合了文章前面写的内容。

师：好极了！大家改结尾的手法越来越丰富了。有请第5位同学念出你们组修改的结尾。

生5：暖风轻轻吹过，汽车的引擎响起，在向奶奶道别时，我醒悟到：奶奶是多么无奈而孤独。我心里默默念着：奶奶，我会再来看你的。记得哟，升起的太阳是我的笑脸，鸟儿鸣唱是我在同您说话……这个春天，有着由思念和亲情凝成的露珠！

师：真好，你的结尾中"升起的太阳是我的笑脸，鸟儿鸣唱是我在同您说话"很生动，你采用了什么结尾方式？

生5：拟人。

师：确切地说是拟物。拟人把物当作人写，拟物把人当作物写。这种修辞手法有什么作用？

生5：能让文章的语言更加活泼生动。

师：是的，拟物修辞，能让文章更富有童趣和情味。还有以"醒悟"为题修改结尾的吗？

生6：我们告别时，奶奶很伤心。她的眼眶中泛着晶莹的泪珠，带着浓浓的不舍，笼罩着我的心。我们常说"常回家看看"，却总是因工作忙而推托。是呀，我们该"醒悟"了！

师："奶奶眼眶中泛着晶莹的泪珠"，这采用的是什么结尾方式？

生6：我平时喜欢观察，用了细节描写的方式结尾。

师：在结尾处描写相关的人物、事件、场景的细节，的确显得情真意切，分外感人。很好！还有同学愿意分享一下改写的结尾吗？

生7：难得回乡祭祖扫墓。偶尔的一次清明节，让我们见到了分隔两地的奶奶。本来我是怀着一种游山玩水的心情回来的，但看见奶奶送我们回深圳时的不舍神情，我幡然醒悟到，这次扫墓的意义：清明节扫墓，不仅仅是去摆祭品、除杂草，更是对故去亲人的追忆和留念，让我们明白要好好珍惜与亲人相聚的日子，别等一切都已成过去才去追忆……

师：这个结尾别出心裁，本来怀着游玩的心情，却在祭祖扫墓后有新的领悟，采用的是什么方式结尾？

生7：前后心情有变化，应该是对比法。

四、全课小结

师：大家活学活用，不仅用到了经典文学作品中的典范结尾，还根据自己的写作专长、对文章的理解，运用了新的结尾方式"前后对比式"。好文章的结尾应简洁有力，具有发人深省、启迪智慧的作用。"豹尾"的特点是：简、深、蕴。它既能巧妙扣题，又能让文章干净利落。

让我们齐读这些让结尾变成"豹尾"的方法。

（屏幕显示，学生齐读：交代结局，自然收束；双关象征，余味不绝；细节生动，余情未了；巧用修辞，余音绕梁；直抒胸臆，动人心弦；前后对比，首尾呼应。）

------ 设 计 意 图 ------

这一环节着力培养学生对"豹尾"这一概念的运用，分为这样几步：

1. 独立修改，运行概念。利用教师提供的"豹尾"概念形成的属性，当堂自行改写结尾。

2. 小组合作，完善概念。在5分钟自己修改病文结尾的基础上，小组成员用3分钟时间交流彼此的改后结尾。在交流、赏鉴、甄别中，互相补充"豹尾"的概念属性，不断完善修改"豹尾"。

3. 代表展示，优化概念。小组推选最佳修改稿全班展示，既是"豹尾"语用表达力的推优展示，也是"'豹尾'概念优化及获得"的完美体现。

------- 板 书 设 计 -------

关键概念	字数（个）	句数（句）	修辞手法	写作手法	与文章内容的关系
豹尾	尽量60字以内	6句话以内	比喻 拟人 排比 ……	象征法 细节再现法 情景交融法 对比呼应法 ……	交代结局 首尾呼应 与前文呼应 ……

/ **教者自述** /

日常写作指导课，主要有两种类型：一种是写前导，如《一切从观察开始》《金牌推销员》《调动感官写细节》等课例；一种是写后导，如《活用材料紧扣题》《豹尾简洁文增力》等课例。

"写前导"课型，课上一般先引发学生对某一核心概念的关注；接着，通过一些课文或经典对于"概念"使用的片段，分解"概念"的多个属性；然后，在有趣的体验活动中，让学生逐步理解并掌握"概念"的属性。

"写后导"课型则从写作中因缺失或误解"概念"的错例出发，引出"概念"；再结合已有的课文或经典作品使用"概念"的正例，让学生从多则正例中逐步归纳整理出"概念"的多个属性；最后，通过修改病文等变式练习，加强学生对"概念"的理解，并固定下来。

这节课，先从让学生比较分析三例病文结尾，发现"结尾不当"的三种类型；再引当堂作文训练中的范文与病文的两例结尾，让学生清楚地看到没有"豹尾"给文章带来的巨大差距，由此，提出"豹尾"的概念。

接着，用五例名家名篇的精彩结尾，结合语用学，从字数、句数、修辞手法、写作手法、与文章内容的关系等对"豹尾"这一概念的语用规律加以分解。用表格法清晰呈现"豹尾"的语用规律。借助语用学，让学生习得"豹尾"的概念。

最后，学生通过修改病文真正掌握"豹尾"的概念。"在修改病文"的变式训练中，学生先自改，再小组讨论出推优修改稿，全班学生在分享修改稿中，继续掌握并固化"豹尾"概念的正确语用信息（即概念的多个属性）。

正如认知心理学家布鲁纳所言："帮助学生有效地习得概念，是学校教育的基本目的之一。"这节课"有效习得概念"的具体教学策略如下：

1. 刺激输入，归类区分。比如这节课开始，先呈现三例病文结尾、两例学生习作，学生比较分析后，引出概念"豹尾"。

2. 分步解析，形成概念。比如这节课中间部分，用语用信息表分解名家经典"豹尾"的属性，最终获得"豹尾"概念。

3. 变式训练，固定概念。比如这节课改写结尾的训练，先自己修改，再小组推优，最后全班分享。这一过程已进行了学习"豹尾"概念的三次变式训练。

"概念获得理论"告诉我们：当学生在写作中缺失或误用概念时，是我们关注这一概念的最佳时机；在教学中，需要对"概念属性"进行有意义的一步步分解，而不是把"概念"直接塞给学生；当学生了解"概念"属性后，教师需要及时开展有效的变式训练，让学生能举一反三，灵活掌握"概念"。

"概念"是思维的核心，"概念"学习则是"教"与"学"的核心，你关注到了吗？

第 13 课

小标题，大乾坤

——"先行组织者"策略与九上"学习改写"写作教学设计 3

> 课文、经典、课堂、生活，
> 共同构筑着语文丰富的阅读场、教学场、生命场……
> 从"小"到"大"，从"一"到"万"……
> 在读写中，我们探寻着美、发现着美、惊叹着美……

／ 教学缘起 ／

每届学生到了初三，结合九年级语文教材"岁月如歌，我们的初中生活"写作专题，我总会让学生们写"中学回忆录"：每周末写一篇 600 字以上的随笔，9 月写母校，10 月写恩师，11 月写同窗，12 月写班集体活动……

初三生活繁忙而紧张，但每周末"中学回忆录"的写作却成为学生静心凝思、尽情倾吐的快乐时刻，每周一次的写作指导课也成为学生们翘首以盼、兴奋开心的欢乐时光！

正值 11 月，之前 9 月写母校多与景物相关；10 月写恩师需要字斟句酌；11 月写同窗就放胆开写了！这周末"同学回忆录"的亮点很多：抓住特点写外貌，拎出笑点写故事，把握亮点写形象……

最让人惊喜诧异的是——很多同学都不约而同地用了小标题组织文章。但不少同学对小标题在作文中如何正确运用还不清楚，因而也产生了一些问题：有的将小标题顶格、偏左或偏右书写；有的很随意地把小标题写成"一、二、三、四"；还有的小标题拟定很混乱，没有统一的标准……

学生们想用小标题，但之前课上并未学习如何运用小标题写作。结果，学生"以为的小标题"与"正确的小标题"知识之间有差异，导致随笔出现误用小标题的种种问题。

如何解决因"已有知识"与"新知识"有差异而出现的问题？心理学"先行组织者"策略可以应对这种尴尬。

《学习论》这样解释"先行组织者"策略："奥苏伯尔认为，促进学习和防止干扰的最有效的策略，是利用适当相关的和包摄性较广的、最清晰和最稳定的引导性材料，这种引导性材料就是所谓的组织者。"

运用心理学"先行组织者"策略，需要注意以下几点：

1. 先行组织者比要学习的新内容，更具有包含性、概括性和抽象性。

2. 先行组织者可以分为两类：一类是"说明性组织者"，它们是新学内容的上位知识；另一类为"比较性组织者"，它们与新学的内容是并列联合的关系，是同一层级的知识。

3. 先行组织者应用学生熟悉的语言表述，并且能清楚地表明学生已有的知识内容与新学习内容之间的联系，以便学生能当堂掌握新知识。

如何在教学中运用"先行组织者"策略，解决学生写作中出现的问题呢？我们一起走进这节写作指导课。

/ 教学现场 /

一、导入：本次周记的高频写作方式——小标题作文及问题

师：同学们这周的周记很精彩，不仅能迅速抓住班里同学的特点，还能采用新鲜有趣的形式组织文章。猜猜这周大家采用最多的作文组材形式是什么？

生：小标题。收组里周记的时候，我看有两三个同学都用了小标题。

师：猜对了！用小标题方式写这次周记的同学请举手。

（全班竟然有二十八九人举了手。）

师：大约有三分之二的同学用了小标题来写这次周记，并且涌现出不少佳作。表扬一下咱们班的这些同学（屏幕显示优秀习作名单）。谁来说说这次你为什么用小标题的方式写周记？

生：这次的周记是写同学。相处三年，有很多事情可以写，但这些事件的时间、地点比较分散，用小标题的形式，可以把零散的内容比较好地组接起来。

师：回答得很好。小标题式作文适用于一些相对独立的场景片段，这是它的方便之处。但使用小标题是有一定要求和讲究的。这节课我们学习如何正确、优质地写作"小标题式"作文。

------------------------------------ 设 计 意 图 ------------------------------------

以"猜谜"的方式导入，能起到课前激疑、课上激趣的教学效果。既能一上课就吸引学生注意力，也能迅速启动学生学习的积极情绪。"当堂举手"用于统计，可以快速了解学生在某方面的学习状况，同时引出本课的教学重点——正确、优质地写作"小标题式作文"。

二、小标题式作文简介及分步学习

（一）什么是小标题式作文

师：请大家齐读"小标题式作文"的介绍。

（屏幕显示，学生齐读。）

小标题式作文，是在一个总的题目引领下，开头由一个小的段落引出下文，中间部分则围绕某个统一话题分为 3 个以上相对独立的片段，每个片段加上一个简洁、恰当的小标题。结尾再用一个小段总结呼应。

（二）使用小标题的注意事项

师：运用小标题时，有什么注意事项呢？我们先看看这篇周记使用小标题时有什么问题。

（屏幕显示病文1。）

生：这篇文章的小标题顶格写了，我觉得小标题应该写在这一行的正中。

师：你的感觉很正确。小标题应当写在一行的正中，不要偏左，也不要偏右，更不是顶格写。再来看看下一篇周记运用小标题时又出现了什么新问题？

（屏幕显示病文2。）

生：这篇周记题目下面直接出现第一个小标题，应该有个开头段。

师：对了。刚才我们在读什么是"小标题式作文"的时候，已经提到"开头是由一个简短的段落引出下文"。开头不主张同学们使用"题记"，中考作文只有600~900字，内容少、字数不多，写题记小题大做。在作文题目与第一个小标题之间，需要有个简短的开头，交代文章的时间、人物、地点等重要信息。再看看第3则周记有什么问题？

（屏幕显示病文3。）

生：这篇周记只用了两个小标题，刚才读"小标题式作文"介绍的时候，使用小标题应有3个或3个以上。

师：正确，如果只有两件事，可以不用写小标题，只需要注意两则材料之间的关联，写好过渡句就可以了。如果是3则材料，才需考虑使用小标题。我们一起看看第4则周记又有什么新问题。

（屏幕显示病文4。）

生：这三个小标题太长了，而且很混乱，似乎没什么关联。

师：很好，你发现了一个大问题。这篇周记的3个小标题都比正文标题还长，并且小标题之间还没什么关联。看来，小标题作文在运用的时候不仅要注意位置、数量、字数，还需要在拟题、小标题之间的关联等方面下功夫。下面我们一起看看优秀的小标题作文该怎样写。请本周两篇范文的作者读读他们的文章。（教师下发范文给学生）

------------------------------- 设 计 意 图 -------------------------------

  由"周记中很多学生用了小标题"这一现象，先呈现"小标题式作文"概念，这是使用小标题作文的"先行组织者"中的"说明性组织者"，它是一种上位知识。

  在出示"先行组织者"——小标题上位概念的基础上，教师又用图片展示周记中使用小标题式的几则错例，从而得出小标题式作文写作的注意事项及具体要求。

（三）如何拟写小标题

（范文1作者朗读。）

我的同学们

荔香学校　九（8）班　小迪

  初中生涯即将结束，这些与我一同生活了三年的可爱的人们，成了我记忆中不可磨灭的一部分。那么，这里先记录下几位与我最亲近的好友。

阿　洗

  "阿洗"二字来源于初二科学老师那不标准的普通话。因为他是科学课代表，所以不免经常被科学老师呼来唤去的。然而"许"字在老师那方言版的普通话下，就变成了"洗"。于是我们也经常借此开阿洗玩笑，模仿老师的语气说道："阿洗啊，等下到我办公室拿作业啊。""阿洗啊，记得把作业写到黑板上啊。"刚开始大家说得不亦乐乎，久而久之，便习惯了这么叫。

  阿洗因为长得比较白，尖尖的脸，加上那一副无框眼镜，看起来还是比较斯文的。但"斯文"一词在我们口中一下就变成了"女性化""娘娘腔"。于是这又成了我们平常调笑阿洗的借口之一。当然阿洗对此也是非常无奈，有时还为此抓狂。每次阿洗脸色一变，我们几个就不约而同地竖起兰花指，温柔地说道："开玩笑的嘛……"每次见到此情此景，阿洗也忍俊不禁，想发怒，也无从下手了。

金　毛

  奇哥的头发不知为何，在阳光下看起来就会变得金光闪闪，"金毛"一词由此而来。他老喜欢装老大，经常自作主张地称呼我们是他的小弟。我们心情好的时候，也会恭敬地说一声"庄老大好"，一般情况下，就直接把他晾在一边了。

奇哥非常热爱足球，上课听到老师提到关于足球的事，就会一脸狂热地转过头来跟我说。一有机会，他也会向我们展示他的足球技巧。

肯尼亚魔术师

熊哥因为天生肤色比较黑，而且长得有点儿像非洲土著，所以我们戏称他为肯尼亚人。最近他老喜欢给我们表演那所谓的"土著魔术"，说自己是离家出走，漂洋过海来到中国的肯尼亚魔术师。每次一开始表演，他都要用他那蹩脚的中式英语自我介绍一番。最后还加上一句："我要开始表演了，you door good good see（你们好好看）啊！"逗得我们捧腹大笑。有这位"肯尼亚魔术师"的地方，总是充满笑声。

这些都是与我最亲密的几位"锅帮"成员，能认识他们，是我初中最大的收获！

（生1念着笑着，其他同学也边听边笑，边看向他笔下的三个"锅帮"成员。）

师：这位同学真是段子手！每个小标题及其内容都构成了一个很好的段子。这篇周记的小标题拟得好吗？

生：这篇文章的小标题很简洁，最棒的是这些小标题都和"锅帮"成员的绰号相关。

师：看来，我们在拟小标题的时候需要有一个统一的标准：如果写人，可以用无伤大雅的绰号作为小标题；如果写事，可以用几个主要事件或一件事发展变化的几个阶段作为小标题。当然，还能以时间、地点、感受等为小标题。这样，小标题就成为文章行文的线索，读起来有前后贯通之感。

[屏幕显示拟小标题的方法：（1）以时间为题；（2）以空间为题；（3）按事件拟定；（4）以情感为题；（5）以人物语言为题；（6）以诗歌名句、色彩、味道等为题……]

师：这篇文章的小标题，除了简洁之外，还有什么突出特点呢？

生：抓住不同人物的特征来写，还很搞笑。"阿洗"是因为老师的方言误读；

"金毛"展示了奇哥头发在阳光下的样子;"肯尼亚魔术师"是因为熊哥的皮肤黑,爱表演"土著魔术"。

师:对了,使用小标题只是一个形式,能抓住人物的特点,写出最能展示出这个人物个性的事件才是拟定小标题的要诀!即使用了小标题,也要注意文章语言的幽默与表现力。这,才是文章吸引人的关键!请第2篇范文作者来读读他的文章。

(范文2作者朗读。)

我最可爱的同学

荔香学校　九(8)班　小玉

"八年同学情,你怎么能这样对我!"这是我和她之间最常开的玩笑。

大眼睛,娃娃脸

她姓左,小学时为了表示亲热,大家都叫她一声"小左"。小左有非常甜美可爱的外表:一双大眼睛配上长睫毛,好似会说话,齐刘海加上一头卷发。曾有人感叹:"哇,你知不知道×班的那个左××,好像一个洋娃娃。"然而,话虽如此,洋娃娃般的外表下,她的性格却……

不温柔,但可爱

小学时,大家都这样评价小左:爱出风头,嗓子尖细。这点到了初中也没有改变,常常看她活跃在舞台上,散发着自信的光芒。但她一到了台下,就是另一副模样了,甚至可以用"凶悍"两个字来形容。

有一次,我对别人提起:"唉,那个左××啊,你不知道……"一抬头,便对上了小左可以杀人的目光,仿佛在说:"你再说一句试试?"吓得我立即改口:"嗯……小左这样美丽聪慧的女生啊……"言毕,两人相视大笑。小左从未跟温柔沾过边,但可爱倒跟她如影相随。记得有一次,她的刘海"悲惨"地被剪短了。我跟她开玩笑说:"你今天有点儿丑。"她立马变得张牙舞爪,像极了一只小老虎,可爱异常。

既可爱,又幽默

小左常常自嘲:"我这么粗糙的女孩子……"小左的幽默好像与生俱来。一次，语文课上分角色朗读，她负责扮演《故乡》中的杨二嫂。只见，她两手叉腰，清清嗓子，惟妙惟肖地学了起来："啊呀呀，你放了道台了，还说不阔？"说完，眼睛还转了一转，眉毛一挑，将杨二嫂的大惊小怪学了九成像，惹得大家哄堂大笑。她一撩刘海，傲骄地坐下了。

现在，坐在桌前，每每想起往事，我就忍不住轻笑出声。

在我心中，小左不是最美丽的，但她是最可爱的；不是温柔的，却是有趣的。

"八年同学情，你怎么能这样对我！"不知不觉，那个梳着齐刘海的小左，在我眼前，已晃了八年……

师：谁来说说这篇文章和上一篇相比，小标题运用又有哪些妙处？

生：这篇文章的小标题抓住"可爱"，从外貌的可爱，写到性格的可爱，都用了6个字，显得很整齐。

师：很好，你注意到这篇文章三个小标题使用的字数，还有和文章关键词"可爱"的关联。再细读读这篇文章的小标题，你发现有什么特别之处了吗？

生：第一个小标题段落结尾"然而，话虽如此，洋娃娃般的外表下，她的性格却……"，这句话正好引出了第二个小标题的内容。省略号还增加了文章的悬念。

师：对了，小标题式作文最佳组合模式就是——每个小标题之间也能相互关联。运用多个有一定关联的小标题，让时空跳跃幅度大的内容能连接成一个有机整体。如何能形成这样前后勾连的表达效果呢？

生：每个小标题最后的一句，最好有引出下文的作用。

师：你发现了小标题式作文另一个写作密码！小标题式作文，不仅要按一个相对统一的标准拟题，还需精选每个小标题中的材料。所选取材料最好新颖、典型、有个性，能显示作者独特的视角及立意。另外，让小标题作文更有高级感的组材方式——小标题之间，有巧妙的过渡与衔接。

（屏幕显示，拟小标题的要点：1.格式相仿，整齐优美；2.抓取要点，展示文脉；3.围绕中心，选材独特；4.标题之间，前后勾连。）

------ 设 计 意 图 ------

这一环节,用学生周记范文为其他学生提供示范引领,写作内容贴近学生生活,更能引发阅读兴趣,激活学习思维。这几篇范文之间互为"比较性组织者",可以进行横向对比。

在几篇范文对比中,学生们还发现好的小标题式作文都有简洁、新颖、贯通材料、前后勾连等共同点。

(四)修改示例,学习小标题拟定及结构编排规律

师:以上两篇范文分别以"人物外号""人物外貌及性格"来组织连接跨越性较强的材料。利用小标题,还可以怎样进行材料间的编排联系呢?结合学过的文章,我们继续探寻小标题拟定与结构编排的规律。

(屏幕显示:朱自清《春》压缩版文段。)

师:朱自清的《春》没有用小标题,但我们却可以很容易地给它加几个小标题,你会怎么加呢?

生:我根据文章内容,可以加这些小标题:春草、春花、春风、春雨、迎春。

师:很好,依据文章具体写作对象添加小标题。看看《社戏》如何加。

(屏幕显示:鲁迅《社戏》压缩版文段。)

生:可以把"社戏"作为中心词,小标题是:看戏前、看戏中、看戏后。

师:对了,可以按一件事发生先后来拟定小标题,但鲁迅为什么没加小标题呢?

生:"社戏"只写了一件事——去赵庄看戏。

师:的确如此,如果事件、景物本身比较集中,是无需加小标题的。《春》这篇课文也是如此,所有的景物已经在一个统一的季节中。加上小标题,反而显得画蛇添足。小标题式作文更适合时间、人物、事件跨度大、较为分散的材料。看看下面这篇文章的小标题。

(屏幕显示学生习作压缩版。)

我的初中生活

荔香中学　九（8）班　小桥

初中生活如同色彩斑斓的艺术——琴棋书画样样需通；初中生活好似精彩曲折的电影——跌宕起伏，潮起潮落；初中生活就像味道鲜明的佐料——酸甜苦辣，回味无穷。

酸

记得那一天，我和同桌为了一件鸡毛蒜皮的事大吵了一架——他的手不小心碰了我一下。整个上午，晴空万里变成了乌云密布，鸟儿欢快的歌声变成了冷嘲热讽。这样的初中生活，让我有点儿酸涩。

甜

我怀着忐忑不安的心情等待翻滚而来的"白色浪潮"——上面记载着我奋斗一个学期的成果。当我接过了"审判"我的成绩单，瞄上一眼，内心的恐惧被喜悦的浪潮瞬间冲走，只留下胜利的喜悦——我，全班第二！满意的成绩单让我的初中生活甜甜的。

苦

每次体育课对我来说，都是痛不欲生的煎熬。各种运动中，我最怕跑步。而每次体育课，都要跑步。体育老师似乎总是顶着恶魔犄角，龇牙吼道："跑步，男生跑4圈，女生跑3圈。"哎……体育锻炼让我的初中生活真苦。

辣

我机械地踏上阶梯，空洞地看着成百上千的师生，麻木地演讲着，"校园内外，到处充满了乐（应为'垃'）圾——"我意识到自己读错了字，连忙停止演讲……这次尴尬的演讲让我感到初中生活是辛辣的。

初中生活，酸甜苦辣凡此种种。但只要我们细心体会，也会发现人生不同的风景！

生：这篇文章拟题的角度很独特，是从味觉来拟小标题的。

师：但以"酸、甜、苦、辣"为小标题似乎小学高年级的学生也会，我们还可以从什么角度变化一下小标题？

生：可以用颜色来拟题。他第一件事写了和同学的争吵，一天都过得乌云密布的，用"黑色"；第二件事拿到满意的成绩单，用"红色"；第三件事写恐怖的体育课，用"灰色"；第四件事写不成功的演讲，可以用"白色"。

师：听你这样一说，感觉咱们这位同学初中生活过得有些凄惨呀。（大家都笑）可以调整一下心态，另外，调整好心态后，可以把事件的位置也换一下，如果是"赤橙黄绿青蓝紫"这样的七彩生活，就好了。生活中谁都有不如意的事，看你用何种眼光来看待它。学会用积极的心态、包容的胸襟待人处世，你会更阳光快乐。再来看看下面这则作文，小组讨论3分钟，从不同拟题角度帮它加上小标题。

（屏幕显示学生习作。）

我们班的"牛人"

荔香学校　九（8）班　小柔

我们班有个"牛人"，个子小小的，声音响亮。他，就是小迪。

小迪虽然个子小，但体内的"洪荒之力"可不小！记得有一次体育课，我们100米跑，小迪和班长一组。看看这身高差，小迪在班长旁边就像是一棵嫩绿的小草在一棵参天大树前。可笑的是，小迪却丝毫不畏惧，脑袋抬得高高的，双手叉着腰，嘴巴一撇，可神气了！人小气势倒不小。

开始跑了，小迪微微慢了一步。我默默地躲在一旁偷笑：唉，人小不行呐！可小迪却不在意，一点儿也不担心。快冲刺了，小迪突然猛地发力，跑得飕飕的，就像一阵风，竟跑了第一名！我怔住了，满脸黑线，看着小迪一脸骄傲得意的表情，我就纳闷了：为什么有着大长腿的班长跑不过他呢？

小迪不仅力量大，而且学习也很好。语文课上，小迪是老师眼中的高材生，听着小迪清脆响亮的声音和充满自信的回答，不禁让人心生羡慕，可这响亮的声音却也闹了场笑话。

军训吃中午饭时，教官给我们讲规矩："只要在饭堂，就不许说话！"之后大声地说："你们听懂了吗？"这时，全饭堂的人都回答："听！懂！了！"这声音可谓直窜云霄，都能把聋子震不聋了。之后，教官又问了句："你们听懂了？！"这时，只有小迪还没懂教官的套路，他一个人兴致勃勃地回答道："听懂了！"惹得同学们一阵哄堂大笑，教官的脸都气红了，板着脸，叫小迪站起来吃饭。

唉，我心里为他叹息着："谁叫小迪太认真了呢？"

（小组讨论3分钟。）

师：时间到，哪个小组说说你们拟的小标题，并说明拟定的理由？

生：我们组按事件发生的地点拟题，第一个小标题"操场上"，第二个小标题"教室里"，第三个小标题"饭堂内"。

师：很好，这是以"空间"为序进行小标题的拟定和组织材料。还有别的角度拟题吗？

生：我们组按照事件拟题，第一个小标题"跑步"，第二个小标题"读书"，第三个小标题"吃饭"。

师：也不错，这三个小标题以三个主要事件拟题，也是一个不错的思路。还有新的标题拟定方法吗？

生：我们组是按文章的主题"牛人"拟题，第一个小标题"人小力大"，第二个小标题"人小声大"，第三个小标题"人小胆大"。（听到"人小胆大"，大家都笑）

师：这三个小标题很有技术含量，能巧妙地和文章中心主题结合起来。其实不是小迪胆子大，而是他根本没明白教官的意思是"不能说话"。（大家又笑）如果文章再写细点儿，每件事中人物说的一句有标志性的话也可以成为小标题，比如在体育课上，如果小迪说"我最快"；在语文课上，小迪说"老师，我知道"；再加上饭堂里"听懂了"。这样，三句简短的话做小标题，也很有特色。还有新的拟题方式吗？

生：我们组从人物性格拟题，第一个小标题"小得意"，第二个小标题"小

自信",第三个小标题"小认真"。(不少同学都竖起大拇指)

师:哎呀,你们组神人也!从人物的性格角度拟题的确独特、新颖。掌声送给你们!(全班响起热烈的掌声)

三、全课小结:小标题式作文拟题要求、组织排列规律及其优点

师:我们一起小结"小标题式作文"。请大家齐读小标题式作文的拟题要求。

(屏幕显示,学生齐读。)

小标题式作文书写及拟题的要求:1.小标题应居中书写。2.小标题的数量3~5个为佳,字数不能过多。3.小标题的拟定,可以是:(1)以时间为题;(2)以空间为题;(3)按事件拟定;(4)以情感为题;(5)以人物语言为题;(6)以诗歌名句、色彩、味道等为题……

师:拟定小标题的时候,除了关注小标题的书写位置、字数、拟定角度,还需要关注小标题和文章主题内容的关系,小标题在组织排列方面的形式主要有三种。请大家齐读。

(屏幕显示,学生齐读。)

小标题组织排列方式:1.纵向串联法:按时间先后、事物发展阶段拟定标题,组织材料。2.横向组接法:按不同的空间拟定标题,安排材料,类似于电影中的"分镜头"。3.递进深入法:按叙述事情由次要到主要,或者由浅至深的顺序安排材料,层层递进拟定标题。

师:小标题式作文有哪些好处呢?

生:可以将时间、空间跨度大的材料组合在一起。

生:用小标题式作文,文章结构很清楚,条理分明。

生:拟定小标题的时候,可以有很多选择,可以从时间、空间、不同的人

物、事件等多个角度拟定。

师：三位同学的发言合起来，就是小标题式作文的优点，请齐读。

（屏幕显示小标题式作文的优点。）

1.衔接紧密，连接时空跨越性强的材料。2.重点突出，精简了过渡性文字。3.条理清晰，让文章结构更层次分明。4.角度多样，可以多角度拟题。

（作业：按本课所学内容，把一则周记改为小标题式作文。笔友间互批互评。）

---------- 设 计 意 图 ----------

这个部分，"名家名篇原文"与"改为小标题的名篇"，是"比较性组织者"。将周记改为不同版本的"小标题"，这些不同版本的"小标题"也是"比较性组织者"，用来总结"小标题拟题的角度"和"小标题组织排列的方式"。而本课学习的"小标题拟题要求、角度、排列方式"等内容，则会成为学生以后写作"小标题"时的"先行组织者"。

---------- 板 书 设 计 ----------

小标题式作文

1.小标题拟题要求：位置居中；数量3~5个；字数不能过多；拟定小标题有统一标准。

2.小标题拟题角度：时间、空间、事件、情感、人物语言、诗歌名句、色彩、味道……

3.小标题组织排列方式：纵向串联法、横向组接法、递进深入法。

4.小标题式作文优点：衔接紧密；重点突出；条理清晰；角度多样。

/ 教者自述 /

这节课，我运用"先行组织者"策略，巧设教学契机，妙搭学习脚手架。

具体表现为：

1. 课上调查，引发关注。上课伊始，我先让学生说出周记中使用频率最高的作文结构方式，再用举手的方式统计使用人数，引出这节课的教学重点——小标题式作文的正确方法。

2. 习作出发，反例激疑。课上，我先以图片的方式呈现学生周记中使用小标题的几种错误，让学生自己发现小标题使用的误区。接着，出示本课"先行组织者"——小标题式作文正确使用的方法。

3. 组织引领，评说范文。在"先行组织者"——小标题正确使用方法的引领下，我让学生评说范文使用小标题的优点，小结出这些成功小标题作文的三个共同点：（1）小标题一般与文章的人物、事件、主题关系密切；（2）小标题间有承上启下的巧妙关联；（3）小标题拟定可以从多个角度。这三个小标题拟题的优点，又成为下一环节"改写小标题"的先行组织者。

4. 看齐先导，依法改写。这一环节，我引导学生尝试为经典课文《春》《社戏》加上小标题，体会小标题式作文的适用性。再从学生周记中精选一则没用小标题的作文，组织学生小组合作讨论，依照先前归纳的第二个"先行组织者"——拟题的方法，从多个角度为这篇文章拟定小标题。学生四个小组，分别从地点、事件、主题、人物性格等角度拟定出各具特色的小标题。同时，我还引导学生从"人物语言"角度拟定个性化小标题。这样，"小标题"拟定学习就从一到多，形成变化无穷的乾坤万象。

在"先行组织者"的一路指引、陪伴、点拨和激发下，整堂课学习如小径探幽，蹊径独辟，妙趣横生……

是的，当"先行组织者"在学习中登场时，照亮写作道路的明灯就会在课堂上高高升起……

第 14 课 ▶

横若画卷，纵如树冠

——"信息加工理论"与九下"布局谋篇"写作教学设计

> 在如梭岁月中，编织教学的锦缎；
> 在字词句章中，欢舞语文之九天！

/ **教学缘起** /

初三阶段，结合中考作文，我经常组织学生开展当堂作文竞写，目的在于让学生适应考场作文的限时写作。在当堂作文竞写和月考作文的基础上，我实施了审题与立意、审题与拟题、豹尾简洁文增力、小标题大乾坤等多个专题的作文升格指导课。

第五次当堂作文竞赛题目为："亲爱的同学们，细细回顾一下：生活中，对你影响最大的那个人是谁？他在哪些方面影响了你？又给你带来了怎样的改变呢？请在作文中写写他对你的正面影响，留下真善美的文字。"请以"对我影响最大的人"为题写一篇文章。要求：字数 600~800 字，文中不得出现真实的人名、校名、地名。

批改作文时，我关注了学生作文中以下几项内容：（1）写作时选择了怎样的材料。（2）根据题意，材料是如何组织的。（3）结构安排是否合理。

这次作文，能根据题目选好材料，又能把材料组织好的同学只有七八个。

看来，教会学生们合理地"布局谋篇"是当务之急。

部编版教材语文九下第三单元"写作"这样解释"布局谋篇"："布局谋篇是在审题立意、选材之后，对材料的组织、结构的安排等做整体谋划。"

语文教材中"布局谋篇"能力的显性表现为"列提纲"。怎样合理地列出文章的写作提纲？需要借助心理学"信息加工理论"。

《学习论》中这样阐说"信息加工理论"：

几乎所有的信息加工论者都认为，学习实质上是由习得和使用信息构成的。他们的基本假设是：行为是由有机体内部的信息流程决定的……学习中，机体对信息加工的过程分为三个阶段：（1）注意刺激；（2）刺激编码；（3）信息的贮存与提取。

使用信息加工理论，教会学生"布局谋篇"分为以下几步：

1.注意刺激：教学时需要先引发学生对"如何布局谋篇"的选择性注意与刺激。

2.刺激编码：学生注意力被有效刺激后，会对"如何布局谋篇"进行进一步加工，这种加工过程就是"编码"。认知心理学家认为有两种编码：一种是通过言语有序贮存而形成的语义编码，一种是实物、图片等在头脑中形成具有空间感的映像编码。一般而言，映像编码比语义编码更容易记忆，所以，心理学家认为学习时进行"双重编码"，更有助于增强记忆。在编码时，可以采用两种策略：一种是"维持性复述"——反复重复同样的信息；一种是"精致性复述"——改变信息或用另一种符号代替它，并需要增加其他信息便于回忆。

教学"布局谋篇"时，用"精致性复述"来刺激编码的显性方式可以是对比习作、讨论交流、图示化板书等具体内容。

3.贮存和提取信息：想要提取贮存的信息，提取的线索很重要。提取线索一定要和记忆的痕迹接近才会更易提取。教学时，使用映像编码（比如图示化板书）列出写作提纲，能让学生更容易提取曾经存储的"布局谋篇"信息。

下面，我们一起走进这节写作指导课，看看如何运用信息加工理论，帮助学生形成"布局谋篇"能力。

教学现场

一、导入：公布佳作名单，点评佳作优点

师：这次作文的题目是"对我影响最大的一个人"。咱们班这些同学写得相当出色。其中一些同学的文章特别打动我。（屏幕显示佳作同学名单，全班响起热烈的掌声）

师：小婷同学写了自己在街上遇到了一位残疾人。这位残疾人没有双手，甚至断了一条腿，但能用自己的残肢写出一幅幅好字。字每幅10元。当自己把一幅字买回家后，母亲让她把这幅写着"拼搏"的字挂在自己的房间里，自己这学期受这幅字的激励开始发奋读书，语文成绩上升得特别快。请她来念念其中的片段。

（小婷念自己的文章。）

我和妈妈去逛街，当我们快乐地拿着衣服准备回家时，我们看见了一个残疾人坐在地上，他两只手都没有了，断了一条腿，我觉得他真可怜，便去瞧了瞧。他正在写字，我很惊讶。他没有手却用残肢写了一笔好字。他写了一张又一张，我拿起一张来看，上面写着"拼搏"。这两个字让我想起自己的姐姐。初中时，姐姐成绩很差，于是她在墙上写了"拼搏"两个字，这两个字鼓励着她从班级倒数第五名一直前进到第五名！我再仔细看看这残疾人写的这张字，在"拼搏"两个大字旁还写着一行小字"爱拼才会赢"。虽然这几个字常常见到，可世间又有几人能做到？我问他："这幅字多少钱？"他说："10元。"我还跟他说："你真棒！断了手都能写字。"他淡淡地说："只要努力，什么事都能行的。"我点点头，给了他10元钱，把这幅字买回了家。

回到家，妈妈说："把这幅字贴在你房间吧，学学那位残疾人的精神。"我点点头。之后，我每天都对着那幅字想：他说的没错，只要肯努力，什么事都能成功！

现在，我的语文成绩一步步提高了。开心的同时，我绝对不会骄傲。因为

还有更多的人比我要好，我要一步步追上他们！我相信，只要不放弃，愿望就能实现！

（学生们个个目光灼灼，掌声自发响起来。）

师：在第一次月考统计成绩时，我就发现小婷同学进步非常快，以前从没有上75分的她，竟在第一次月考拿到了82分的好成绩！我还悄悄问她是不是去补习了，她说没有。这次作文，我才发现是因为她有了自己的"精神领袖"——身残志坚的街头卖字人，是那幅字给了她发奋读书的力量。

初一时，老师曾给大家推荐过一本书《100位名人的成长故事》。初二时，老师告诉过大家——在自己的床头放一本自己喜爱的名人传记，让这位名人成为指引你人生的精神领袖！今天，我想借咱们班小婷学习进步的例子告诉大家——从现在开始，找到你的一个精神领袖，引领你向更高的人生目标前进！

小烽的作文写了"我"，这段文字让我很感动，请他来念念。

（小烽有些害羞地低下头，他激动得身子微微发抖，开始念。）

陈老师说："现在高中难考，我最舍不得放弃的孩子就是你。"正如人们常说的"一日为师，终身为父"，老师是孩子的第二任父母。现在我可感受到了，陈老师真的是为我好。我怎么就那么不争气呢？陈老师给我总结了我的缺点：散漫、没毅力；还帮我分析了我的优点：作文写得不错，爱看书，做事灵活，字写得还很工整。看到自己还有那么多优点，我想：我还是不错的。虽然我总是当时感动，过一两天就把感动抛在脑后了，但陈老师还是耐心地教导我、督促我。天底下最好的老师莫过于她了！如果时光可以倒流，我希望回到一年级，重新拿起语文课本。但是一切都是自己的想象，虽然后悔没有好好学习，我还是非常感谢一路陪我走过的老师，特别感谢初中的语文老师陈老师。时间走得那么快，而陈老师的话却一直留在我心中。陈老师对我的教导、督促和不放弃，让我深深感动！为此，我在这儿跟陈老师说声：老师，谢谢您，您辛苦了！

（学生们听到此段感动异常，掌声热烈。）

师：我给小烽加了一句评语："努力请从今日始。只要觉醒了，什么时候努力都来得及。现在是4月初，离中考还有七八十天，也许这七八十天的努力就能换来命运的转机！赶紧行动起来！"小衡同学也有让人很感动的文字，请读读你文章的结尾。

（小衡，平时上课总喜欢说话、作业也很少交，自从本学期第一次当堂作文受了表扬后，作文方面突飞猛进。）

想起以前和她的一次次争吵，我深感愧疚。她是我的母亲，无论什么时候，都会在我的身边。母亲就像雨中的一把大伞，为我遮风挡雨。

（学生们全神贯注地听着。）

师：小衡，把这篇文章给你的母亲看看吧，相信她一定会很感动。小彦也有让自己引以为傲的作品，请你读读写妈妈的那段话。

（小彦，第一次月考两个班唯一一个作文只得了8分的孩子。）

为了生计，妈妈常常会捧着一大堆材料回家，然后忧心忡忡地说："惨了，老妈今晚又得加班了！12点钟才能睡。"老妈每天加班，这种生活，这种艰难，我看看就心疼。这时，老妈说的"人生不努力，怎么读好书"总是回响在我耳边。

师：写得真好。今天回家要读给妈妈听听，这样妈妈再苦再累也是开心的。我们再请小宇读读他写小学老师的文段。

（小宇，平时写字很慢，每次随笔总是交不上。）

小学五年级时的班主任兼语文老师，朗读时会像古人一样大声而激情地诵读。每当他读课文时，全班同学都会津津有味地听着。每次作文后，他就会把好的作文推荐给学生们讲解和朗读，并鼓励同学们学习这些作文。

师：看来，写好作文一定要做生活的有心人，有独特发现和感受时赶紧记录下来，这些记录将成为我们考场作文中宝贵的个性化素材。有了好的素料后，还需要精心筹划安排，才能写出好文章。这节课，我们一起学习"如何布局谋篇"。

---------- 设 计 意 图 ----------

这一环节，当堂表扬平时写作一般的学生，让他们念出写作好的文段，不仅对他们是一种正向激励和鼓舞，也同时带动了所有同学对写作的积极情绪，并且有效用"语义编码"（学生习作）实施"注意刺激"。这些"语义编码"——优秀习作选材新颖独特，组材合情合理，学生听读时容易把它们存入大脑信息库。

二、审清题意，确定选材

师：这学期，针对中考写作，我们进行了系列专题训练。有审题与立意、审题与拟题、豹尾简洁文增力、小标题大乾坤等。运用讲过的知识，大家先审审题，"对我影响最大的一个人"这个题目的中心词是什么？

生：人。

师：对，有哪些限制语呢？

生：一个、影响最大、我。

师：正确。现在，以"我"为圆心，在圆心外写出自己曾接触过的各种人，这是你的生活圈。这些人可以是熟悉的，也可以是陌生的。熟人有哪些？

（教师在黑板上列举出学生们说出的人物。）

生：家人、友人、师长、同学等。

师：不少同学写了自己熟悉的人。陌生人可以写谁？

生：路人、名人、艺人、体育明星等。

师：很好。像这样，每次拿到题目后，我们可以先以自己为圆心，进行发散思维。从自己的生活圈中寻找可用的写作素材。让作文题在头脑中不断地和自己的生活发生触碰。多次触碰后，题目便能与你的生活擦出火花。最终，能找到既合题意又合心意的好材料。有了好材料后，如何组材才能让文章锦上添花呢？一起看这两篇文章。

---------- 设 计 意 图 ----------

这一环节，是"布局谋篇"能力的触发阶段。我让学生再次审视题目，明确题眼和限定语，引发有选择的注意；之后，引导学生发散思维，沿着题目寻找生活素材，以此来确定切合题意、反映自身经历的最佳写作材料，为列提纲做好"语义编码"准备。

三、对比两篇习作，列提纲、学组材

师：请大家阅读小健、小丹两位同学所写的《对我影响最大的一个人》，思考下列问题。（教师下发两篇学生习作。屏幕显示问题：1.文章选择的是什么"人"？文章写了几件事表现这个"人"对自己的影响？2.简要列出这两篇文章的写作提纲。）

对我影响最大的一个人

荔香中学　九（8）班　小健

走在街上，每次看到有人在街边卖艺，我都会想起那个街头卖艺人，他或许只是一个很平凡的卖艺人，但却给我留下了不可磨灭的印象，还给我留下了宝贵的东西。

那是在一个炎热的夏天，到处充满了炎热的气息。我在上学途中被一阵歌声吸引了，那是一个卖艺人在树荫下献唱。他皮肤黝黑，比较消瘦，但一身干净的衣服使他显得很有精神。他身前有一个扩音器，还有一个装钱用的碗。他手握麦克风，卖力地唱着不同的歌曲。

起初，看到他这样子，我的目光没有停留，我只把他当成一个很普通的街头卖艺者。看着路上因炎热冒起的团团白烟，心想：或许等到太阳晒到他时，他会受不了这毒辣的太阳而"转移阵地"吧。我不停步地径直向学校走去。

下午六七点钟，从学校回家的路上，我再次看到那个卖艺人。他还在原来那个位置，没有移动过一点。他此时的声音已经沙哑了，他的歌声中还能听到很明显的喘气声。我不禁停下脚步，第一次仔细地打量着他。他还是那么消瘦，一脸的疲惫之色，显得很憔悴，嘴唇很苍白，而且干裂了。

　　这时，我才注意到他始终坐在椅子上，腿部盖着一张毛毯。很明显，毛毯下空荡荡的。我开始对他另眼相看了，且不说他唱得好不好，光是他在同一个地方寸步不移地唱六七个小时，就足以让人对他的坚持和勇毅而赞叹！更何况，他还是个身体上有缺陷的人！

　　天早已黑了，街灯纷纷亮起，昏暗的灯光也掩饰不住他一脸的倦容。他的周围聚集了几个人，有的取笑他此刻的模样，有的取笑他那五音不全的歌声，但也有人取出些零钱，放到他那装钱的碗中，还有人默默地聆听、沉思……

　　我轻轻从口袋掏出那仅剩的几枚1元硬币，悄悄地放到他那装着零钱的碗中，然后静静地转身离开。这时，我清楚地听到从后面传来一声低低的"谢谢"。

　　这个卖艺人，虽身体残疾，但选择了通过卖艺来赚钱，而不是到路边暴露自己身体的缺陷乞讨。他坚强的毅力和强烈的自尊心，正是我所缺少的。在对他敬佩之时，也不禁想到了自己，和他相比，我的毅力差太远了。他的身体虽不如常人，但他的精神定然胜过常人！

　　假如某一天，你在街头看到这样一个人，可别取笑他。至今，那个平凡卖艺人的样子还会不时在我脑中浮现……

对我影响最大的一个人

荔香中学　九（8）班　小丹

　　沿着记忆一路行驶，看到了，他骑着那辆黑红色的显得笨重的摩托车，白色的衬衣在昏黄夜灯下被染成了米黄色。白衬衣前，小女孩蹲在车的脚踏上，白衬衣后，一短发妇女抱着年幼的小男孩，像一块汉堡，一层层夹叠，夹在其中的男孩不安分地喊："老爸，开快点！"

　　夏天的夜晚，风微凉，那时深圳的夜晚很安静，穿白衬衫的老爸开着他的小摩托带我们一路一路地兜转着,目的地也许是他朋友的小餐厅,也许是去海上世界牵着我们的手漫步,还可能是去荔香公园,带我们玩荡秋千。四个人的家庭小聚总显得很温馨……印象里,他骑着摩托车,风吹动着白衬衫,看着他,觉得他无所不能。

一直以来,他是家里的主心骨,但凡遇到啥大事,都是他包办。他出门向来都是骑着摩托,而我总在车后抓着他的衬衫,满怀欣喜,低头看着地面往后飞奔,风呼啸而过,又满怀忐忑。每天早晨,他载我去小摊档吃肠粉,送我去上学。下雨天里,又骑着电单车带我去买削笔刀。晚上9点多了,他也会为了我明天的郊游去外面买风筝。晴天的时候,他会骑着它带我去银行门口看小喷泉喷水,一边笑着说:"没看过吧,好看吧。"他真是个好爸爸。

每次吃鸡蛋时,我只吃蛋白,把蛋黄挑出来。妈妈起初不在意,后来看我浪费,有些发火道:"不吃蛋黄就不要吃鸡蛋!"这时,你总会跳出来,笑着对我说:"没事,蛋黄留给我吃。"得到"特赦"的我,瞄着妈妈拉下来的脸,把蛋黄蘸酱油后夹到爸的碗里:"喏,老爸说他爱吃蛋黄。"然后对着碗偷笑。长大后才知道,老爸其实是不爱吃蛋黄的吧。

小时候,对面的叔叔会来我家让我和哥哥去跟他到海边学游泳。妈妈从来不让我去,她总说我太小。我听后会闹脾气,你总耐心对我说没关系,带我去吃雪糕。我闹着说不吃不吃,跑回被窝里哭,慢慢睡着了。醒来的时候你进来拿着一件橙色游泳气囊衣,说在厨房里的红桶里放了一桶水,让我在里头游水。我很开心地笑了。我喜欢游泳,遗憾的是,我现在仍然是只旱鸭子。

你总带着我,我就像你的小跟班,屁颠屁颠地在你身后跑着。人家总说:"老米,又带你女儿出来晃悠啊。"走累了,你会背我回家。每次开家长会回来,无论成绩怎么差,你都会对妈妈说:"老师表扬我女儿。"我躲在妈妈身后,对着你偷笑……

我在记忆的隧道里找寻着曾经的温暖记忆,却发现你的头上有了地中海的印记。那辆摩托也找不到踪影了。你开始改穿深色休闲服,但那不知踪影的白衬衫和摩托在我记忆里依旧清晰。

不得不说时间过得飞一般快。现在的你,仍每天早早地叫我起床,你的声音无比暖心,你没有老妈那么唠叨,但你也会肉麻地说:"我是为你好啊。"

年华易逝,似水流年淡去我们多少回忆?但不管我6岁也好,16岁也好,抑或是60岁,你依旧是那个心系于我的老爸,依旧会对我嘻嘻哈哈。

谢谢你,老爸。生命中有那么一个老爸,真好。

(学生5分钟时间阅读两篇例文,小组交流3分钟,第1—4组列出小健同学的文章提纲,第5—8组列出小彤同学的文章提纲。)

师:首先,我们看小健同学的这篇文章,他选了什么"人"?

生:陌生人,一个街头卖唱为生的残疾人。

师:写了几件事呢?

生:一件事。

师:请概括一下这件事。

生:他早上上学时看到一个卖唱的人,下午放学时竟然看到那人还在原地歌唱,仔细一看,才发现是个残疾人。

师:这篇文章在布局谋篇方面有什么特点呢?

生:老师,什么是布局谋篇?

师:请大家看屏幕,读一下什么是布局谋篇。

(屏幕显示,学生齐读。)

布局谋篇是在审题立意、选材之后,对材料的组织、结构的安排等做整体的谋划。如果将谋划的内容简要地记下来,就是列提纲。列提纲有助于理清思路,把握全局,避免写作时信马由缰,偏离主题。

师:可以对照你们组拟的提纲来说小健同学这篇文章是如何组织材料、安排文章结构的。

生:这篇文章以"看见一个卖唱人"为主要事件,开头写那个卖唱人给自己带来的巨大影响。中间,先写在一个炎热夏天的早上看到这个卖唱人及他的外貌。接着,写自己急着上学并没有停下脚步仔细观察。再写放学时,自己发现这个卖唱人竟在原地唱了六七个小时,还发现他竟然是一个残疾人。又写了围观人的各种表现，自己放了几枚硬币给他。结尾，回到眼前，告诉大家看到这样的卖艺人千万别取笑。

师：你说得很好。列提纲是我们初一时就学过的，可以用大括号连接。列提纲时需要用概括性的短语或句子简洁呈现文章开头、中间、结尾。你提到"结尾，回到眼前"，发现这篇文章在记叙顺序上有什么特点吗？

（生摇摇头，似乎不明白什么是记叙顺序。）

师：记叙文按一定的顺序叙述人物、故事，就叫记叙顺序，主要有三种，谁记得？

生：有顺叙、倒叙、插叙。

师：这篇文章采用了什么记叙顺序呢？

生：顺叙，先写一个残疾人给他带来的影响，后号召大家不要取笑这样的卖艺人。

师：不仅有顺叙，还有一种特别的记叙顺序。他是从一个夏天第一次看到卖艺人写起的吗？

生：不是，他开头写的是"走在街上，每次看到有人在街边卖艺，我都会想起那个街头卖艺人"。

师：对了，说明这个卖艺人的事是他从眼前想到的事，这篇文章写作的思路是从眼前到回忆，再到眼前。中间的回忆采用了什么记叙顺序呢？

（学生还是没有反应。）

师：七年级下曾学过一篇文章《驿路梨花》，看看这篇文章的写作结构提纲。（屏幕显示：《驿路梨花》的写作提纲）这篇文章的写作顺序是顺叙中有什么呢？

生：插叙。

师：顺叙的主要事件是什么，插叙的内容又是什么？

生：顺叙的主要事件是我们在哀牢山茂林中偶遇一间小茅屋，插叙的内容是瑶族老人讲述梨花照料小茅屋，还有梨花妹妹讲述解放军修建茅屋。

师：很好。插叙不仅能使叙事波澜起伏，行文多变，也让所讲的故事更充实，人物形象更饱满。小健的文章顺叙中还有什么记叙顺序？

生：（这才醒悟）插叙。回忆残疾卖艺人的部分是插叙。

师：正确。今天，我们用树状图示表现这种特殊的组材方法。树状图能让大家对这种文章结构印象更深。顺叙中有插叙，是文章的一种纵向结构法，通常只有1个主要事件。

（师板书：树的主干处写"顺叙"，树的枝干处写"插叙"。）

师：看看小丹的这篇文章采用了什么新的组材方式。哪个组来说说你们列出的提纲？

生：她的开头很特别，是写记忆中父亲用摩托车载着一家人的情景。

师：这是眼前正在发生的，还是已经发生过的事件？

生：已经发生过的。

师：把已经发生过的事件中的一个场景直接放在开头，是什么记叙顺序？

生：倒叙。

师：对了。倒叙法，既可以把事件结尾放在开头写，也可以把事件中的一个过程、一个场景、一句人物说的话等放在开头。谁说说这篇文章中间写了什么？

生：她写了夏夜里父亲载着一家人游玩，父亲骑着摩托送我上学，父亲替我吃蛋黄。

师：还有很多事，谁再来说说？

生：还写了父亲给我买救生衣让我在木桶里游泳，父亲在家长会后总说我好话，父亲的白衬衣和摩托车随着时光不见了。

师：小丹的观察感受很细致，才能叙写出父亲生活中的这么多小事，这说明她对父亲的感情怎样？请她自己说说。

生：我很感谢父亲。父亲总是无微不至地照顾我，是我最感恩和感念的人。他老了，我也要像他照顾小时候的我一样照顾他。（全班自发响起热烈的掌声）

师：说得太好了！感念亲恩，也是全文的主线。这条情感线索把一件件生活小事有序地串联起来，像一幅幅画卷展现在我们面前。这种是文章的横式组材法，用一定的线索把多个并列的材料串联起来，共同表达一个主题。

（教师板书第二种文章结构方法。）

师：这两篇文章结尾扣题有待加强，需要改改，谁来帮他们改改？

生：假如某一天，你在街头看到这样一个人，可别取笑他。我想：这个卖艺人坚持不懈的精神和强烈的自尊心，会影响我的一生……

师：相当好。小丹同学的结尾如何改呢？

生：只需要加一句话，可以改成："谢谢你，老爸。你是对我生命影响最大的那个人。生命中有这么一个老爸，真好。"

师：好极了。改动后就能更好地扣应题目了。今天，我们通过同学的两篇范文学习了"布局谋篇——文章结构的两种组材方法"。一起读课堂小结。

四、课堂小结

（屏幕显示，学生齐读文章结构的组材方式。）

1. 树状组材：以一件事为主线，顺叙中有插叙；
2. 画卷式组材：将几个并列的材料按时间、空间、逻辑进行组织。

师：记叙类文章的结构主要有这两种组材方式，请大家齐读屏幕内容。

（屏幕显示，学生齐读。）

一般记叙类的文章由中心、材料、结构三个要素组成。文章的灵魂是中心，中心要明白正确。文章的血肉是材料，材料要血肉丰富，能反映中心。文章的骨架是结构，结构既是谋篇布局的手段，也是运用材料体现中心思想的具体方法。

文章结构的基本形式有：（1）纵式，指文章内容在只叙述一个主要事件时，以时间或情感发展为序，以纵向形式展开记叙。（2）横式，指文章内容在叙述几则并列的材料时，以空间为序或按一定线索为序，以横向形式展开记叙。（3）纵横式，指叙述事件、人物较为复杂的文章内容时，以纵向和横向相结合的形式展开记叙。

师：纵横式一般用在比较复杂的记叙文、散文、小说中。初中生只需要掌握前面两种比较常见的文章结构就可以了。今天的作业——用这两种组材方式中的一种，重新为自己的作文布局谋篇，列出一个简要的提纲。（下课铃响，全课结束）

------------------------------ 设 计 意 图 ------------------------------

这一环节的教学设计，针对两则随笔习作，学生先阅读再列出提纲，主要采用了"刺激编码"的"精致性复述"策略。具体体现在：

1. 多向改变信息。范文为重要语义编码，阅读范文、抓住范文主要事件、列出范文提纲，分析两篇范文采用的不同组材方式，把文章及其材料与写作提纲建立联系。

2. 新符号替代。区别于一般括号式提纲，为达到增强信息刺激的教学效果，我采用了树状图示和画卷状图示呈现两则习作的写作提纲。这种图示化提纲属于映像编码，能更有效地增强提纲在学生头脑中的印象，也便于学生在自己列提纲时，立刻想到这两种不同结构的写作提纲。

3. 双重编码增强信息加工。范文——语义编码，图示化提纲——映像编码。通过读、品、议范文等多个环节，增强语义信息对学生学习"布局谋篇"的刺激。用图示化提纲把语义编码与映像编码有效联结，增强两种编码在头脑中的深刻记忆。同时，刺激增强后，学生每遇到记叙文列提纲时，就能在头脑中闪现出"树状图示""画卷图示"的提纲映像，最终，形成稳固的"布局谋篇"能力。

------------------------------ 板 书 设 计 ------------------------------

对我影响最大的一个人（材料）

选　　　　题眼　1. 熟人（家人、朋友、师长、同学）
材　　　　　　　2. 陌生人（路人、艺人、名人、明星）

组　　一件事：顺叙中有插叙　　　　　　树状
材　　多件事：几则材料并列　　□—□—□—画卷状

/ **教者自述** /

于漪老师曾说:"如果说洞悉语文教学规律是一部十分精彩动人的戏剧,那么,自己现在的认识仅仅是开始,仅仅是序幕。我相信两句话,一是'锲而不舍',数十年如一日勤奋学习,坚持实践,再是'学然后知不足',真正去学了,才知道自己实在懂得太少,太少。教师只有不断提高,教学才有活泼泼的生命力。语文教学探索无止境,需要的是百倍的勇气、非凡的毅力和孜孜不倦的精神。"

于漪老师是语文老师们的"行动高标"和精神领袖。每每重读《于漪老师教作文》总会有新的发现和领悟,也激发了我对写作教学的好奇心和执着探索。

时光兜转,语文教材在变,学生在变,学情和教法也在变。在亲历的200多节现场写作指导课中,我从有意识地关注写作教学,到不断探索性地、刻意训练式地用不同方式开展写作教学,竟找到打开写作密码的妙门——心理学原理和元认知策略。

这些心理学的原理和策略,不仅能很好地启动学生积极写作的情绪开关,还能提醒老师在课堂上采用正确的方法实施有意义的教学,引导学生主动获取、加工和建构各类写作知识,最终形成稳固的文体和文章写作图式。

本课在信息加工理论指导下,为帮助学生形成"布局谋篇"能力,实施的具体策略如下:

1. 表扬佳作,引发注意。这次佳作的写作者是平时写作水平一般的同学,写作中低水平的同学更需要老师的关注和鼓励,这一导入无疑能激起全体学生的写作热情,也让中等写作水平的学生有极高的成就动机,还将范文作为语义信息刺激,有效引发学生的有意注意。

2. 审题选材,收集信息。我先引导学生关注题目和限定语,然后让学生结合自己熟悉的生活及人物展开发散联想,不断增强语义信息的丰富性。

3. 范文引领,刺激编码。这一环节,我充分运用"精致性复述"信息加工策略,先分发范文,让学生自行列出提纲;再小组交流、全班点评,归纳出一般记叙文两种经典的组材结构方法。这一过程，是语义信息与映像信息（树状图示和画卷图示）相结合的双重编码过程。双重编码有效增强了信息在大脑存储的稳定性和牢固性。

4. 增加修改，便于回忆。结束时，我特意增加了"修改范文结尾"的教学环节，通过这一变式训练，继续提升学生修改作文的能力，也让学生在列提纲时充分关注结尾扣题。

总之，写作教学中，教师如能有效地运用信息加工策略，不仅能迅速打开学生写作积极情绪的闸门，还能教会学生高效有序地加工信息，列出布局合理、构思巧妙的写作提纲，最终在写作时，文思贯通，落笔生花！

第 15 课

寻常的故事，不寻常的讲法

——"迁移理论"与九下"修改润色"写作教学设计

> 每堂语文课，都是有着独特领悟和个性印记的一次攀登，
> 随着一级级迈进，一山山行过，
> 一簇簇飞花溅玉般的光阴，在读写中，化作吉光片羽，沉淀在生命的书页上……

/ **教学缘起** /

临近中考，我一直在阅读关于中考满分作文的报刊书籍，还翻找了很多和中考作文指导相关的书籍，比如《中考满分作文就这样写》（余映潮著）、《新专题教程：初中语文写作新视点》（郑桂华编）、《于漪老师教作文》等。

在研读、批注大量中考满分作文、中学生优秀作文的基础上，我发现中考满分作文的一个秘密——很多满分作文都是一个个饶有趣味的故事！

第二次月考作文题《再见》，全年级有三分之二的学生写了"再见，我的母校、同学、老师……"这些写"离别"的文章大都平铺直叙，既不生动，也不有趣。

为了解在自由状态下，学生能否生动曲折地叙写一件事，我给学生布置了一篇写事的周记，题材不限，写心事、家事、校园故事、街头事、国事、天下

事均可。同时，还进行了一次写作指导需求调查：面对中考作文，你最大的困惑是什么？在时日不多的备考复习中，你希望在中考作文方面得到老师的哪些指导？

学生的回答主要集中在：写事怎样才能更生动有趣。

看来，在离中考还有一个月的时候，学生们迫切需要老师在写作方面提供的帮助是：如何将多种写作手法迁移运用到熟悉的写作材料中，让叙事更引人入胜。

结合心理学"迁移理论"，依据九年级下第四单元写作训练"修改润色"，我将本次写作指导重点确定为：采用多种写作手法，修改润色已有写作材料，为中考叙事作文升格。

《学习论》中这样解释"迁移理论"：

学习的目的在于运用。学生如何把在校学习的内容迁移到新的情境中去，是教育学家和心理学家最为关心的问题之一。现代心理学家一般认为，迁移是一种学习对另一种学习的影响。这种影响既包括积极的促进作用（即正迁移），也包括消极的干扰作用（即负迁移）；既可以是前面的学习影响后来的学习（即顺向迁移），也可以是后来的学习影响前面的学习（即逆向迁移）。而且，迁移不只局限于认知领域，在情感和动作技能领域也存在迁移的问题。

根据定义中所说的"迁移"发生的领域，结合之前我们谈到的"三类知识"，当代形成三种有价值的迁移理论——"与陈述性知识学习相对应的是认知结构的迁移理论；与程序性知识学习相对应的是产生式的迁移理论；与策略性知识学习相对应的是反省认知的迁移理论。"

写作教学中，有哪些促进学习内容迁移的教学策略呢？

1. 合理的教学目标。一个具体明确的教学目标能够让学生的已有知识与将要学习的目标建立联系，教师还需要为学生学习新知识提供一个好的先行组织者。

2. 精选概念原理。学习过程中，最易于迁移的是基本概念和基本原理。教学时，应将重要的写作手法及写作原理作为主要的教学内容，并相应地举出典型实例和多样化的变式练习。

在丰富的变式练习中，学生可以结合实例运用并掌握上位的原理和概念，最终达到自动化程度，产生积极的正迁移。

3. 巧设教学程序。课堂上可按照"逐渐分化的原则"和"整合协调的原则"进行教学设计。

运用"逐渐分化的原则"的具体教学设计表现为：在写作教学中，先给学生传授最一般、涵盖性最广的概念，再根据具体细节逐渐分化。想要让学生明白中考满分作文叙事的秘诀，让学生先明白满分作文都采用了好的写作手法，再依据具体的学生习作加以细化，不同的习作分别用了哪些不同的写作手法。

运用"整合协调的原则"的具体教学设计表现为：教学过程中，注意组合学生现有认知结构中的各种要素，加强概念、原理、章节、学科间的横向联系，将看似独立的教学内容与新旧知识经验加以联系、整合与贯通，从而让学生能形成清晰有序的认知结构，促进知识的迁移范围，增强有意义学习。

4. 训练学习策略。写作教学时，教师应有意识地教会学生一些认知策略，如记好课堂笔记、总结类比范文或引文之间的异同、列出写作提纲等，还需教会学生掌握元认知策略，加强写作过程中的自我调控和改进提升的能力。

5. 建立积极情绪。积极的情绪有利于激发写作兴趣，写作兴趣则能促进学生对写作产生强烈的内驱力，写作内驱力能形成学生写作的高成就动机，而成就动机是促进学生积极投入写作的关键，能提高写作过程中积极正迁移的产生。

让我们一起走进《寻常的故事，不寻常的讲法》写作指导课，看看写作手法的"正迁移"如何自然而然地抽芽、长叶、开花、结果……

/ **教学现场** /

一、导入：由一张纸想到的……

师：同学们，快要中考了，为了帮助大家更好地迎战中考，上周我们进行了一次问卷调查。问卷调查中反映的主要问题是：不少同学看到考题后，不知道该怎样把自己熟悉的材料写得更生动有趣。这节课，我们一起来解决这个问题。

（教师拿起一张白纸，向学生展示。）

师：我手里有一张纸，请大家尽可能多地说说这张纸都有哪些用途。

生：可以叠飞机。（大家都笑）

师：这是大家都能想到的一个用途，做手工。围绕做手工，我们再思考，这张纸还可以叠成什么形状？

生：千纸鹤。

师：对呀，一张纸可以做出许多手工作品，还能叠成许愿星放在瓶子里，还有别的用途吗？

生：还可以剪纸。

师：多妙呀，一张纸光是做手工就可以千变万化。还有其他用途吗？

生：可以写字。

师：（满含笑意）是呀，普通点的，就写成一份作业；再特别些，可以成为一幅书法作品。还有别的日常用途吗？

生：可以做成面具。

师：很特别的用途。我们一起看看一张纸到底有多少种用途。

（屏幕显示：一张纸的用途：书写——写字、作文、绘画等；手工——叠成扇子、飞机、话筒、漏斗、风筝、灯罩、剪纸、揉成团当玩具、纸盒、做面具、画上格当棋盘等；日用——垫桌角、当燃料烧、吸水、擦东西、做标记、挡太阳、传纸条、包书皮等。）

师：看看吧，一张纸，只要你肯下功夫去想、去做，就有这么多用途。其实，看到考题时，就像拿到这张纸，要努力地多角度、多层面想想，然后选择自己熟悉又有新意的材料。即使我们没有新鲜材料写，也可以采用一些写作技巧，就像一张白纸用不同折叠方法展现出不同状态那样，让自己的故事变得引人入胜。这段时间，老师研读了很多中考满分作文，发现了一个秘密——这些满分作文的作者都是写故事的高手。从上周末的随笔中，老师发现咱们身边就有这样的故事大王。今天，我们一起探寻把故事写好的秘诀！

（屏幕显示：寻常的故事，不寻常的讲法——"修改润色"写作指导。）

---------------------------------- 设 计 意 图 ----------------------------------

由"一张纸的用途"引发全课，意在激发学习兴趣，引发学生多向思维。同时，也准确锁定本课的教学目标——寻常的故事，不寻常的讲法。

二、读品范文，学写手法

师：我们看看身边的故事大王们是怎样把故事讲得生动有趣的。为节约课上时间，老师将5篇范文都进行压缩，只呈现文章开头、中间、结尾的主体部分。请大家齐读8班的故事大王小童同学的习作。

（一）小童《一件小事》

早餐是红豆馅饼，酒红色的豆沙细细甜甜，入口即化，刚刚做好，还弥散着丝丝热气。

红豆馅饼虽然很好吃，过程却麻烦。从记事起，妈妈就喜欢自己做各式各样的点心。最拿手的是红豆馅饼。总是要自己买回红豆，洗净、熬煮、去皮……

不仅仅是红豆要去皮啊，在生活中、学习中，那些被我忽略的小事，也许恰恰是最关键的。

"请认真对待你的人生吧，哪怕是一点微不足道的小事。"这是我要送给临近毕业的自己的话。那缕清润的红豆香气，也应该会常伴我左右吧。

师：大家发现小童讲故事的秘密了吗？

（学生们有些紧张，不知该从何答起，教师结合学过的一些经典篇目继续启发……）

师：记得林海音《爸爸的花儿落了》里的结尾吗？"爸爸的花儿落了，我也不再是小孩子。"这篇课文的"花"仅仅是指爸爸养的花吗？

生：还指爸爸的生命。

师：这种写法叫什么？借——

生：（恍然大悟）借花喻人！

师：借物喻人，是象征写作手法的其中一种，还可以是托物言志。（板书：象征）我们还学过哪些文章采用了这种写作手法？

生：《爱莲说》，借莲花比喻君子。

师：这篇文章借红豆馅饼抒发什么感情呢？

生：做红豆馅饼，工序复杂，但只有亲手制作，最后的馅饼才会可口、清甜。这告诉我们：对待人生中任何一件微不足道的小事，都应该有一种认真的态度。

师：对呀，认真是成功的秘诀，粗心是失败的伴侣。这篇随笔成功地运用象征法让故事写得更含蓄、有余味。再看看8班的另一位故事大王给我们带来怎样的惊喜！

（二）小健《蝶翅里的灵魂》

无数次的挣扎后，蝴蝶展开了它那美丽的翅膀，飞向它渴望已久的那片天空。

连日的大雨让我烦闷，一场大雨过后，天气凉爽了许多。雨停后，我终于可以在社区花园里痛快地奔跑。雨后道路湿滑，不小心摔倒，正在懊恼之时，却看到草丛中有只被大雨打湿翅膀的蝴蝶，它一次次用力扇动着翅膀，不断努力地要从草丛飞向天空……

刹那间，我明白了：其实我们每个人都是一只蝴蝶，只不过有些人选择了安逸，死在了蛹中；而另一些人则选择了挣扎，最终唤醒了灵魂，化蛹成蝶。

再一次挣扎后，蝴蝶又一次展开了那动人的翅膀，跳着弧形舞，在湛蓝的天空中画上圆满的句号！

师：这篇文章和上篇文章写法上有个共同点，谁发现了？

生：用了象征的写法。

师：用什么象征什么呢？

生：用蝴蝶象征人。

师：蝴蝶和人有什么共同点？

生：人和蝴蝶一样，如果选择安逸，就会死在蛹中；如果选择挣扎，则会改变命运。

师：这是小健同学讲故事的发人深省之处，还有什么特别的写法吗？大家注意到文章中这些内容了没有？连日的大雨让"我"烦闷，雨后道路湿滑"我"摔倒后很懊恼，"我"看到草丛间挣扎飞向天空的蝴蝶获得顿悟。这些还隐藏着一种重要的写作手法，是什么呢？

（学生们似乎还没反应过来，教师继续引导。）

师：我们在八年级学习《阿长与〈山海经〉》时，鲁迅先写了阿长的种种不好，睡相差、唠叨、规矩多等，但当阿长为迅哥儿买来《山海经》后，在结尾发出对阿长的由衷祝福"仁厚黑暗的地母呀，愿你永安她的魂灵"。这是——

生：（豁然开朗）欲扬先抑。

师：欲扬先抑的写法也能增添故事的曲折性，让故事一波三折。7班的故事大王要出场了！平时总爱写议论文的小涛，这次竟然交了一篇记叙文，而且一鸣惊人。让我们一起欣赏他的这篇佳作！（面对同学们肯定和羡慕的目光，他有些吃惊，有些高兴，有些害羞。）

（三）小涛《再见，我的朋友》

至今，我才明白为什么有些东西一旦失去，就无法再次寻回。那一声"再见"，不过是一种安慰。

我以前在老家有一个朋友，先叫他"姚"吧。我和他从小玩到大。一次，我们烤白薯不小心点燃了小山丘，幸亏下雨才把那火给浇灭。他独自一人承担罪名，甘愿被父母打也不让我受伤……

几年后,在深圳的我得知他生父被捕入狱,父母离婚。继父对他态度生冷,他成绩一落千丈。于是,我从深圳回老家想看看他。再次与他碰面,他身边居然多了个女的,原先的平头也留成了长发,当年的朝气和无惧被堕落、愤懑、迷茫取代,他频繁带我出入网吧、KTV……

我登上火车返深的那天,他没来送我,只有我的家人来了。还记得临行的前一天,他说有架要打,没法来送我了。看到家人离开站台的那刻,我哭了。因为我还记得临走前他对我说的那声"再见"。我的泪水顺着脸颊流到心底,顿时心如刀绞。我明白,我和儿时的"姚"永远不会"再见"。

师:小涛同学的这篇文章,读起来很震撼人心。我想先采访一下小涛,请问你觉得这篇文章用到了前面我们提到的哪种写故事的方法?

小涛:这是我的亲身经历,我只是凭着自己的感觉去写。

师:你这篇记叙文写得很好。我甚至从这篇文章中找到了点鲁迅文学作品塑造的人物形象的影子。大家想到了鲁迅文章中的哪个人物?

生:(齐答)《故乡》中的闰土。

师:对呀,小涛,你的朋友"姚",真有些闰土的影子,你用了哪种写作手法?请关注"姚"从朝气蓬勃、行事果敢到堕落、愤懑、迷茫的变化。

小涛:(这才醒悟)欲扬先抑吧。(立刻有学生纠正"欲抑先扬")

师:对,应该是欲抑先扬。《故乡》中写到少年的闰土和中年的闰土,写的眼前的故乡和回忆中儿时的故乡,通篇还采用了什么写法呢?

小涛:对比。(教师板书"对比")

师:对比的作用是什么?

生:能使所写的人或事更加鲜明。

师:让我们再次为他这篇佳作鼓掌!(全班再次热烈地鼓掌)再来一起看看7班另一位故事大王带来的故事,请齐读小宁的《收藏那块喉糖纸》。

(四)小宁《收藏那块喉糖纸》

每当我丧失信心,觉得无法完成一件事的时候,我总会想起那块泛着淡淡金色光芒的喉糖纸……

时间，像捧在手里的水，一点点从指缝间溜走。已经晚上十一点半了，我还在做作业……

"拿去吃吧。"爸爸将一个绿盒子轻放在桌上，淡淡地说道。是一盒润喉糖，王老吉。打开盒子，里面整整齐齐排列着一颗颗精致的"小金球"，紧紧拥在一起，金色的锡纸显得很特别。拿出一颗，轻轻剥开，棕色的润喉糖渐渐旋出甘苦的滋味，让干燥的喉咙瞬间感到一丝清凉……

其实，眼前的这点困难又算什么呢？只要拥有像润喉糖这样苦后有甘的执着，就可以继续勇往直前。

现在，每次吃这种润喉糖，我都习惯性地收藏这泛着金光的好看的喉糖纸，不单是为了好看，更想留下那份鼓励。

师：（灵机一动，想换种问法）这次我想采访一下小宁的好朋友，看看她们的默契度。小宁，请问你在班里最好的朋友是谁？

小宁：小莹。

（正好小莹坐在她的身边，教师把话筒递给小莹。）

师：你觉得小宁这篇文章用到了前面的哪种写法？

（小莹平时很文静，一时语塞，老师再提示。）

师：小宁平时的个性如何？

小莹：待人温和，很会照顾人。

师：她是个感情很细腻的人吧？文品如人品，读读她文章里的这些语句"拿出一颗，轻轻剥开，棕色的润喉糖渐渐旋出甘苦的滋味，让干燥的喉咙瞬间感到一丝清凉……"这个句子用到了什么写法呢？

（小莹不好意思地摇摇头。）

师：看来你只能意会不能言传呀，我们再找其他同学说说，谁知道小宁的心声？

生：我觉得这篇文章采用了借物喻人的写法，这张喉糖纸里包含着父亲对她的鼓励。

师：不错，这篇文章巧妙地运用了我们上面提到的象征法，我们再品品这句让人感动的话"拿出一颗，轻轻剥开，棕色的润喉糖渐渐旋出甘苦的滋味，让干燥的喉咙瞬间感到一丝清凉……"还用到什么特别的写法吗？

生：还有细节描写。

师：可把这个词等到了！等到花儿都快谢了。

（大家都笑了。教师板书"细节"。）

师：如果说写作思路是文章的骨架，细节则是文章的血肉。正是因为有了细节，文章才有血有肉、有情有味。让我们看看最后一位故事大王还有什么特别的讲故事方法。

（五）小琳《大榕树》

踏遍千山万水，唯有家乡村口那棵大榕树，让我难以忘怀。

那棵大榕树，在进村口的拐弯处，约有十几米高，枝叶相当繁茂。树旁有一条小溪，清澈见底。

每次回家乡，都能欣赏到大榕树不同的美：午饭后，和小伙伴们在榕树旁的溪边洗脸、捉蝌蚪、摘大叶草……

家乡的大榕树，是我童年的快乐驿站。那棵树下，有潺潺的流水，荡漾的微波，游动的蝌蚪，清新的大叶草，朗朗的笑声……

师：这篇文章让我感受到莫泊桑《我的叔叔于勒》的意境，在小说中有"平静的仿佛绿色大理石的海面上"，结尾有"天边仿佛有一片紫色的阴影飘了过来"，这是什么独特的讲故事方法？

生：（齐答）环境描写。

师：这篇文章描写了哪些景物？

生：写了家乡村口的大榕树和与它相关的自己儿时的趣事。

师：这5篇习作采用了象征法、抑扬法、对比法等写作手法，让所写事件曲折生动、可读性极强。同时，还巧妙运用了细节描写、景物描写，增强了故事的生动性。现在，我们尝试用这些讲故事的方法修改润色一个熟悉的生活场景。

------------------------------------- 设 计 意 图 -------------------------------------

这一环节，我运用"迁移理论"的多种有效教学策略组织安排教学过程，具体表现为：

1. 压缩习作，语义编码。五篇同学习作，以压缩版的形式，通过当堂朗读，形成语义编码，进入学生大脑。

2. 写作手法，逐渐分化。大脑接受到这些新信息后，教师运用迁移理论中的"逐渐分化的原则"，通过已学过的名家名篇片段，让学生分别找到使故事生动有趣的写作密码——五种写作手法。

3. 横向比较，整合协调。再运用"整合协调的原则"，引导学生横向对比信息。将学生佳作采用的写作手法与名家名篇选段使用的写作手法对应起来，找到原有知识——"写作手法"。同时，前后出现的学生佳作也进行了写作手法的横向比较。

三、当堂活动：故事大王写故事

临近体育中考，体育老师加大了体能训练的强度……课上，同学们在进行体能训练时，……这时，……下课了，我……

故事大王规则：

1. 任选两种以上写作手法修改润色以上体育课发生的故事。

2. 修改的故事可不采用顺叙的方式，但要像五篇范文一样写出开头、中间、结尾，呈现基本的故事内容。

3. 8分钟完成，当堂宣读修改润色后的故事。

（8分钟，学生根据所提供的材料独立完成。）

师：时间到，谁来读读自己修改润色后的故事？

生：（一位女生率先举手）体育课上，在规定的15米长的跑道上，我们来来回回地跑着，忍受着烈日的炙烤。汗水模糊了眼眶，脚尖和小腿传来剧烈的酸痛感，呼吸越来越急促，吸进来的空气都没怎么进入肺里就被吐出来了。在这来来回回的15米的长度里，我的速度越来越慢……尽力了，但还是太慢，真让人筋疲力尽。

我浑身无力地回到家里，瘫倒在沙发上，眼角的余光突然看到了屋外墙角的那一抹绿。在那阴暗潮湿的墙角，竟有一抹属于生命的亮色。即使在那易被人忽视的阴暗墙角下，一抹黄得明丽的野花竟开出自己生命的精彩。

刹那间，我醒悟了：我们每个人也可以像株野花一样，即使在恶劣的环境里，也要为前方的目标努力尝试。不管最后有没有人欣赏，都要去为了自己的目标奋勇拼搏！

师：8分钟左右的时间，能速成这样一个片段，很好。你有意识地加入了哪些写作手法？

生：抑扬法，先写在体育课上的累，再写看到小野花的振奋精神。还用了细节描写，突显体育课上训练的强度大。最后，借小花开在墙角，象征生命顽强不屈的抗争精神。

师：你竟用8分钟时间为这个小场景添加了三种写作手法！用时虽短，亮点很多。为你点赞！（老师竖起大拇指，旁边同学热烈地鼓掌）女生率先发言了，哪位男生来说说？

（一位男生举了手。）

生：体育课上，老师加大了体能训练的强度。随着他一声声的"震天吼"，我们无奈又恐惧地走上了操场，迎接"热情似火"的艳阳，迎接"斗志昂扬"的老师，迎接"魔鬼式的训练"，没斗志也要有斗志！

头顶着太阳，脚踩着"岩浆"，我们一字排开，等待着老师发布的"生死书"。"男生两次15米35个来回，女生两次15米22个来回，跑完打球。"体育老师高声说道。

唉，这打球真是可望可听不可即呀。一声令下，伴随着音乐，我们不自觉地跑了起来，刚开始，音乐声很慢，我们跑起来像蜗牛，我心想：就这？

到第十个来回时，音乐声像吃了炫迈，愈放愈快，根本停不下来。"往前冲！"老师一次次大喊。汗水开始不听劝地流下来，空气也不听话地避开我的呼吸，腿也不听使唤地渐渐软了下来。体能训练中，班里那些胖胖的同学早已退出战场，最后仅剩几位斗士拖着身体拼命挣扎。"哔！"随着体育老师的一声哨音，汗水终于垂直地滴在了脚上，大部分人获得了这次"战斗"的胜利。

体育课结束时，清风拂过我的身体。我闭了眼，迎接"柔情似水"的清风，迎接"柔情似水"的树荫，迎接"柔情似水"的困意……跑完两次35个15米来回，才知道那声"就这"是多么的愚蠢。难道就这样结束了？

"打球吗？"不知谁问了一句。"没劲了。"我无力地答道。

师：你很威武，8分钟写出这么有趣的片段！没有魔鬼式的训练，哪有天使的诞生。说说你用了哪些写作手法？

生：我采用环境描写，用烈日、老师的口令等，写出体育课上高强度的训练，还用细节描写突显高强度训练时自己的感受，还有点儿抑扬法吧。先写自己的轻视，再写自己的懊悔。（此时，下课铃声响起）

师：同学们修改得很精彩。请大家齐读以下当堂小结。

（学生齐读。）

寻常的故事，不寻常的讲法

1. 借物喻人，故事含蓄回味长；2. 欲扬先抑，故事曲折趣味浓；

3. 前后对比，故事鲜明印象深；4. 细节展示，故事生动血肉多；

5. 环境烘托，故事诗意意境美。

师：有意识地运用这些写作手法，你一定能成为考场中的故事之星（老师顺势连接黑板上的关键词，形成星形板书）！今天作业：用两种以上写作手法改写周末随笔，让作文升格！

-- 设 计 意 图 --

"故事大王写故事"是"迁移"的关键一环。我通过以下策略，实现写作手法的"正迁移"，具体表现在：

1. 提供"先行组织者"，搭建迁移桥梁。用提纲式的故事及故事规则作为"先行组织者"，将旧知识——"五种写作手法"与新知识——"修改润色故事"建立联系。

2. 增加手法细节，训练学习策略。在"先行组织者"的引导下，学生需要为故事添加必要的细节，加入合适的写作手法，让故事变得更加生动。这个变式训练，有效促进了"五种写作手法"的正迁移。

3. 分享修改内容，建立积极情绪。当堂朗读改后稿，学生能受到老师的肯定，收获同伴的掌声，这个过程能很好地让积极情绪与写作建立联系。学生写作时会更自信，更期待分享，也能形成更持久的写作内驱力。写作成就动机一旦形成，正迁移就能更有效地发生。

------------------ **板 书 设 计** ------------------

/ **教者自述** /

这节课的最初版本是在 2014 年 5 月产生的。当时，我为南山区全体语文教师上了一节中考作文升格示范课。

课后，时任南山区语文教研员姜东瑞老师盛赞："陈老师的这堂课是建立在她多年投身写作教学研究的基础上的，这节课也是她硕士论文《写作材料资源开发行动研究》三年研究基础上的一节成功示范课！让我们再次用掌声感谢陈老师为我们带来的这堂精彩写作课！"

会场上，老师们热烈地鼓着掌，还有青年新岗教师偷偷问："陈老师，你出书了吗？"这节课也受到荔香学校语文组老师们的热赞，有老师说："芳子的作文课达到了一个新标高！"

随着教材更迭，本课将"迁移理论"加入，对写作教学设计进行再升级，具体策略是：

1. 白纸激趣，确立目标。由一张纸的用途说起，进行发散思维、求异思维训练，巧妙引出了写作材料相同、写作手法不同、故事高下不同的差别，这是同等概括水平知识之间的并列同化。以此引出课题，锁定本课教学目标。

2. 范文引领，精选材料。选取学生周末随笔，保留开头、中间、结尾，形成压缩版范文。

用学生习作做示范，既能调动范文作者写作的积极情绪，也能激发其他学生的写作兴趣。同时，学生范文示例与课文名家名篇选段也构成同等概括水平知识的并列同化，继而归纳出将故事写好的关键概念——多种写作手法，形成上位知识正迁移。

3. 修改润色，同化迁移。改写故事活动，学生学以致用，将本节课重要的上位概念——五种写作手法，灵活运用到当堂修改体育课场景的写作练习中，以此促进五种写作手法——上位概念在学生改写故事中的正向迁移。学生间的写作竞赛、当堂分享改后稿，进一步调动写作积极情绪，形成写作成就动机。作业是用五种写作手法改写周末习作，让五种上位概念再次通过作业落实，发生正迁移。

正如于漪老师所说："让生命与使命结伴同行，一辈子做教师，一辈子学做教师……课要教到学生身上，教到学生心中，萌芽、开花，成为他们良好素质的基因。"

教师只有依着课标、教材、学生，努力用自己的读书、思考、实践去设计建构适合学生的写作指导课，才能让知识技能、学习策略、积极情绪在课堂上正向迁移，才能让知识的醍醐激起学生写作内力的觉醒！

第16课

以文为证，青春留痕

—— "群体动力"与九下"有创意地表达"写作教学设计

> 时间有脚，秒针滑动；
> 日子有味，书页生香；
> 青春有痕，以文为证。

教学缘起

语文课程标准对7—9年级学生的写作要求为："作文每学年一般不少于14次，其他练笔不少于1万字。"这样算来，学生每学期至少要完成5000字的练笔。

如何才能调动大多数学生的写作兴趣，并能持续保持较强的写作动机？

我尝试了很多方法。初一开始，我为学生制定了每学期写作的内容：初一第一学期，观察集；初一第二学期，班级风云人物集；初二第一学期，社会采风集；初二第二学期，小思集；初三第一学期，回忆录；初三第二学期，奋斗集。同时，形成写作学习序列：初一"为生活而作文"，调动感官学会观察和感悟生活；初二"为文学而作文"，精读自己喜欢的文学作品，形成自己的写作风格；初三"为生命而作文"，学会关注和反思自己，树立远大的人生目标，珍惜光阴，拼搏进取。

在此基础上，我组织学生开展每学期一次的小组随笔展活动，具体要求如下：

1.每个小组成员将自己平时在随笔、周记中最满意的随笔打成电子文稿交给组长。

2.组长用PPT演示文稿编辑小组成员随笔,制作成精美的幻灯片,并为本小组随笔集取个好听的名字。

3.全班根据小组成员交来稿件的质量、演示文稿的精美度,评定各组的等级。

每学期末,随笔展示写作课上,学生们都会兴致盎然,纷纷使出高招:有的小组粘贴上成员可爱的生活照;有的小组用精美的图片做装饰或者背景;有的小组还添加优美的背景音乐制造声势。师生们共同享受着一次比一次更精彩的随笔展。

2006年起,我又采用了一个更能激发学生写作兴趣和动机的策略——让学生们从初一开始把随笔集变身为"个人作品集"。具体方法如下:

1.为自己的随笔集制作一个漂亮的封面和封底,让自己天天有好心情写作,就像写自己的心情日记。

2.给随笔集起一个有一定含义的名字,让它变成自己初中阶段的"个人作品集"。

3.在"个人作品集"的扉页上写一段序言,用抒情的语言为自己作序,用真诚的祝福为自己助力,用美好的畅想给初中生活开个好头。

4.留下前面几页作为作品集的目录。左边写每篇文章的题目,右边写每篇文章的创作日期。用目录督促自己认真对待每次周记。每次周记都是青春的足迹,踏踏实实写好每一篇周记,为自己的青春作证。

5.每篇随笔书写工整,尽量减少涂改。用心观察生活,写出自己独特的发现和感悟。同时,可以适当配上插图或者小贴纸,展示自己独特的风格。

这些每周进行的作文讲评课、每学期末举行的"小组随笔展",不断让全体学生在组内成员的相互带动下、在小组间的适度竞争中,加上老师在小组汇报时的点评和激励,不断产生写作自信、增加写作兴趣、强化写作动机,最终让学生群体写作的内驱力慢慢由弱到强,直至蔚然成风,形成对写作极具影响的"群体动力"。

《学与教的心理学》中这样阐述"群体动力":"不管正式群体还是非正式群体,都有群体凝聚力、群体规范和压力、群体气氛以及群体成员在相互交往的基础上形成的吸引与排斥、竞争与合作等人际关系。所有这些影响群体与成员个人行为发展变化的力量的总和就是群体动力。"

依据心理学"群体动力"策略，结合部编版教材语文九下第六单元写作"有创意地表达"和学生们的"个人作品集"，我设计了这堂九年级"创意表达"写作成果交流展示课。

/ 教学现场 /

一、导入

师：上研究生时，给我们上"教育叙事学"的刘良华教授曾说："每当拿着自己出版了的书时，我总以一种赏心悦目的眼光从头到尾细细翻看，因为这是自己的作品。就像孩子就是母亲的作品。每个人都需要有自己的作品，每个人都需要用作品来证明自己的存在。"像雕塑家的精雕细刻，像画家的工笔细绘，像作家的奇思妙想，从大家三年的个人作品集中，我能深切地感受到大家写作时的快乐，也想借这节课和大家一起收获写作的幸福！

-------------------------------- 设 计 意 图 --------------------------------

初中生学习科目多，并不像小学生那样容易放一把火就能点着写作热情。初中生需要的是不断地"扇风"、不断地"点火"，写作的火苗才会越烧越旺，这也和初中阶段学生的心理因素有关。小学生最在乎家长和老师的认可，而初中生更在乎同伴的认可。所以，初中阶段，教师可以借助心理学中的"群体动力"策略，助初中生燃起爱上写作的那把火。

二、个性作品，创意表达

（一）个性化随笔集名

师：每当翻开大家的"个人作品集"，我总会满眼感动，满心欢喜。我看到了一篇篇书写工整的文章，一幅幅别具匠心的插图和照片；读到了一篇篇真挚感人的文字，还有一个个发自内心的真情告白和最朴实动人的生活故事！写个人作品集，是要为自己的初中生活留下成长的足迹，我们一起读读这些极富个性的作品集名吧！

（屏幕显示：《零星繁忆》《精彩的生活》《向阳光致敬》《梦幻小屋》《阳光下的守望》《蝶水楼》《海鲜宝贝》《五彩萤火虫》《一杯香茶》等。）

师：这些作品集的名字是从哪些角度来拟定的呢？

生：《精彩的生活》，是从记录生活的角度来拟定的。

生：《零星繁忆》《向阳光致敬》《梦幻小屋》《阳光下的守望》，这几个题目很诗意，似乎是在憧憬着一种美好的生活。

师：看来，我们既可以从生活事件的角度，也可以从个人愿景的角度来拟定作文集的名字。

生：《海鲜宝贝》《五彩萤火虫》《一杯香茶》，这些应该是作者喜欢的某种事物。

师：对了，一部作品的名字，我们还可以从兴趣爱好的角度拟题。再看看这些名家作品集的名字是从哪些角度拟题的。

（屏幕显示：鲁迅《朝花夕拾》，张晓风《一风荷举》《回首风烟》，林清玄《你心柔软，却有力量》《心美，一切皆美》，琦君《粽子里的乡愁》《母亲的金手表》，梁衡《把栏杆拍遍》《何处是乡愁》。）

生：很多都是从人生经历拟题，包括鲁迅的《朝花夕拾》，张晓风的《一风荷举》《回首风烟》，琦君的《母亲的金手表》，梁衡的《把栏杆拍遍》。

生：剩下的几个，林清玄的《你心柔软，却有力量》《心美，一切皆美》，梁衡的《何处是乡愁》等，好像是从作者的心境和内心感悟拟题的。

师：很好。上面选的都是名家散文集。这些散文集的题目大多集中在生活经历、内心感悟上。这就提示我们，在拟定"个人作品集"名的时候，可以多结合自身经历和内心感受。

（二）个性化序言

师：老师发现大家的个人作品集中，一些同学的序言写得非常精彩。我们请这些作品集的作者来读读他们的序言!

生:阳光,似暖暖的爱;阳光,似青春的活力。《阳光下的守望》——我的作品集。记录生活的点点滴滴。让我们感受阳光,滋润烦躁的心灵,有如甘露。阳光,充满力量,当经历失败与困难时,抬头望一望蓝天的阳光,感受金色的气息,得到快乐,充满自信。花季雨季,青春活力,感受阳光,品味生活。

师:多么积极昂扬的序言!这篇序言用比喻和拟人,以"阳光"为关键词,照亮了自己的作品集!热烈的掌声送给她。请下一位同学念出她的序言。

生:欢迎光临,这里出售的物品可以制造梦幻气息哟——有酸甜的芒果汁,记录中学的生活,也有淡蓝的冲调剂,用浪漫的散文花制作而成,更多的是心情奶茶,出售一天的好心情。最后,祝你购物愉快!

师:这个序言,有点儿《解忧杂货店》的神韵。将每一篇习作比作一种特调饮料,用比喻和味觉打开自己作品集不一样的天地!下一位同学的序言也很有特色,请她来读读。

生:这个本子,虽然不那么耀眼,不好看,也没有特别的地方,可是,对我来说,有着特殊的意义,这是生日礼物。犹豫了很久,打算用了。纪念初中三年的生活,应该很有趣吧。或许,等我以后老了,头发都白了,牙齿也掉光了。也许,什么都没有了。可是嘛,这个本子还能让我回忆呢。要知道,平凡中也有闪光点。那么,噔噔噔——这个本子,你的使命就是:(1)好好记录每一天的我;(2)不可以弄丢,好好保存;(3)新的一天,努力吧!不管晴天、阴天、雨天,开心就是晴朗的一天;不管昨天、今天、明天,能豁然开朗就是美好的一天。

(学生们自发鼓掌。)

师:多有纪念意义的本子呀,既是生日礼物,也是心情日记,还是成长记录!很有趣的是,给本子下任务、定目标,让本子记录自己的每一天。这样巧妙地转换叙述视角,反客为主,让本子变成你的写手,还让你的序言生动活泼,富有朝气和喜感!有请下一位同学读出她的序言。

生:夏夜,蓝得深沉。远处,点点红、黄、蓝、绿、紫的光辉越聚越多。五彩的颜色为夏夜点亮活力和欢乐。小小的萤火虫在林间飞来飞去,在夏夜的舞台上尽显风采。我们就是这五彩的萤火虫，承载着希望，承载着光阴，承载着欢乐，飞向美好的未来。是谁，用希望点燃了这小小的火把？一支，一支，照亮在黑暗中。沉思着新生的白发，让孤独的夜行人，找到很远，很远的家。

师：没想到咱们班还有个小诗人，以闲笔写萤火虫，把希望寄托在景物中，这则序言的特色在于把象征法用得出神入化！再请出下一位同学。

生：在以后的日子里，翻开中学的随笔本，想起中学三年的日子，这是多么美好的一段回忆。这段回忆，我将会埋藏在心底，写在回忆录里。这段回忆就如一杯咖啡，香甜而又苦涩，浓厚而又美味。

师：这则序言味觉调动得好，比喻也用得妙，将回忆比作咖啡，十分独特！

生：永久的回忆——这个笔记本将记录我们初中三年的求学生涯，记录我们生活的点点滴滴。虽然它不能像作家般吸引读者，但它却真真实实地记录我们一起生活的点点滴滴，刻印着我们成长的足迹。开开心心地度过每一天，每一秒，让我们彼此留下美好的回忆。多少年后，当我们再度翻开这一页，我们都将毫不遗憾，它将见证我们的成长，陪我们体会生活的酸甜苦辣！

师：这位同学的序言语言朴实无华，但感情真挚，以情动人是它的特色！

生：今晚，新的开始，跟从前说再见，让自己每天都快乐，记录每一个细节，记下每刻温馨。让它永存！记下成长点滴，让它成为历史。新开始，一切都美好，抛开一切烦恼，需要记住：不必大彻大悟，成长是唯一的任务。

师：这则序言像座右铭，既告诉自己要快乐，也告诉自己成长很重要，富有哲理是它的特色。

生：写作是一件非常有意义的事情。在我们的生活中，有很多平凡的事情，虽然它们在我们的眼中不是很起眼，但却充满了平凡的乐趣，曾给我们带来一丝欢笑和一时的快乐，我们可以用手中的笔，把它仔细而充实地描绘到我们的作品中。每一件作品都如记忆中的一朵浪花，那么微小，又那么精致，为何不让我们把它拾起来，放进我们记忆的浪花当中？

师：这则序言将写作变为自己的朋友，将作品变成记忆的浪花，拟人、比喻的运用让语言富有动人心魄的力量！是的，每一次写作，都是一次成长；每一次写作，都是记录有意义的人生。翻译家许渊冲教授在《朗读者》压轴出场时说："生命不是你活了多少日子，而是你记住了多少日子。要让你过的每一天，都值得记忆。"我们一起小结这些"序言"创意表达的秘诀。请大家齐读。（屏幕显示以下内容）

"序言"创意表达歌诀

调动感官写比喻，生活有味文有趣。
反客为主变视角，语言幽默有朝气。
托物言志景生情，言简意赅哲理丰。
文从字顺语平常，意切情真最感人。

（三）个性化题目

师：大家的序言精彩纷呈，翻开目录也让人惊喜。我们一起读读这些独具个性的随笔题目。

（屏幕显示：《幸福的规则》《嫉妒预防针》《用生命捍卫诚信》《跑道上的半分钟》《越长大越孤独》《渺小的生命》《享受紧张》《温暖的圣诞》《光着脚丫的我们》《守着承诺的童年》《阳光下，风雨中，我们齐步走》《世界上最珍贵的东西都是免费的》《外号像颗怪味豆》《听时光流逝的声音》《绝世书包》《克隆我，多美好》《寻找真正的自己》《"商鞅"变法》《对龟弹琴》《我想有对翅膀》《童声如花》《西瓜记趣》。）

师：人们常说"标题党，最吸睛"。谁来说说这些各具特色的随笔题目用了什么方法吸引人？

生：有的题目用了比喻，比如"外号像颗怪味豆""童声如花""嫉妒预防针"。

生：有的题目用了对比或者互为反义的词语，比如"世界上最珍贵的东西都是免费的""越长大越孤独"。

生：有的题目词语搭配很特殊，比如"幸福的规则""跑道上的半分钟""渺小的生命""享受紧张""绝世书包""对龟弹琴"等。

师：大家总结得很好，一个好的随笔题目也会充满创意。拟题可以用比喻、对比、互为反义的词语，或者特殊的词语搭配来显示文章的创意表达。而且考场中半命题作文的补题是作文成败的关键，因为"题好一半文"！请大家齐读创意"拟题"的歌诀。（屏幕显示以下内容）

创意"拟题"歌诀

文章题目是门面，拟好题目一半文。

字少意丰很重要，确定题眼是关键。

比喻对比最吸睛，特殊搭配显创意。

（四）个性化的青春系列小说

师：最让人惊喜的是还有不少同学在作品集中写了校园系列小说、科幻小说、武侠版的班级人物群。让我们一一请出这些班级小作家。先请段子手小童读读她的《班级笑语录》。

小童：第1则《早读》。一天早读，同学们哈欠连天，王老师非常生气，吼道："你们就是这样读书的啊？冯某某！你的眼睛都快闭上了！"同学哄笑："老师，人……人家的眼睛是天生的……"

第2则《金针菇》。因为发型的关系，小晶被人叫成"冬菇"，她白一眼那人，拢拢头发："这多不华丽呀，来，请叫我金针菇，又细又长，瞧这身材，多漂亮！"

（此刻，全班学生笑得见牙不见眼。）

师：上次老师给大家讲我在大学时，常和宿舍的姐妹们一起记录宿舍笑语录，没想到小童的班级笑语录更是青出于蓝而胜于蓝。热烈的掌声送给她。（全班热烈鼓掌）还有一位同学段子写得也很好，请她来读读。

小霞：第1则《创意》。数学课上，某老师在黑板上写完字后，将粉笔放在盒子里，走到窗户旁，拿起窗帘擦了擦手。同学们看了，不禁哈哈大笑。老师却用惊讶的目光看着我们，旁边的男生说："真不愧是老师，好有创意呀！"

第2则《棒棒糖》。圣诞节，小煌坐在椅子上津津有味地吃着棒棒糖。吃得正开心时，体育老师突然走了过来，吓得他心惊胆寒，赶紧把糖藏在袖子里。同学们看了他那窘迫的样子，大乐。做完准备活动后，老师说："解散，自由活动。"小苏冲他不怀好意地说："呵呵，吃棒棒糖！"

（班里又是一阵会心的大笑。）

师：咱们班不仅有段子手，还有最佳写手，让我们一起读出他们的作品和名字。

（屏幕显示）

1. 校园生活录：以写实或夸张的笔法写和班里好友的故事、班级新鲜事、校园大事要闻。小哲的第20章《子叶》，小琳的第4章《风趣八班》。

2. 科幻小说系列：小然的第2章《克隆异界》，小烽的第3章《克隆我，多美好》，小慧的第4章《芸芳历险记》。

3. 现实版武侠小说：用武侠小说的笔法，把班里同学间发生的事情或实或虚地写出来，有小健的第10则《锅帮》，小宇的第3章《锅帮闯江湖》。

（当同学们大声读出这些同学的名字和他们的作品时，所有的人都受到了激励和鼓舞。）

师：让我们的随笔记录一个个幽默段子；让我们的随笔书写一桩桩趣事要闻；让我们的随笔写就一幕幕生活电影、一篇篇连载故事！请大家齐读随笔创意写作的歌诀。（屏幕显示）

"随笔"创意写作歌诀

笑语录，段子集

新鲜事，要闻记

武侠人物风云集

科幻故事大连载

写实，好戏连台

写虚，信马由缰

------ 设 计 意 图 ------

这一环节，运用心理学"群体动力"策略，用"个人作品集名""个性化序言""个性化随笔题目""个性化青春系列小说"等四个专题分享，更有教师总结的创意写作歌诀，一起打开创意表达之门。

《学与教的心理学》对于如何运用"群体动力"策略这样解说：

最早研究群体动力的是心理学家勒温。他认为，人们结成的群体不是静止不变的，而是处于不断地相互作用和相互适应的过程之中。他用场理论和力学概念进一步说明群体成员之间各种力量相互依存和相互作用的关系，认为群体对个体能产生巨大的影响，教师在课堂管理过程中要善于利用这些群体动力，实现课堂关联的促进功能。比如，群体凝聚力。群体凝聚力指群体对每一个成员的吸引力……凝聚力常常成为衡量一个班集体成功与否的重要标志。

这一环节中的四个专题分享，正是运用场理论来形成群体凝聚力。每周一次的随笔或作文讲评，每学期一次的小组成员佳作展示，三年一次的班级个人作品集汇报……都在不断地由点到面、由刺激个人积极写作到激发群体写作热情，不断增强学生群体投入写作、享受写作、分享写作、热爱写作的场效应。

三、为创意表达颁奖

师：下面，我将为一位同学颁发"最有毅力奖"。翻看大家个人作品集的目录部分，我有一个惊人的发现：咱们班的小烽是完整写目录坚持最好的人！他不仅把每次随笔的题目都在目录中写上，还把自己得了 A 的随笔特意标在目录部分来激励自己。让我们为这样坚持努力，还能自我激励的同学送上最真诚热烈的掌声。

（全班掌声雷动，小烽激动地上台领奖状。）

师：接着要颁发的是"勤奋耕耘奖"。让我们把热烈的掌声送给小哲、小童、小宁！她们有毅力，文采好，是我们个人作品集获得 A+ 最多的前三名同学！

（全班再次响起炸雷般的掌声，三位女同学在热烈的掌声中激动而害羞地上台领奖。)

师：第三个奖项是"最佳创意奖"！小童同学从初一开始就很认真地对待"个人作品集"，不仅字迹工整，文章写得细腻动人，还用彩笔在作品集中绘上精美图案做装饰。小琳同学的文章语言华丽，表意丰富，观察细致，写人写事极具个性。小哲同学善于工笔细描，人物描写生动传神，故事情节跌宕起伏。小霞的作品集也是字迹工整，图文并茂。让我们一起见贤思齐，向这些书写好、文章好、构图好的"三好写手"致以最崇高的敬意，报以最热烈的掌声！欢迎她们上台领奖。

（四位女同学在山呼海啸般的掌声中上台，领到她们当之无愧的最高级别奖状。）

师：我们第四个奖项是"逆袭达人奖"。这些同学自"个人作品集"活动开展以来，从不会写到能写，从不爱写到爱上写！他们用自己的坚持、努力，将曾经的短处变成了如今的长处，创造了属于自己的神话！让热烈的掌声再次响起来，请小宇、小健、小镇同学上台！欢迎这些敢于正视自己的短处、勇于不断提升自己的"逆袭达人"领奖！

（三位男生兴奋地一蹦三尺高，都跳着上了讲台，大家笑着热烈地为他们鼓掌。）

师："个人作品集"，让我们学会观察、收获感悟、记录生活，也让我们在记录中发现身边人的与众不同，发现身边事的丰富多彩，更让我们在点点滴滴的记录中找到生活的乐趣，找到自己的精神家园。这节课就上到这里，希望"个人作品集"能一直陪伴着同学们成长，也希望每当你翻开自己的"个人作品集"时，也是你回到少年乐土、回到精神家园的时候！

（下课铃响起，学生们自发响起热烈的掌声，大声说着"谢谢老师，老师再见"。）

---------------------------------- 设 计 意 图 ----------------------------------

《学与教的心理学》中说："教师应采取措施提高课堂里群体的凝聚力。首先，要了

解班级凝聚力的大小。其次，帮助课堂里的所有学生对一些重大事件与原则问题保持共同的认识与评价，形成认同感。再次，引导所有学生在情感上加入群体，以作为群体的成员而感到自豪，形成归属感。最后，当学生表现出群体规范和群体期待的行为时，给予赞许与鼓励，使其行为因强化而巩固，形成力量感。"

最后的颁奖环节，正是提高学生群体凝聚力，形成对写作的正确认识和成就认同感的过程；也是获奖学生对写作活动感到自豪、形成精神归属感、获得群体给予的赞许和鼓励的重要时刻；更是整个班集体在写作活动中获得正向强化、巩固写作成就感、汇聚成长力量感的人生高光时刻！

/ 教者自述 /

作家李娟在《阿勒泰的角落》的自序中写道："写作是我很喜欢的事情，慢慢地，就成了唯一能做好的事情，同许多写作者一样，我通过不断的写作来进行学习、寻求舒适……每次重读收录成书的文字，总能真切地看到独自站在荒野中，努力而耐心地体会着种种美感的过去的自己……漫长过程中，一点一滴贯穿其间的那种逐渐成长、逐渐宁静、逐渐睁开眼睛的平衡感，也许正是此时全部希望生活的根基和凭持吧。"

李娟的文字不深，也不浅，我很认同李娟的这段话。这段话也道出写作对于普通人的意义：在写作中记录生活，安放过往；在写作中观察思考，裂变学习；在写作中调控自我，身心安适；在写作中开启心门，增长智慧……

语文教师在写作教学指导中，如何让学生找到写作的这些意义呢？

从事写作教学研究和写作现场教学十多年，我有如下真切的体会：

首先，写作教学要帮助学生打开多种感官。用眼睛看，用鼻子闻，用耳朵听，用嘴巴尝，用肌肤感受，用心去发现……学会耐心细致地体会生活，学会观察发现那些让自己感动、让自己快乐的美好的人、事、物、景。

接着，写作教学要帮助学生学会表达。学会用最贴切的词句、最恰当的文体、最清晰的思路、最妥帖的写作手法把自己感受到的美好经历，用细腻生动的笔触真诚地抒写出来。

还有很重要的是，写作教学要善于引发学生写作的积极情绪、形成写作意志，最终具有持久的写作内驱力和高成就动机。写作教学要善于运用学生"群体动力"，增强学生班集体写作的凝聚力，形成愿写作、会写作、乐写作的群体写作氛围。最终让绝大多数学生都能积极参与写作，不断在写作中实现自我调适与提升，不断接近自己最理想的状态，最终成为更好的自己！

运用"群体动力"策略，开展写作教学的具体方法是：

1. 笔友结对，互助互进。每学期两人一组，自由组合成为笔友。一般新学期初可以再次更换。笔友间可以互相纠正作文的缺点错误，提出内容正确、态度友好、措辞文雅的修改建议。

2. 小组文展，组间竞写。每学期末进行一次小组间的"组员佳作"展示活动，通过组间的交流与竞争，通过写作的群体规范与他人的赞许认同，形成互学竞写的班级写作风尚。

3. 作品集展，创优共赢。运用三年一次的"个人作品集"创意表达汇报活动，多角度、多层面对学生进行创意写作指导、言语认可与精神鼓励。从文集名称、序言目录、随笔题目，再到系列化写作、写作等级自我记录等，多方面对学生的写作行为、写作习惯、写作意志、写作能力进行集体的、大面积的表扬和颁奖。通过正向强化和积极鼓励学生群体的写作行为，让学生在群体活动中收获写作的力量感、成长感和自我实现的效能感！

总之，写作是真实而富有情感的，写作也是个性而富有创意的。教师要在写作教学中，耐心地寻找规律，巧妙地组织安排。这样，学生写作内生力的种子，就会在积极情绪的带动下，在丰富有趣的活动中，在匠心筹划的设计里，在有效策略的引领下，在群体动力的驱动中，点点开悟，慢慢觉醒。最终，每个学生都会成长为一个顶天立地的大写的"人"！

参考文献

1. 中华人民共和国教育部.中小学幼儿园教师培训课程指导标准（义务教育语文学科教学）[M].北京：高等教育出版社，2019.

2. 马立丽，金洪源.提高学科学习能力的元认知策略与培养[M].沈阳：辽宁科学技术出版社，2016.

3. 李白坚.21世纪我们怎样教作文[M].上海：上海教育出版社，2005.

4. 皮连生.智育心理学[M].北京：人民教育出版社，2008.

5. 黄侃.文心雕龙札记[M].北京：商务印书馆，2014.

6. 陈佳民.文体写作[M].广州：广东人民出版社，2000.

7. 皮连生.学与教的心理学[M].上海：华东师范大学出版社，2000.

8. 米哈里·契克森米哈赖.心流[M].张定绮，译.北京：中信出版社，2017.

9. 叶圣陶.叶圣陶语文教育论集[M].北京：教育科学出版社，2015.

10. 玛丽·居里.居里夫人自传[M].陈筱卿，译.北京：商务印书馆，2016.

11. 段建军，李伟.新编写作思维学教程[M].上海：复旦大学出版社，2008.

12. 丹尼尔·平克.全新思维[M].林娜，译.北京：北京师范大学出版社，2001.

13. 施良方.学习论[M].北京：人民教育出版社，1994.

14. [清]刘熙载.艺概[M].南京：江苏人民出版社，2019.

15. [明]洪应明.菜根谭[M].北京：崇文书局，2012.

16. 汪曾祺.汪曾祺散文：随遇而安[M].杭州：浙江文艺出版社，2014.

17. 汪曾祺.家人闲坐，灯火可亲[M].北京：光明日报出版社，2020.

18. 李晓东.教育心理学[M].北京：北京大学出版社，2008.

19. 叶圣陶.怎样写作[M].北京：中华书局，2007.

20. 刘仁增.我的语用教学观[M].福州：福建教育出版社，2019.

21. 于漪.我和语文教学[M].北京：人民教育出版社，2003.

22. 刘良华.叙事教育学[M].上海：华东师范大学出版社，2011.

23. 李娟.阿勒泰的角落[M].北京：新星出版社，2013.

后 记

素心向暖

时光在键盘上跳跃，文字在记忆中游走。回眸时，自己竟已在作文教研路上跋涉多年。这些年，我心简单，温暖，光明……

2001年，我初到深圳。2003年，所带第一届毕业班受"非典"影响，中考语文科竟只考作文！给学生备考的三个月，心中满是煎熬。只记得自己每天不安地走进教室，又忐忑地走出教室……那时，作文教学，是压在我心上的大石头。

2004年2月至6月，我有幸重回北京师范大学脱产进修半年，师从教育系著名教授裴娣娜先生。

在可亲可佩的裴教授引领下，我走进了教育科研的神圣殿堂，还有幸成为中文系郑国民教授的短期研修生。郑教授给我们讲授《新世纪语文课程改革研究》，"三百千千""国文百八课"之类的词儿在他嘴里像活跃的音符，在我心中奏出澎湃的乐章。他邀请饶杰腾教授给我们开讲，他带领我们去师大附中、清华附中做调研……

我还能时不时地去蹭课：石中英教授讲"教育哲学"，发人深省；李春青老师讲"文艺理论"，实在欢乐！还有硕士生、博士生或精彩或尴尬的毕业论文答辩现场……我的眼前出现了教育科研的星辰大海！

返校后，2004年10月，我挑战了自己感觉最困难的作文指导课，以"一切从观察开始"为题作研修汇报，以此检验自己的研修效果。那节课，我看到学生眼神亮亮、频频举手；我看到听课老师目光闪闪、笑意盈盈；我感到教室里欢声阵阵、气韵融融。我听到我的心在呼喊："对！是这个感觉！作文课就该这样上！"

作文——这块大石头，此刻，似乎变成了能擦出火、透着亮的打火石！

但此后几年，我不断尝试想再次擦出它的火花，它却收了光，熄了火……

直到2008年3月，我幸运地成为南山区研究生课程班学员，再次走进大学校园。这一次，我遇见了改变一生的人——我的恩师，李臣之教授。课堂里的他，目光深邃而温和，讲起课来极其亲民，时而像孩子般纯净地微笑，时而活泼地在黑板上画着示意图……在他深入浅出的轻松讲解中，繁杂深奥的科研方法变得这样容易，这样浅近。他组织我们开展当堂小组讨论，那时正是小组合作学习在中华大地刚刚兴起的时候。我们，这些中小学老师们，第一次在课堂上自由交流，第一次在教室里提出教学困惑、发表想法见解……

2008年3月至2011年12月，我对作文教学发起了三轮行动研究，每个学期上12~16节作文指导课。恩师李教授"大胆假设，小心求证"的叮咛，时时回响在耳畔；他严谨治学的目光，常常闪烁于眼前。我反复修改调查问卷，仔细收集教学素材，独自整理访谈录音，反思调整教学方案，一点儿不敢马虎，一丝儿不敢懈怠……几年下来，我的硕士毕业论文《初中写作材料资源开发行动研究》，写了一百多页、七万两千多字……

也是从准备硕士毕业论文开始，我持续在作文教学上投入更多精力，不断尝试从教学流程有序安排、读写知识顺势迁移、情境活动精心设计、课内外资源联合运用、师生当堂有效交流、写作动机激发与巩固等多个环节、多个层面打造有自我风格的作文指导课例。

就这样，在一个普通学校的语文课堂上，一节节疏通写作障碍、贯通读写教学、联通多种资源、互通体验活动、畅通写作思维、融通生命境界的作文指导课，有了电，有了光，有了火，有了让学生跃跃欲试、兴奋燃烧的神力……

罗振宇曾在《知识就是力量》中说："在纷繁变幻的世事中，回到不变的东西，按规定的格式长时间的积累，就能成就伟大的东西。复杂的事情简单做，简单的事情重复做。"

在繁杂的各种作文教学流派中，我不断化繁为简，循简悟心，最终寻到作文教学的本真之光——以多种心理学智慧助力作文指导！

成书之际，特别感谢为此书拨冗作序的余映潮老师、李臣之教授、肖培东老师。感谢在作文教研路上，给予我帮助指引、鼓励我不断前行的亲朋师友们。感谢我的历届学生对我的包容、理解、支持和鼓舞。

极喜欢王蒙《青春万岁》序诗中的这句话："所有的日子，所有的日子都来吧，让我编织你们，用青春的金线，和幸福的璎珞，编织你们。"

清浅岁月里，我用心织就了这本深情的书《16节创意写作课——作文教学中的心理学智慧》。

请诸君浅浅翻，深深品，这里有学子青春的金线，有教者幸福的璎珞。

陈　芳

2022 年 3 月 12 日于深圳南山深云斋

图书在版编目（CIP）数据

16 节创意写作课：作文教学中的心理学智慧 / 陈芳著.
—上海：华东师范大学出版社，2022
ISBN 978-7-5760-2903-1

Ⅰ.①1… Ⅱ.①陈… Ⅲ.①作文课—教学研究—中小学 Ⅳ.① G633.342

中国版本图书馆 CIP 数据核字（2022）第 095870 号

大夏书系·作文教学

16 节创意写作课
——作文教学中的心理学智慧

著　　者	陈　芳
策划编辑	杨　坤
责任编辑	万丽丽
责任校对	杨　坤
装帧设计	奇文云海·设计顾问

出版发行　华东师范大学出版社
社　　址　上海市中山北路 3663 号　　邮编　200062
网　　址　www.ecnupress.com.cn
电　　话　021-60821666　　行政传真　021-62572105
客服电话　021-62865537
邮购电话　021-62869887　　地址　上海市中山北路 3663 号华东师范大学校内先锋路口
网　　店　http://hdsdcbs.tmall.com/

印 刷 者　北京密兴印刷有限公司
开　　本　700×1000　16 开
插　　页　1
印　　张　17.5
字　　数　266 千字
版　　次　2022 年 10 月第一版
印　　次　2022 年 10 月第一次
印　　数　6 100
书　　号　ISBN 978-7-5760-2903-1
定　　价　59.80 元

出 版 人　王　焰

（如发现本版图书有印订质量问题，请寄回本社市场部调换或电话 021-62865537 联系）